电子文件长期保存：
理论与实践

Long-term Preservation
of
Electronic Records:

Theory
and
Practice

肖秋会　著

社会科学文献出版社
SOCIAL SCIENCES ACADEMIC PRESS (CHINA)

目 录

第一章 电子文件长期保存的相关概念及理论基础 …………… 001
 第一节 电子文件的概念、特点及类型 ………………………… 001
 第二节 电子文件长期保存的概念及认识误区 ………………… 005
 第三节 数字保存的发展历史及现状 …………………………… 008
 第四节 电子文件长期保存的理论基础 ………………………… 014

第二章 电子文件长期保存的法律基础 …………………………… 025
 第一节 电子文件的证据力及立法保障 ………………………… 025
 第二节 数字信息长期保存中的版权问题 ……………………… 040
 第三节 电子文件在保存中的版权问题 ………………………… 059
 第四节 电子文件在保存中的隐私权问题 ……………………… 071

第三章 电子文件长期保存的标准保障 …………………………… 075
 第一节 电子文件长期保存系统标准 …………………………… 075
 第二节 文件管理国际标准 ……………………………………… 096
 第三节 电子文件管理与长期保存元数据标准 ………………… 100
 第四节 电子文件长期保存的格式标准 ………………………… 109
 第五节 电子文件长期保存相关标准的选择及使用问题 ……… 114

第四章 电子文件长期保存的管理策略 …………………………… 117
 第一节 国家层面的电子文件管理战略 ………………………… 117
 第二节 组织机构电子文件长期保存政策和策略 ……………… 142
 第三节 组织机构电子文件长期保存成熟度模型及评价指标体系 … 164

第五章 电子文件长期保存的技术策略 …………………………… 169
 第一节 电子文件长期保存的层次 ……………………………… 169

第二节　电子文件长期保存技术策略及其选择 …………… 170
　　第三节　电子文件长期保存的元数据策略 ………………… 182
　　第四节　电子文件长期保存的格式问题及对策研究 ……… 190
　　第五节　电子文件长期保存的存储媒体及其选择 ………… 201

第六章　可信数字仓储与电子文件的长期保存 ……………………… 205
　　第一节　可信数字仓储及其审计和认证研究进展 ………… 205
　　第二节　可信数字仓储的属性特征、责任框架及评价指标体系——
　　　　　　TRAC ……………………………………………… 208
　　第三节　欧美可信数字仓储审计和认证标准对我国数字档案馆认证
　　　　　　评估的启示 ………………………………………… 215
　　第四节　可信数字仓储与电子文件的摄取和长期保存 …… 219

第七章　电子文件长期保存的合作机制及实现策略 ………………… 224
　　第一节　电子文件长期保存合作的必要性和重要性 ……… 224
　　第二节　不同层次和范围的数字保存合作项目及联盟 …… 226
　　第三节　我国电子文件长期保存的合作机制及实现策略 … 243

附录一　机构数字保存能力评估指标体系 …………………………… 253

附录二　TRAC 可信数字仓储的评价指标体系 ……………………… 258

参考文献 …………………………………………………………………… 263

后　　记 …………………………………………………………………… 276

第一章 电子文件长期保存的相关概念及理论基础

第一节 电子文件的概念、特点及类型

人们对电子文件（electronic records）一词的称呼和使用由机读档案（machine-readable archives）演变而来。20 世纪 50~60 年代，随着计算机技术在军事和科技领域的应用，记录于计算机磁带上的一类新型档案——机读档案由此而产生。根据我们的文献调研，从 20 世纪 60 年代直至 80 年代中后期，欧美的政府机关及企业使用"机读档案"一词较多，"电子文件"的使用并不多见。80 年代末 90 年代初，随着文件管理工作在现代计算机环境中的作用日益突出，"电子文件"一词开始流行，并逐步取代"机读档案"。

电子文件的产生有两种方式，一种是原生性的，直接产生于电子办公环境、电子政务、电子商务或者其他电子化业务活动及网络环境，另一种则是对传统介质档案做数字化处理以后形成的数字化副本。电子文件既具有文件的基本属性，又具有数字信息的特征。因此，从概念隶属关系来看，电子文件可以视为"文件"与"数字信息"这两个概念集合的交集。国际档案理事会对文件和电子文件的定义可为我们理解和全面认识电子文件提供有益的参考。国际档案理事会电子文件委员会《电子文件管理指南》（1997 年）和在此基础上编制的《电子文件：档案工作者手册》（2005 年）对文件的定义非常宽泛："文件是由机构或个人在其活动的开始、进行和结束过程中产生或获得，由内容、背景和结构构成并足以证明该活动的信息记录"，该定义对文件这一"信息记录"并没有限制格式或者载体形式，适用于所有类型和载体形式。但是，该定义准确而清晰地指明了文件最基本的属性，即在文件形成主体的活动中产生并具有证明该活动的证据价值。电子文件是文件的种概念，其定义建立在文件的基础之

上，根据《电子文件管理指南》，电子文件是"通过数字计算机进行操作、传递和处理的文件"。文件必须与某一组织或机构的活动相关，该活动或者事务是文件产生的来源，同时，文件又为该活动提供证据，电子文件也不例外。因此，所有的组织都应该收集和保管文件，既为满足组织自身业务活动的需要，也为法律取证的需要，文件产生和保存的主要目的是对组织的运作或对法人及个人活动的问责提供证明。

可以按照两种不同的标准对文件进行分类。一种是根据文件的功能来分类。即根据文件在不同的办公职能活动或事务中所发挥的功能对其进行分类，如：案卷卷宗、法院文件、人事文件、关系数据文件、网页文件等。另一种则是根据文件的格式和表现形式来分类。包括：字处理文件、数据库文件、超文本文件、图像文件、电子表格、电子邮件、语音邮件、视频，等等。

内容、结构和背景是构成文件的基本要素，从这三个构成要素来全面理解和认识电子文件尤为重要。文件的内容是指文件所要表达的事实或者信息，是文件的核心。文件的结构是指文件的记录组织方式，包括文件使用的符号、文件的组织布局、文件的格式、文件的载体等。对于电子文件而言，有物理结构和逻辑结构之分。与传统文件固定而直观的物理结构不同，电子文件的物理结构是可变的且依赖于硬件和软件，电子文件的逻辑结构是指其各个组成部分之间的关系，使得文件可理解。文件的背景包括如下三个要素：第一，文件所包含的背景信息，如文件执行者的签名；第二，文件与同一全宗内其他文件之间的关系；第三，形成文件的活动信息。背景信息使文件本身与产生该文件的行政管理（事务）活动或其他文件发生关联，其目的在于：为完整而充分地理解文件提供必要的信息；为完整而充分地理解与文件相关的活动或事务提供必要的信息；为文件的处置（鉴定、迁移、移交等）提供必要的信息；为有效地管理和长期保存文件提供必要的信息；为有效地检索和利用文件提供信息。背景信息同时也能为文件的真实性、可靠性和完整性提供保障，这对于电子文件十分重要。文件形成机构的业务活动、功能和文件管理系统是文件背景的构成部分之一。电子文件的背景信息可以通过其内部元素如附件、附加信息、链接、数字和参数代码等保存，也可通过外部元素如元数据进行保存。元数据是用于描述文件的背景、内容、结构及管理活动的数据。元数据对于电子文件非常重要，因为它建立了文件与其形成的职能活动和行政管理背景之间的联系。为了使电子文件可理解和可用，元数据几乎包括了所有类型的信息。元数据可用于不同的目的，如文件的检索、利用、真实性保障、可靠性保障、维护、保存和鉴定，等等。从文件形成和管理机构角度看，元数据可分为两种类型：提供业务活动背景信息的元数据和反映文件捕获及存储的管理元数据。

国际档案理事会关于文件定义、文件特质及文件构成的指南性意见对于我们准确认识电子文件的本质特征和构成要素具有积极的参考作用。此外，美国国家档案与文件署认为，电子文件是以计算机可处理的形式存储的文件。澳大利亚国家档案馆认为，电子文件是由计算机交流与维护的文件。而加拿大 InterPARES 项目组认为，电子文件是以电子形式形成（制作、接收及为今后的活动和参考而保留下来）的文件。

我国国家标准《电子文件归档与管理规范》规定，电子文件是指在数字设备及环境中生成，以数码形式存储于磁带、磁盘、光盘等载体，依赖计算机等数字设备阅读、处理，并可在通信网络上传送的文件。此外，《电子文件管理暂行办法》（中办国办厅字〔2009〕39 号）规定，本办法所称电子文件，是指机关、团体、企事业单位和其他组织在处理公务过程中，通过计算机等电子设备形成、办理、传输和存储的文字、图表、图像、音频、视频等不同形式的信息记录。

为了支持组织的业务活动及提供证据，根据 ISO 15489-1 和《电子文件：档案工作者手册》，文件必须具备如下四个特质：

第一，真实性。指文件的内容、背景和结构能长久保持其产生时的原貌。一份真实的文件应符合如下条件：文件与其制作的目的相符；文件的形成和发送与其既定的形成者和发送者相吻合；文件的形成或发送与其既定的时间一致。为了确保文件的真实性，机构应执行并记录文件管理方针和政策，便于控制文件的形成、接收、传递、保管和处置，从而确保文件形成者是经过授权和确认的，同时，能够防止未经授权对文件进行增、删、改、利用和隐藏。

第二，可靠性。文件能够被作为可信的证据，强调文件作为证据的权威性和可信性。文件的内容可信，可以充分准确地反映其所证明的事务、活动或事实，为后续的业务或活动提供依据。

第三，完整性。文件是完整的且未经改动的。应防止文件未经授权而改动。在文件管理方针和程序中应明确：文件形成之后可对文件进行添或注释；在何种条件下、授权谁来负责添加或注释；任何授权的注释、添加及删除都应明确注明并可跟踪。

第四，可用性。文件能够被定位、检索、呈现及理解。可用的文件应该能够直接表明文件与产生它的业务活动和事务过程。文件之间的背景联系中应该包含有助于理解文件形成及利用事务的信息，这些信息能够在更为广泛的业务活动背景和功能中确认该文件。文件之间的背景联系记录了活动的顺序而应该被保存。

具备了上述特征的文件将有充实的内容、结构和背景信息为相关的活动和事务提供完整的证明，从而反映组织机构的决策、行动和责任。如果这样的文件以易于存取、可读和可用的方式保存，它们将支持业务需求，并能长久用于问责的目的。

电子文件除了具有文件的四个基本特质之外，还同时具有数字信息的共性：由电子计算机等数字设备生成和处理，信息用二进制数字代码记录和表示。其基本特点包括：数字信息对载体及环境的依赖性、数字信息内容的非人工识读性、数字信息可在不同载体间的转换性、数字信息可在信息网络中的流动性、数字信息的不稳定性，等等。

电子文件类型多样，按照电子文件的格式对电子文件进行分类最为常见，可分为如下几种：

（1）文本电子文件。通过文字处理技术形成，以 XML、RTF、TXT、PDF 为通用格式。

（2）图像电子文件。通过扫描仪等设备获得，以 JPEG、TIFF 为通用格式。

（3）图形电子文件。通过计算机辅助设计或绘图等软件获得。

（4）音频电子文件。通过数字音频设备获得，以 WAV、MP3 为通用格式。

（5）视频及多媒体电子文件。用数字视频技术、多媒体技术设备以及超媒体链接技术制作形成，以 MPEG、AVI 为通用格式。

（6）数据库电子文件。是以数据库形式组织存储的具有文件属性的信息记录。在数据库中有很多条记录，数据库文件可以是其中的某一条记录，也可以是若干相关的记录集合。不同的数据库管理软件形成的数据库电子文件具有不同的格式。

（7）计算机程序文件。是用计算机语言编写的程序，是一种计算机软件，包括软件型号、名称、版本号和相关参数手册、说明资料等。计算机程序文件分为通用软件程序文件和专用软件程序文件。对于专用软件产生的电子文件，原则上一般应转换成通用型电子文件。如果难以转换，则必须将该专用软件一并收集。

另外，按照电子文件的功能，还可将电子文件分为主文件、支持性文件、工具性文件；按照电子文件的组成方式，可分为简单文件、复杂文件（如多媒体文件、超文本文件、超媒体文件等）；按照电子文件的存储介质，可分为磁带文件、磁盘文件、光盘文件。

第二节　电子文件长期保存的概念及认识误区

一　电子文件长期保存的概念

电子文件是数字遗产的一种类型。联合国教科文组织《数字遗产保存指南》关于数字保存（digital preservation）的定义是"数字保存是对以数字形式存在的信息和其他类型遗产的保护过程"。[①] 英国国家档案馆数字保存联盟 JISC、澳大利亚国家档案馆对数字保存的定义相同，即"数字保存是指为了确保数字对象在未来能被我们获取和利用而对其采取的主动管理过程"。[②③] 以上对数字保存的定义覆盖了所有类型的数字对象，其中，电子文件与其他数字保存对象相比，具有对形成机构和组织的凭证价值，因此，对于电子文件而言，文件的真实性是对其进行长期保存的基本前提。ISO 15489-1 对文件保存的定义如下："文件保存（preservation）是确保真实性文件的技术和内容的长期保存的过程及操作"，即文件的长期保存涉及两个方面：文件形成的技术要素（如存储载体、存储格式等）和内容要素。传统纸质档案和电子文件在技术和内容方面的长期保存存在较大的差异性。纸质档案的内容、结构（格式）和载体是固定的，一旦形成不可转换或改变。因此，纸质档案的长期保存主要是针对其载体和内容的原生

[①] http：//unesdoc.unesco.org/images/0013/001300/130071e.pdf.

[②] http：//www.jisc.ac.uk/media/documents/programmes/preservation/jiscpolicy_p1finalreport.pdf.

[③] http：//www.naa.gov.au/about-us/organisation/accountability/operations-and-preservation/digital-preservation-policy.aspx#section2.

性或原貌的维护和保持。而电子文件长期保存的技术要素和内容要素较为复杂，传统的"原生性"或"原始记录"概念不再适用于电子文件，因为"原始"的电子文件是以计算机编码形成和组织的，而呈现在显示器上的我们可以理解和识读的电子文件信息内容则是经过计算机软件"编译"而成，已经不是其"原件"。而且，电子文件可以在不同载体间转换，可以有若干数字副本，同时在不同的客户端显示和操作。因此，确切地说，从"原生性"或"原始记录性"角度来理解和实现电子文件长期保存不是很适用，电子文件长期保存应该是对其真实性、完整性、可靠性和可用性的长期保障。为此，在电子文件长期保存过程中，必须全面考虑文件的三个基本构成要素，将电子文件的背景、结构与电子文件的内容一起保存，为电子文件长期保存奠定基础。澳大利亚国家档案馆《电子文件长期保存指南》（2002）分析了电子文件与传统档案的不同特点，并对电子文件长期保存的方式提出了建设性意见，值得我们参考和借鉴。①

二 电子文件长期保存面临的挑战及认识误区

电子文件长期保存面临严峻挑战，最主要的威胁来自两个方面：技术过时和存储介质物理性能的退化。传统纸质档案如果保管条件得当可以留存几个世纪，但是电子文件对载体及所生成的数字环境依赖性很强，而计算机技术发展日新月异，由于技术更新、软硬件环境的变化和载体老化而导致电子文件内容无法读出的状况令人担忧。具体而言，电子文件长期保存面临如下挑战：①电子文件对机器的依赖性。电子文件在数字设备和环境中产生，必须依赖特定的计算机硬件和软件才能阅读和处理。②技术过时是电子文件长期保存的最大威胁。技术更新的周期越来越短，可能仅有2~5年，这要求人们必须在下一个技术更新周期来临之前就采取对电子文件的保护行动，否则难以保证电子文件内容能够在不断更新的技术环境中长期可读、可用。③存储介质的脆弱性。即使在存储介质并无受损的情况下，介质本身的不稳定性和不适宜的保管条件也会使其物理性能快速退化。④为了应对上述技术过时和载体退化的挑战而采取的一些措施又可能会对长期保持电子文件的完整性和真实性产生影响。⑤应尽早采取电子文

---

① National Archives of Australia. An Approach to the Preservation of Digital Records. http://www.naa.gov.au/Images/An-approach-Green-Paper_tcm16-47161.pdf.

件长期保存行动，否则数字信息内容会在极短时间内丢失或无法读出。⑥应采取基于文件生命周期的管理方法对电子文件进行维护。⑦此外，电子文件长期保存还面临着法律、制度及经济问题。为了实现电子文件长期保存，应该在其设计和产生阶段就主动实施长期保存方案，而这就会更多地牵涉机构内部及机构之间的利益以及利益相关者的角色变化。

可见，电子文件的长期保存涉及很多因素，需要采取各类方法和途径。一个普遍的共识是，数字信息长期保存最经济有效的办法是及早、主动地实施长期保存方案。电子文件长期保存越早开始越能节约成本，最好是在它们产生之初就主动实施覆盖其整个生命周期的长期保存计划。恢复或者再现已经丢失或无法读取的电子文件信息比一开始就实施对其的长期保存的成本要高出很多，更何况电子文件一旦丢失或无法读取，就很可能没有了再现和再造的机会。

人们在电子文件长期保存的活动中，存在一些常见的认识误区，例如，关于电子文件长期保存的期限问题，不少人对此并不清楚，有人悲观地认为只有数年，有人以为与纸质档案一样可达数个世纪。其实，电子文件难以持久存取，根据美国国家档案与文件署及国际公认的期限，电子文件保存50年以上即可认为是长期保存。

此外，Adrian Brown 从一般的组织机构层面，对数字信息长期保存的认识误区进行了剖析，他在这个问题上独到的个人见解虽然可能存在偏颇，但能在很大程度上增强中小型组织机构对电子文件长期保存的信心和勇气。

误区之一，电子文件长期保存只有国家机构才能解决，小型机构对此无能为力。国家机构无疑能够引领电子文件长期保存的重要实践和原则，但是，根据已有的成熟经验、经济基础、实践工具和服务手段，对于任何类型和大小的机构而言，电子文件的长期保存不仅是现实可行的，而且势在必行。

误区之二，电子文件长期保存需要巨大的资金投入才能实施。人们很容易想到的一个典型案例是，美国国家档案与文件署为了长期保存联邦政府所产生的电子文件，投入3亿美元建设电子文件档案馆（ERA）。但这并不意味着不同规模和不同类型的机构都需要花费巨资才能实施其电子文件长期保存计划。比如，与 ERA 的巨资投入相比，英国考古学遗产中心（English Heritage Center for Archaeology）仅以数百英镑的成本投入就可以建设其数字保存库。当然，这需要合理规划，及充分利用已有的工具、资源和系统。

误区之三，电子文件长期保存需要高深的技术才能实施。技术领域无疑占据了数字信息长期保存的研究前沿，但是，数字保存实践并不要求十分高深的技术背景。在信息管理人才培养方案和培训计划中，数字保存作为重要的职业技能之一，已经成为人才培养和职业培训方案的重要内容。因此，来自档案馆、图书馆和 IT 行业的档案保管者具有很多不同渠道的学习和培训机会，对于他们而言，数字保存职业能力并不是难以获得或不可提升的。

误区之四，电子文件长期保存的时机还未成熟，是以后或未来的任务。如前所述，电子文件长期保存越早开始越能节约成本，越经济有效。如果等到电子文件载体老化或信息丢失、无法读出之时才考虑其长期保存问题就为时已晚了。Adrian Brown 指出，对于一个组织机构而言，如果它们要实现巨大的利益，而且需要避免潜在的法律、财务、管理和声誉风险以及具有重大历史价值和经济价值的信息丢失，那么，电子文件的长期保存是迫切需要着手处理的问题。当然，这并不是指必须立即解决电子文件长期保存领域所有的问题或者与其他组织机构具有完全一样的数字保存需求。对于一个尚未实施电子文件长期保存的组织机构而言，现在就是开始实际行动的最好时机。①

第三节　数字保存的发展历史及现状

一　欧美数字保存的发展历史及现状

1994 年 RLG（研究图书馆组织）对企业、博物馆、档案馆、图书馆、出版社、学术团体和政府机构等各类组织机构的数字信息保存状况展开全面调研，完成了《数字信息归档报告》并于 1996 年发布，该报告揭示了数字信息长期保存所面临的组织、技术、法律、经济等关键问题，分析在解决每一类问题时所遇到的主要障碍，并对消除每一种障碍因素提出了行

---

① Brown Adrian. *Practical Digital Preservation*: *A How – to Guide for Organizations of Any Size* (London: Facet Publishing, 2013), 5 – 6.

动建议，研究技术更新的替代方案。① 该报告对于数字信息长期保存各种问题的揭示引起了政府及文化遗产部门的广泛关注，使人们深刻认识到数字信息的脆弱性及难以持久保存，报告还首次提出了数字信息长期保存的核心概念和术语，如"可信数字保存系统的认证"、"格式登记"、"成本模型"，以及"完整性"和"真实性"等基本术语，为数字信息长期保存理论与实践的进一步发展奠定了十分重要的基础。

从 1996 年至 2014 年，数字保存领域的发展十分活跃。数字保存理论及标准是基础，而在实践中不断变化的保存策略及保存工具又使理论及标准得到了进一步的拓展。国际标准 OAIS 参考模型在数字信息长期保存领域发挥了重要作用。OAIS 最初由美国空间数据系统咨询委员会（CCSDS）于 20 世纪 90 年代开始研制，1996 年发布了建议草案并作为业内标准得到迅速广泛的应用，最终于 2003 年正式成为一项国际标准（ISO 14721：2003），并于 2012 年更新。OAIS 不仅提出了数字信息长期保存的功能模型和信息模型，为构建可信数字保存系统的基本框架及研制数字保存元数据方案提供了重要的参考，而且还构建了一套概念模型，规范了数字保存的基本术语，比如，OAIS 对于"数字迁移"的规定与很多人对"迁移"的理解有所不同。OAIS 认为，由于技术发展和存储介质物理性能的老化，无论今天数字资源维护得多好，随着时间的推移，最终都会将大部分的资源转移到不同的媒体或不同的硬件或软件环境中去，以维持它们的可存取性，即"数字迁移"。按照信息丢失风险依次增加的顺序，OAIS 将数字迁移划分为更新、复制、重新包装和转化 4 种方式。在数字保存标准体系中的另一类重要标准是元数据标准。数字保存元数据标准在被广泛采用的元数据标准框架如 METS（2001）和 PREMIS（2003）的基础上得以研制，而 OAIS 所提出的"信息包"概念及对提交信息包、档案信息包和分发信息包的不同分类，为数字保存元数据标准的制定提供了重要的依据和参考。

组织机构通过构建自己的数字保存方案及其合作研究积极地推动了数字保存实践的发展。例如，CEDARS 项目和丹麦国家档案数字保存测试平台（Dutch National Archief's Digital Preservation Testbed）都运用了严格的科学原则发展和测试了多种数字保存策略。最早的可信数字仓储一般由国

---

① Garrett John, Waters Donald, *Preserving Digital Information: Report of the Task Force on Archiving of Digital Information Commissioned by the Commission on Preservation and Access and the Research Libraries Group.* (Washington, D. C.: Commission on Preservation and Access, 1996).

家文化遗产机构建立，如：澳大利亚国家图书馆、荷兰国家图书馆和英国国家档案馆相继在 21 世纪初建立了数字库。随着高质量的数字保存系统软件的出现，数字保存不再局限于国家机构层面，也使中小规模的机构如大学图书馆、地方档案馆及企业档案馆建立自己的数字保存库成为可能。大量的开源软件如 Fedora（1997）、EPints（2000）、DSpase（2000）不断涌现，商业软件如 Safety Deposit Box（2003）和 Rosetta（2008）也进入了市场，最新的基于云计算的 DuraCloud（2011）和 Preservica（2012）提供了基于云服务的数字保存模式，这些都为小型机构建设数字保存系统提供了条件。同时，可信数字保存库管理软件和开发工具如 PRONOM technical registy（2002），JHOVE characterization tool（2003）以及 DROID format identification tool（2005）在很多组织机构的数字保存系统开发中发挥了重要的作用。另外，对于网页的长期保存实践几乎与网络相伴而生，从 1996 年 Internet Archive 和 1997 年 Nordic Web Archive 的最早建立到地方、国家和国际的 Web 档案馆项目都推动了网页信息长期保存的实践发展。

2000 年以来许多数字保存研究项目得到了发展，如美国著名的 NDIIPP（2000）和欧盟委员会的各类数字保存研究项目包括 ERPANET（2001）、DELOS（2004）、Digital Preservation Europe（2006）和 Planet（2006）等。数字保存领域的联盟和基金会在数字保存中发挥了重要的推动作用，如英国的数字保存联盟 Digital Preservation Coalion（DPC）和数字管理中心 Digital Curation Centre，丹麦国家数字保存联盟 Dutch Nationale Coalitie Digitale Duurzaamheid，以及国际开放星球基金会 Open Planets Foundation。上述联盟组织和研究项目的开展标志着以数字保存业界联盟为基础的、在国家层面和国际范围内的合作得到了深入发展。

在数字保存早期，人们对数字信息的长期保存常常依赖于对实物的保存，着眼于媒介储存，强调发展更多耐用的媒介以及复制更多耐用的存储媒介，将数字信息打印在纸上就是一个显著的例子。而新的保存模式强调覆盖文件生命周期整个过程，在数字信息产生之时就应该主动保存，而且与更多的信息保管者进行合作并获得其支持尤为重要。2000 年以后，转换、更新和技术保存等依然是最基本的保存策略，但是具体实现方式更为丰富而且不断发展，如：数字考古、文件格式标准化、保存大量复印件和发展可长期保存的元数据、比特流复制、通用虚拟计算机的运用、大容量存储系统，甚至包括所谓的"无作为"策略等等，上述数字保存策略的结合使用比单独使用其中的一种更为有效。近些年来，数字保存的关注点已经由技术角度转换到数字保存的可持续性问题上。其中，两种关键的认识使人们开始转换新的保存模式并建立新的保存策略和实践：一种认识是，将数字内容与技术分离；另一种认识是，应当使更多的机构和组织参与数字保存过程，并在相关政策的引导下协调它们的活动。

2004 年，联机计算机图书馆中心和图书馆研究组织（OCLC/RLG）公布了一项覆盖 13 个国家的国家图书馆、大学图书馆、研究性图书馆、企业、档案馆、博物馆等各类机构数字保存实践的国际调查。在 48 个被调查者中，92% 正在实现（或准备实现）标准化、迁移或升级，同时，大多数被调查者表示他们拥有多种保存策略。最受欢迎的策略就是比特流（位流）保存，有 85% 的被调查者实施了该策略，紧随其后的策略是限制访问和标准化（这两种都是控制版本过多的方式）以及迁移。① 2011 年，ARL（研究图书馆协会）对其 72 个成员的数字保存情况调查表明，人们对于数字保存政策重要性的认识增强了，超过 50% 的受访者表示他们已经有了相关政策。在这项调查中，主要的数字保存策略包括：备份（93% 的实施率），存储于安全系统中（76%），校验（63%），迁移（50%），更新（47%）以及升级（7%）。许多机构在数字保存过程中采用了相关软件，而 DSpace 是最为流行的一种。②

2008 年 9 月，Boyle, Eveleigh 和 Needham 对英国地方的档案数字保存状况展开了一项较为全面的调查，共收到 38 个机构的反馈问卷。③ 调查结果表明，绝大多数英国地方档案馆对数字保存的重要性有基本认识，74% 的档案馆了解一些基本的数字保存资源如英国数字保存联盟 DPC，50% 左右的档案馆知道数字信息长期保存国际标准 OAIS 以及大英图书馆和英国

---

① OCLC/RLG PREMIS Working Group, *Implementing Preservation Strategies for Digital Material: Current Practice and Emerging Trends in the Cultural Heritage Community* (Dublin, OH: OCLC), 2004.

② Li Yuan, Banach Meghan, Institutional Repositories and Digital Preservation: Assessing Current Practices at Research Libraries, *D – Lib Magazine*, 2011, 17 (5/6), http://www.dlib.org/dlib/may11/yuanli/05yuanli.print.html.

③ Boyle Frances, Eveleigh Alexandra, Needham Heather, Preserving Local Archival Heritage for Ongoing Accessibility [EB/OL]. [2013 – 08 – 12]. http://www.ariadne.ac.uk/issue58/boyle – et – al.

国家档案馆在数字保存领域的重要举措。但是，有三分之二的档案馆不知道其他国际标准如 PREMIS 和 METS 以及重要的数字保存项目如"东英格兰数字档案馆区域试点（East of England Digital Archive Regional Pilot）"项目和 Paradigm 项目。在所有被调查对象中，约47%的档案馆已经制定了数字保存政策，但是，只有极少数档案馆在此基础上引进了相关标准及采取实际行动。大多数（79%）档案馆认为自己是被动地满足数字保存的需求，而不是主动地加强自己的数字保存能力。虽然档案馆都拥有接收进馆的原始数字资源，但是它们通常缺乏对这部分数字资源的详细了解，比如具体的案卷或文件规模，而且普遍存在各种已经过时的文件格式。由于缺乏对馆藏数字资源基本状况的调查和信息集中，大多数档案馆无法执行任何形式的数字保存计划。多数档案馆采取了备份、服务器存储等数字保存方式，87%的档案馆拥有一些存储在 CD 或 DVD 等光学介质上的数字信息。42%的档案馆只是简单地将数字信息存储在其原来的介质上，只有极少数档案馆实行了更为复杂的操作，如生成校验或者转换成标准格式。在所有的调查对象中，只有一个档案馆应用了内容管理系统，一个档案馆采用了外包存储，接近一半的档案馆使用了电子文件管理系统。此外，三分之二的地方档案馆在数字信息的利用方面不尽如人意，它们没有开发规范高效的用户检索系统，只能在线提供图像浏览而不支持对其他类型数字资源的在线利用。

　　数字保存的最主要障碍是此次调查的核心问题。调查结果在意料之中：资金不足是最主要的障碍，其次是缺乏 IT 支持和技术准备，再次是缺少政策上的支持。除了上述三种主要障碍因素以外，档案馆工作人员的动力、领导能力、时间、战略合作伙伴缺乏等也是阻碍数字保存的次要因素。总体上，档案馆对于数字保存具有积极的愿望，但是资金和技术不足是最大的障碍，而加大财政投入和加强对档案人员的技术培训被认为是解决之道。总之，根据2008年的此次调查，英国地方档案馆在数字保存中的问题主要是资金和技术能力不足的问题，而不是缺乏数字保存意识和愿望。因此，在数字保存中试图采取一种完美的、一步到位的解决方案是不现实的，只有逐步积累实践经验才能有所突破。

二　中国大陆地区的数字保存状况

　　2006年，武汉大学刘家真教授课题组对我国57个机构的数字资源保存状况进行了一次调查。① 调查对象为高校图书馆、城建档案馆和综合性档案馆，调查主要针对数字资源类型、数字资源保存状况和数字资源的灾备措施三个方面。调查结果表明：第一，我国馆藏数字资源构成复杂，表现为数字资源类型较多、格式多样、存储介质复杂。从资源类型来看，数据库、数字图片和多媒体三种数字资源在档案馆、图书馆和信息中心都有收藏，但它们在不同类型机构所占比例存在差异性，总体上档案馆的数字资源少于图书馆和信息中心。在档案馆系统内部，75％的档案馆拥有数字图片，60.71％的档案馆拥有数据库，46.43％的档案馆拥有多媒体资源，而100％的图书馆和信息中心都拥有数据库。此外，在同一单位内部，所有被调查的图书馆同时拥有数据库、数字图片和多媒体三种数字资源，超过60％的信息中心拥有上述三种数字馆藏，而档案馆的数字馆藏类型相对少，近一半的档案馆只拥有两类数字馆藏。第二，数字资源存储的主流格式开始浮现。虽然数字资源的储存格式复杂，但主流格式已经初见端倪，如图片用jpg、tif、pdf格式，数据库用Sql-server，多媒体选用mp3、avi、wav的居多。第三，存储介质多样化，光盘所占比重很大。图书馆和档案馆的数据储存在多种介质上，包括光盘、软盘、磁带、硬盘等，其中，约95％的图书馆和89％的档案馆都保存了大量光盘，这与前述87％的英国地方档案馆拥有光盘存储介质的情况甚为相似。第四，保管状况不容乐观。第五，数据存储介质的物理损伤严重。71.40％的图书馆、32.10％的档案馆和25％的信息中心都存在介质的物理损伤情况。第六，数据无法读出现象在图书馆（47.60％）和档案馆（14.30％）都存在。第七，数据备份环节较弱。

该调查报告进一步分析了我国数字资源保管不善的三大隐患：大多数的数据在无控制状态下产生，忽视对数据读出的维护，欠缺数据维护的相关知识。不少机构对数字资源的脆弱性认识不足，尽管大多数被调查对象都很注意改善数字资源的存储环境和保管条件，但是因为操作、保管及日常维护不当，使得载体受损较为严重，而针对技术过时和载体受损没有及时采取更新和迁移或其他技术策略。这与前述42％的英国地方档案馆将数字信息简单地存储于原有介质，没有主动采取更新和迁移的情形甚为相似。可见，我国图书馆和档案馆等文化机构虽然对馆藏数字资源有长期保存

---

① 刘家真：《我国数字资源保存状况调查》，《中国图书馆学报》2006年第5期。

的意识，存储环境和保管条件也有保障，但是对数字信息的脆弱性还是认识不足，欠缺数据维护的知识和技能，而且缺乏必要的数字保存规划和制度，不能及时应对技术过时和载体老化及受损状况。

综上所述，从 1996 年 RLG 的数字信息归档工作组发布的《数字信息归档报告》率先揭示数字保存中的种种问题，2006、2008 年中英两国在数字保存领域的基本状况调查，以及 RLG 先后在 2004 年和 2011 年对众多成员数字保存状况的调查中，我们可以发现，人们已经普遍意识到了技术过时和载体老化对数字信息长期保存的威胁，数字保存的原则、政策、标准和技术策略也在实践中不断发生变化：从早期着重依赖于实物保存和媒介储存的被动保存模式，发展到覆盖整个数字信息生命周期、从数字信息形成之初就开始的主动保存模式；数字保存的关注点由单纯的技术角度转移到了数字保存的可持续性问题，数字内容与技术相分离的观点和由此而形成的新的保存模式受到关注；越来越多的组织机构开始制定和实施数字保存政策；区域、国家和国际范围内的数字保存合作得到了较大发展，更多的机构和组织以业界联盟的形式参与到了数字保存中，并在政策和合作协议的框架下协调其活动；数字保存的技术策略趋于多样化并处于不断发展之中，诸如：数字考古、比特流复制、采用大容量存储器、备份、存储于安全系统中、迁移、更新、限制访问、标准化格式等，而多种技术策略的结合使用成为业内共识；载体和保存格式一直是数字信息长期保存关注的核心内容，对于数字信息长期保存载体性能的探讨，以及文本、图形、图像、音频、视频、数据库、超文本、多媒体等不同类型数字信息的标准化格式的演进和发展十分活跃。

第四节 电子文件长期保存的理论基础

文件生命周期理论、文件连续体理论、前端控制思想及全程管理原则奠定了电子文件长期保存的理论基础。

一 文件生命周期理论（Life Cycle Theory of Records）

文件生命周期理论是文件管理的核心理论，它揭示了文件运动的过程和基本规律，不仅适用于传统纸质文件的管理，而且对包括电子文件在内的特殊载体文件管理也具有一定的指导意义。20 世纪中期，文件中心的出现以及人们对其的理论探索是文件生命周期理论产生的直接原因。此后，人们对文件的运动过程以及针对文件运动过程的全面管理进行了系统研究，最终在不断的理论探索和研究中形成了文件生命周期理论。

文件生命周期理论认为，文件具有一定的生命周期，现行文件从其产生到最终销毁或永久保存是一个完整的生命运动过程。这一运动过程由于文件价值形态的变化，可以划分为若干阶段。文件在每一阶段因价值形态的不同，保存场所、管理方式及服务对象也不相同。文件的价值形态与其保存场所、管理方式及服务对象之间存在一定的对应关系。具体见表1-1。

表1-1 文件生命周期阶段表

生命阶段	保存地点	保管期限及价值形态	服务对象
现行阶段（文件设计与形成阶段）	机关办公部门或业务部门	文件办理过程中；对形成机关的原始价值：财务价值、凭证价值、法律价值、科技价值	本机关
半现行阶段（文件维护阶段）	档案室或文件中心	文件办理完毕，归档定期保管；原始价值逐渐衰减，档案价值逐渐增加	主要是本机关
非现行阶段（文件长期保存阶段）	档案馆	文件长期或永久保管；档案价值：证据价值、情报价值、历史文化价值	社会公众

第一，文件从其形成到销毁或永久保存，是一个完整的生命运动过程。文件的形成、流转，办理完毕、归档保存或销毁，最终移交档案馆永久保存的过程是一个前后相继、连续统一的生命运动过程。

第二，由于文件价值形态的变化，这一生命过程可划分为若干阶段。文件的生命运动具有阶段性，一般将文件生命运动阶段划分为现行、半现行和非现行三个阶段。

第三，文件在每一个阶段因具有不同的价值形态，而具有不同的服务对象、保存场所和管理方式。

现行阶段的文件具有现行效用，处于机关文件的流转过程中，文件办理完毕后，需要根据其价值大小决定是否归档保存或销毁。归档保存的文件进入半现行阶段，这一阶段的文件对本机关具有一定参考作用，保存在机关档案室或文件中心，主要为本机关服务，具有过渡性。文件在机关档案室或文件中心临时保存若干时期，经过鉴定之后可将其中具有永久保存价值的文件移交档案馆，此时，文件进入非现行阶段，非现行阶段的文件对形成机关已经丧失了最初的原始价值，而主要体现为对整个社会的历史文化价值、情报价值等。

文件在现行、半现行和非现行阶段的生命运动过程中，对本机关的原始价值（行政、财务、法律等价值）和对本机关之外的其他利用者的档案价值出现了此消彼长的变化。在现行阶段，文件主要发挥对机关的现行效用，在机关部门间流转，直到办理完毕，文件主要体现为原始价值；在半现行阶段，部分文件最初仍然具有较高的原始价值，但随着时间的推移，原始价值逐渐衰减，少部分文件的档案价值开始逐渐显现；在非现行阶段，文件的原始价值丧失，少部分文件的档案价值突出，移交档案馆，为社会各界服务。随着文件原始价值的消减和档案价值的增强，文件的保管场所也发生了变化，从机关内部到档案室（文件中心），最终只有极少部分具有长久保存价值的文件移交到档案馆。在文件价值形态演变的过程中，文件的服务对象也逐渐由内向外，同时，服务方式经历了一个从封闭到开放的过程。

二 文件连续体理论（Theory of Records Continuum）

1. 文件连续体理论的产生及理论模型、基本原则

电子文件也存在生命运动周期。但是电子文件的生命运动特点与传统文件有所不同。传统文件的生命运动阶段大多是顺序向前的，由一个阶段转入下一个阶段，但电子文件在特殊情况下可能会做逆向运动。传统文件运动阶段之间的界限分明，容易划分，而电子文件往往可能同时处于不同的运动阶段，难以划分各阶段的界限。而且，传统文件在各阶段的价值形态与保管场所、服务对象等相关因素的对应关系对于电子文件不是非常适用。由于电子文件对技术、设备和系统的依赖性，以及信息内容与载体的可分离性，其价值形态可能无法与保管场所绝对对应。

文件连续体的理论依据是社会学领域的结构主义思想。根据澳大利亚国家标准 AS4390 的规定，"文件连续体是从文件形成（包括形成之前的文件管理系统设计之初）一直到其被作为档案永久保存的一个连续、一致的管理过程"。[①]

澳大利亚档案学者 Ian Maclean、Sue McKemmish、Frank Upward 等人在文件连续体理论的产生和发展中做出了重要贡献。该理论最初由澳大利亚

---

① Standards Australia, *Australian Standard* 4390, *Records Management* (Homebush, New South Wales: Standards Australia, 1996).

著名档案学者、国家档案馆首任馆长 Ian Maclean 在 20 世纪 50 年代提出，基本形成于 20 世纪 80 年代。20 世纪 90 年代，澳大利亚档案学者 Frank Upward 以英国著名社会学家 Anthony Giddens 对结构主义理论的阐述和评价为理论基础，重新阐释和进一步发展了文件连续体管理模式，为该理论思想的发展做出了重要的贡献。

Ian Maclean 于 20 世纪 50 年代最早提出了文件连续体管理思想，他认为档案工作者应该将其职能活动建立在对记录的特征、记录的保管体系及分类方法进行研究的基础之上，在一定的时间和空间维度，对记录进行整理、分类和排序。此后澳大利亚档案学者 Sue McKemmish 重申了他的这一观点。[①] 1983 年华盛顿大学教授 Richard Berner 针对文件连续运动的特点，强调了文件管理人员和档案工作者在文件处置（销毁、长期保存和利用）中的持续合作与互动关系。他认为，文件管理和档案管理职业虽然有所不同，但二者有一个共同的目标：即从文件形成到长久保存的各个连续阶段都实施对文件信息的有效管理。应通过对文件生命各个连续阶段的有效管理，确保以正确的格式创建正确的文件，含有正确的信息；对文件进行组织并分析其内容，以提高其可用性；确保对拥有利用权限和利用需求的管理人员和研究人员等及时提供文件利用；系统地处置那些不再需要保存的文件；妥善保管并长期保存需要永久保存的文件。[②]

20 世纪 90 年代 Frank Upward 进一步发展了"文件连续体"的理论思想和理论体系，其核心在于强调文件生命运动的时空整体性和非间断性，通过对文件形成流转背景的分析，将文件的保管形式与对应的业务活动和业务环境联系在一起。他构造了一个多维坐标模型，对文件的运动过程进行了立体描述。这一模型包括四个坐标轴——文件保管轴、证据轴、业务活动（事务处理）轴和形成者（身份）轴（见图 1-1）。其中，文件保管形式轴是核心，它的变化带动了其他坐标轴的相应变化。文件保管的形式决定了文件的其他要素，在文件保管形式轴上，随着文件保管形式由单份

---

① Upward Frank, In Search of the Continuum: Ian Maclean's "Australian Experience" Essays on Recordkeeping, *The Records Continuum: Ian Maclean and Australian Archives First Fifty Years*, eds. S. McKemmish, M. Piggot (Canberra: Ancora Press in association with Australian Archives, 1994), 110-130.

② Berner Richard C. *Archival Theory and Practice in the United States: A Historical Analysis* (Seattle: University of Washington Press, 1983), 160-163.

文件到案卷、全宗、全宗集合的变化，其形成者、业务活动和价值也发生了相应的变化。文件连续体理论的四"维"——"文件的形成"、"文件的捕获"、"文件的组织"和"文件的聚合"则以时间为基础，体现了文件保管各个要素的联合和互动。Frank Upward 所提出的文件运动模型，使我们能更为清楚地看到和意识到文件与档案是一体的，揭示了文件管理者和档案工作者之间持续而密切的关系，从时空维度描述了文件的过去、现在和未来之间的关系，对于建立文件管理者和档案管理者之间的协同关系及其与其他利益相关者之间的战略合作关系具有重要的理论指导意义。

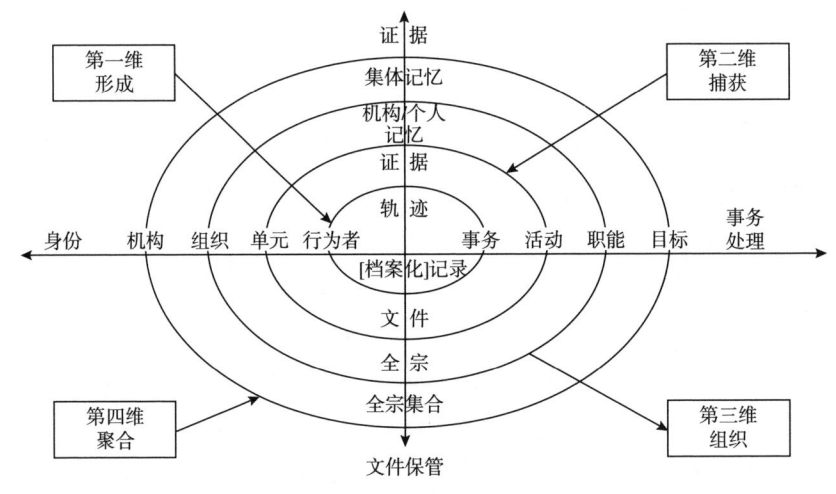

图 1-1 文件连续体模式坐标图

资料来源：傅荣校、王相华著《理论核心问题：原则与内容——文件生命周期理论与文件连续体理论比较研究之二》，《档案学通讯》2004 年第 4 期。

根据 Frank Upward 的主张，文件连续体理论具有如下四个基本原则：（1）文件的概念延伸至档案。文件价值包括其从属价值（档案价值），这样有利于强化它们对事务处理、提供证据和实现记忆目的的作用，并统一归档保存的方法。这与我国档案界所理解的"大文件"概念是一致的。（2）无论是纸质文件还是电子文件，文件应该是逻辑实体而不是物理实体。（3）文件保管应该融入企业和社会的活动过程及目的。（4）档案学提供了文件保管与组织的知识基础。这种知识是可更新的、结构化的，而且可以深入应用至过去、现在和未来。Frank Upward 所提出的上述理论原则实质上强调了两个方面：第一，文件与档案在概念、价值、管理方法和利用目的等方面存在连续性和一致性，第二，文件管理活动应该与业务活动和社会活动集成和融合。①②

2010年以来Frank Upward等学者拓展深化了网络环境下文件连续体理论的适用范围。2013年Frank Upward等在新旧文件保管方法及文件连续体理论的基础上提出了一个新的学科领域——文件保存信息学，旨在重塑文件管理的思想、体系、流程和实践，以应对网络环境下日益增长的信息融合、混乱和复杂性。其中，连续体思想和文件保管元数据是文件保存信息学的两大支柱。同时，这一理论涉及三个方面的研究内容：组织文化分析、业务流程分析和文件存取利用分析。该理论认为，信息和通信技术的应用进一步打破了文件保存内部过程的连贯性，因此，目前急需制定一种框架来识别和解决这个问题，这一框架产生于而且依赖于社会形态、文件保存过程和档案馆之间强烈的共生关系，这样才能适应日益增长的组织和社区环境的多元化趋势。③

文件连续体理论的创新之处在于：（1）研究视角独特。它从逻辑上将文件与档案视为一个整体，强调的是文件保管形式的变化对文件其他要素的影响，描述了文件从最小的保管单位到最大保管单位的运动过程和规律性。（2）研究方法新颖。采用一个多维坐标模型来描述文件的运动过程，将文件运动纳入一个立体、多元的环境之中，考察文件保管形式与价值形态、业务活动及形成者之间的互动关系。（3）研究的基础在于将文件运动视为一个连续的过程，强化了文件和档案管理的一致性、关联性和文件管理的全过程性，充分体现了电子文件运动的特点。（4）注重文件的形成过程及背景。较为生动地描述了文件活动的主体、保管形态及凭证价值与不同层次（由内及外）业务活动之间的对应关系。

文件生命周期理论与文件连续体理论之间的关系问题曾经引起了人们的热议。文件生命周期理论对于传统档案管理的理论指导意义是不言而喻的，它从理论上科学地阐释了文件中心存在的合理性，奠定了文件的分阶段管理以及全过程管理的理论基础。对于电子文件管理而言，文件生命周

---

① Upward Frank, Structuring the Records Continuum, Part One: Postcustodial Principles and Properties, *Archives and Manuscripts*, 24（2）（1996）: 268 – 285.
② Upward Frank, Structuring the Records Continuum, Part Two: Structuration Theory and Recordkeeping, *Archives and Manuscripts*, 25（1）1997: 10 – 35.
③ Upward Frank, Reed Barbara, Oliver Gillian, Evans Joanne, Recordkeeping Informatics: Refiguring a Discipline in Crisis with a Single Minded Approach, *Records Management Journal*, 23（1）2013: 37 – 50.

期理论虽然在一些细节问题上难以得到完美的解释，但仍然具有宏观上的理论指导价值。这是因为，无论文件的载体形态如何，文件生命周期理论都是对文件运动普遍规律的客观描述。电子文件是文件的一种，具有文件的基本属性，它在载体形式和生成环境方面虽然具有特殊性，但仍然要历经从产生到销毁或永久保存的整个生命周期。电子文件的运动仍然具有一定的阶段性，只不过各阶段的界限模糊，运动特点发生了变化，此外，电子文件的价值形态与相关因素的对应关系虽然已经弱化，但并不是绝对消失。

对于电子文件而言，文件的形成过程和背景尤为重要。文件连续体的理论基础不同于文件生命周期理论，它是源于结构主义原则从时间和空间维度对文件生命运动所做的理论解释，二者具有不同的理论视角。它所强调的文件和档案在价值及管理上的连续性特点，以及建立文件管理者与档案工作者及其他利益相关者的合作战略，对电子文件管理具有积极的指导意义。

2. 文件连续体理论与电子文件的集成管理原则

文件连续体理论是对文件从其最初产生到长期保存的连续运动过程的时空描述：在业务（事务）活动的驱动下，业务（事务）部门产生了单份文件，将若干关联的单份文件组合成文件单元（案卷），在文件单元基础上形成全宗（机构记忆），最终汇集成全宗集合（集体记忆）。在该过程中，文件所对应的事务大小、主体身份、保管场所及价值形态发生了变化。这一运动变化过程是与特定的业务活动和社会活动紧密融合在一起的，文件管理者与档案管理者的工作对象和内容也存在连续性和一致性特点。因此，应该加强文件管理者与档案工作者之间的工作协同，并加强与其他利益相关者的密切合作，将文件管理活动融合到组织机构的业务管理活动中。电子文件的集成管理原则正是在这一理论原则和思想的基础上产生的。所谓集成管理，是将与电子文件生成、运行、保管等管理活动有关的要素进行互联，综合管理，统筹规划。集成管理不仅关注文件的流转过程，也关注与文件流相伴而生的业务流，关注其他信息流的统筹兼顾，体现了系统化和集约化管理思想。电子文件的集成管理主要包括以下四个方面的内容：第一，文件流与业务流的集成，文件管理活动融入组织机构的业务管理活动。文件流与业务流的结合程度是衡量电子文件管理质量的一个重要标准。电子文件管理系统应支持本机构的文件运转流程和业务流程，在确保文件真实、完整、可靠、可用的同时，保证文件运转和业务流程的高效运行。第二，文件流与其他信息流的集成，文件管理活动融入组织机构的信息管理活动。文件是构成组织机构信息资源的一种类型，机构在工作中还会接收、运行、保管和利用各种非文件信息，要确保文件流与其他信息流的集成，即令电子文件管理系统接入组织机构的信息管理系统。第三，文件内部管理活动的集成。为了优化电子文件管理、提高机构工作效率，电子文件管理的各项业务工作应该根据其内在连续性、关联性和一致性而进行整合或集成，如文件归档与鉴定和著录等业务工作的结合等。第四，文件管理与档案管理的协作和集成。即文件管理工作与档案管理工作的协同合作，加强管理程序、管理标准、管理原则的连续性、一致性和协调性。

三 前端控制思想

前端控制思想强调在整个文件生命周期中，将档案工作提前到初期阶段，而不是在文件运转完毕后的归档阶段才开始实施档案化管理。国外档案界主张对电子文件生命运动进行提前干预和控制，"前端控制"这一特定术语实际上是国内档案界对该思想的借鉴和理论总结。法国档案学者诺加雷所主张的"档案工作者要重新考虑他们在文件生命周期中进行干预的时机，甚至重新思考这种生命周期本身"的观点被认为是前端控制思想产生的根源。[1] 另外，国际档案理事会电子文件委员会在其编制的《电子文件管理指南》中着重阐述了重新考虑电子文件生命周期及干预的时机问题，并将提前干预的时机确定为电子文件管理系统的设计阶段，主张在"在文件形成前采取行动"。这意味着许多在纸质档案管理中的后控制手段（如归档、鉴定、著录等）都会提前。[2] 如前所述，RLG的归档信息工作组在广泛调查的基础上，于1996年发布了《数字信息归档报告》。该报告明确提出"应尽早采取电子文件长期保存行动，最好是在它们产生之初就主动实施覆盖整个生命周期的长期保存计划。恢复或者再现已经丢失或无法读取的电子文件信息比一开始就实施对其的长期保存的成本要高出很多"的建议。可见，20世纪90年代中期，电子文件（数字信息）的前端控制策略

---

[1] 〔法〕C. 诺加雷：《信息技术对档案与档案工作的影响》，郁宗祺译，《第十三届国际档案大会文件报告集》，1996，第149页。

[2] 国际档案理事会电子文件委员会：《电子文件管理指南》，国家档案局科研所编译，中国档案出版社，1996，第105页。

在国外电子文件（数字信息）的长期保存实践中开始得到了认同。

在传统的文档管理中，文件归档之后才由档案部门进行管理和控制，文件在最初形成和流转阶段的工作都由文书或业务部门处理，档案部门一般不加控制，档案部门对文件进行处置和保管一般是在文件归档之后才开始。而电子文件产生于数字环境，它对载体的依赖性、易操作性、与载体可分离性等特点使其极易丢失和修改。如果不从电子文件形成之初就实施档案化控制，电子文件的真实性、完整性、可靠性和可用性极难得到保障。我们将无法确认归档时的文件是否真实、完整、可靠，也就无法将其作为档案进行长久保存，电子文件应有的证据价值将无法确认和实现。因此，档案人员从电子文件的生命之初即从电子文件管理系统的设计阶段就积极介入，例如将文件管理元数据方案嵌入系统设计，实施覆盖其整个生命周期的档案化控制，才有可能保障电子文件的真实性、完整性、可靠性和可用性。

根据前端控制思想，一些在纸质档案文件管理程序中的重要工作环节和内容必须提前，甚至延伸至系统设计阶段。在电子文件管理系统的设计阶段，要求从档案化的角度分析电子文件管理系统的功能需求，引导其设计与开发，并且通过元数据方案实现对电子文件的前端控制。在设计电子文件管理系统时，不仅要考虑电子文件在执行机构业务活动中的高效流转，还要关注对电子文件真实性、完整性、可靠性和可用性的保障，例如可考虑嵌入元数据捕获功能，以便在电子文件的形成之初就开始动态跟踪，描述其从产生、流转至文件归档及长期保存或销毁、提供利用等整个生命运动过程中的各类相关信息，如文件处置过程信息、文件结构信息、不断增加或变化的背景信息、文件内容信息等等。这些信息能够确保文件的真实性、完整性和可靠性，从而保证电子文件自形成起完整无缺、来源可靠、未被非法更改。

除此之外，电子文件的归档、描述、著录和鉴定等环节也提前了。与纸质档案的定期归档（第二年上半年）不同，电子文件应在办理完毕之后实时归档，赋予其归档标记，纳入档案系统并对其进行监控和管理，防止电子文件丢失或被非法更改，以保证电子文件的真实性和完整性。电子文件的描述与著录与纸质档案著录在性质、内容及时机方面也有明显不同，电子文件的描述和著录随着电子文件的产生就开始，覆盖了电子文件的整个生命运动过程：流转、传递、处置、鉴定、归档存储和利用，实施长期保存策略如迁移、更新等全过程。因为电子文件的描述和著录不仅要揭示电子文件的内容特征和形式特征，还要动态反映电子文件的运动过程和背景信息，是确保电子文件真实性、完整性、可靠性和可用性的重要手段。电子文件的鉴定在电子文件形成阶段就应该开始，在电子文件的采集、保管以及对电子文件实施迁移、更新或转换策略之前都要进行鉴定。

四　全程管理原则

电子文件全程管理原则实质是对电子文件全生命周期的过程管理，强调从电子文件管理系统的设计之初开始，对电子文件形成、办理、传输、保存、利用、销毁等实行全程管理，确保电子文件始终处于受控状态，将电子文件的形成、运转、维护、长期保存等各个阶段的工作内容有机结合在一起，前后衔接、浑然一体，通过对电子文件全生命周期的控制来确保电子文件的真实性、完整性、可靠性和可用性。可见，全程管理原则与文档一体化管理原则是一致的，都是从电子文件生命运动的连续性和无间断性的规律出发，全程、动态地跟踪和控制电子文件的生命运动。全程管理原则与文件生命周期理论、文件连续体理论之间都存在渊源，与前端控制思想相互呼应，体现了对电子文件从生命之初到生命之终（或永久保存）的全过程管理思想，其目的也是为了保证电子文件的真实性、完整性、可靠性和可用性。

电子文件全程管理要求从整体上对管理过程、管理需求等进行梳理、分析和整合。首先，体现在文件管理流程与业务流程的集成上。电子文件是对电子化业务的原始记录，因此，电子文件的管理流程必须与业务流程集成、融合。电子文件管理系统应密切结合相应的电子化业务管理需求，提高文件运转和处置的效率。文档管理部门、业务部门、计算机技术部门或信息部门在文件的形成、处置、维护等过程中协同工作，承担保护电子文件真实性、完整性、可靠性和可用性的职责。其次，体现在对电子文件管理环节的重组上。电子文件虽然与纸质文件一样，也要经历形成、办理、传输、保存、利用、销毁等基本的管理过程，但是在具体管理环节的先后顺序及管理方式等方面已经发生了很大的变化。如前所述：电子文件的鉴定、归档、著录等提前到文件设计和形成阶段；著录贯穿于电子文件整个生命周期；而在每一次对电子文件采取迁移或更新等策略之前都需要对其进行鉴定；电子文件的登记、归档及著录等工作可以由系统自动执行,总体上呈现出非线性、并行性和集成化的特点。① 再次,体现在对电子文件运动前后端格式的一体化上。从管理流程来看,电子文件前后端格式关系密切,甚至有相互转化的需求。电子文件办理完毕以后需要采用不可编辑的归档格式进行保存,而归档文件在利用时有可能需要采用能够被编辑的格式。只有将归档和提供利用这两种业务置于统一的格式规范体系下,才能实现前后端格式的转化。从管理要求上看,为了确保电子文件在其全生命运动过程中的真实性、完整性、可靠性和可用性,应尽可能减少同质变换的环节,在全过程管理中采用统一的保密和认证等技术保障手段,这样既可以节约成本,也有利于实现目标。从技术条件上看,电子文件前后端格式一体化具有较为充分的技术条件,例如,Adobe 在其 PDF 文件中可以实现重排。为了实现电子文件文档格式的一体化,根据目前已有的电子文件管理标准,可以进一步采取如下措施:第一,电子文件前端格式选择标文通(UOF)格式,后端即电子档案阶段在标文通格式基础上进行扩展,选择相应的版式文档格式,实现流式文档与版式文档格式的一体化;第二,共用加密或数字签名等技术,以最小的成本确保电子文件的真实性、完整性;第三,对电子文件前后端公共数据对象采用统一的描述标准,提高电子文件格式的透明性和可理解性。最后,体现在电子文件前后端管理软件功能的集成上。如可以建立共性办公应用软件系统,主要包括电子文件办公业务系统、电子档案管理系统、电子文件发布利用系统。这三个系统覆盖了电子文件形成、流转、归档、移交、档案保管、提供利用、销毁等各个过程的共性业务,具有模块化的特点,适用于各类机构。②

---

① 刘越男:《电子文件全程管理——对纸张文档一体化管理的集成和发展》,《浙江档案》2006 年第 3 期。
② 刘晓光:《电子文件全程管理业务需求及相关技术的研究》,《档案学研究》2010 年第 5 期。

第二章　电子文件长期保存的法律基础

第一节　电子文件的证据力及立法保障

一　不同时代法律证据的演变

1. 古代的证人证言

证人证言是一种最为古老的法律证据形式。证人制度在罗马法中就已形成，所谓证人，是就本人所知道的情况对案件事实作证的人。在欧洲中世纪，最有力的法律证据是受尊敬的人的口头证词。在古代中国，根据《周礼》等文献记载，以证人陈述为依据的采信方法在先秦时期就开始产生了。自秦汉开始，以证人陈述为证据的方法开始普遍适用于法律诉讼，成为中国古代证据制度的重要内容。经过几个世纪的发展，书面文件才逐渐成为第二种证据形式，但我们不难发现书面文件与证人证言之间存在内在联系：书面文件的印章和签名表明了文件本身的有效性和公信力，在法律取证中具有根本性的作用，而印章和签名实质上象征了证人的身份地位，可见，书面文件的真实性仍然在很大程度上要依靠能证明该文件责任者身份的印信。在鉴定文件的权威性时，文件的形式如版面设计、格式、笔迹和书写习惯只是印章和签名的补充。

2. 近现代（纸质文件时代）的书证

现代社会更为信任书证。证人可能出于某种原因而作伪证，法律更相信书面材料能提供事实真相。所谓书证，是指以其内容来证明待证明事实的有关情况的文字材料。书证在形式上取决于所采用的是书面形式，从内容上取决于它所记载或表达的思想与案情具有关联性，因此能够作为认定案件事实的根据。

公文书证（文书）是各种书证形式中的一种重要类型。随着现代文书及档案管理制度不断发展完善，文书的体式日趋规范，用信制度也更为完备,文书归档及档案保管和利用制度使得文件产生至归档保存都有一整套较为成熟完备的制度保障,因此,文书(档案)能够被确信为原始记录,具有权威性和证据性,任何事务一经书面记录就极难更改。而且,纸质文件的内容、形式和载体一旦形成就固化为一体,不可分离,更改之后极易从其字迹、外观和书写习惯等方面的变化而被识别和发现。

3. 前因特网时代(20世纪70~90年代中期):电子文件作为证据的辅助地位

20世纪50~60年代,随着计算机技术在军事和科技领域的应用,记录于计算机磁带上的一类新型档案——机读档案产生。1970年4月,美国国家档案馆接收了第一批机读档案。20世纪80年代末90年代初,随着文件管理工作在现代计算机环境中的作用日益突出,"电子文件"一词开始流行,并逐步取代"机读档案"。

电子文件在科技、经济、文化、行政管理等领域的应用日趋广泛,不可避免地会涉及其在法律诉讼中作为证据的可采信问题。电子文件作为一种数字信息依赖于计算机硬软件环境而产生,电子文件的内容和载体可以分离,极易丢失或修改。电子文件与书面记录不同,书面记录(纸质文件)可以通过签名、印章等证明自己的权威性,而缺少法律所要求的内在要素的电子文件无法对其内容所描述的外部事件给予合法的证明。出于种种原因,电子文件的真实性、完整性和可靠性等支持电子文件法律证据性的关键性问题未能有成熟的解决方案。因此,人们无法像对待纸质文件那样将电子文件纳入法律证据的范围。在很长一段时期,电子文件无法拥有独立的法律地位,而只是作为书证或其他证据的附属材料而存在。从20世纪70年代到90年代中期这样一个前因特网时代,纸质文件在行政管理、经济、科技及文化等领域仍然占据传统的重要地位,电子文件虽然大量出现并与纸质文件共存,但在文档管理领域,尚未形成独立成熟的电子文件管理体系、管理标准和制度,在绝大多数机构,电子文件与纸质文件是共同管理的,电子文件总体上处于纸质文件的辅助地位。这一现实在立法中得到了相应的体现:

第一,关于电子税务文件的法律规定。很多国家的税法都将电子税务文件视为对机构或企业进行税务审计的依据,对其完整性、真实性及保管期限做了明确规定。几乎每个政府都会要求机构或企业提供充足的文件证明其税收状况或是否合法缴税。这要求每个机构或企业按照法律要求,完整、准确地保管能证明其税务责任、税收状况及用于税务审计的文件记录，而不论其存储在何种介质上。大多数国家的税法都要求企业必须将本企业的财务文件或会计文件及其他与税收有关的文件保存一定的期限（一般为5至10年），或者为了满足审计及解决税务纠纷的需要而保存更长的期限。例如，美国国内税收法（1998）规定，所有用于会计事务的记录、固化和总结的机读数据或者在计算机系统中产生的相关数据应按照国内税收法的要求长期保管。加拿大税法（Revenue Canada's IC78-10R3, 1998）和澳大利亚税务局TR97/21（1998）也都有类似规定。

第二，关于文件存储介质的法律规定。很多国家通过立法规定了业务活动的记录可以选择或者必须采用的形式和存储介质。法律并不明文禁止非纸质介质如磁带、磁盘或光盘的使用，但规定必须确保记录于这些非纸质介质上的信息是可存取的、合法的、准确的、可用的。例如，修订以后的丹麦簿记法规定，会计账簿和会计记录可以保存在缩微胶片和数字介质上，然而，这些介质必须要进行错误检测并安全保管，同时，硬拷贝必须分散保存以防意外损坏（丹麦簿记法，1986）。

第三，关于保存"原件"的法律规定。部分国家的法律规定可对一些特定种类的文件实行电子化保存。但又明确规定原件必须保存。例如，1975年制定的瑞士债务法及随后的实施细则中规定，会计文件或税务文件可计算机化保存，但是经营账目及资产负债表必须保存在纸质原件上。

第四，关于文件电子化保存的法律暗示。不少国家在法律上没有明文规定而是用隐含（暗示）的方式默许对特定种类的文件可采取电子化的保存方式，这多数情况下是针对会计文件和税务文件。在法律中大多会规定，文件可采用任何能保证其可读、准确、合法的方式保存。例如，马来西亚审计法和会计法没有明确提及电子化文件保存，而是规定公司应该保存能够充分说明交易业务及证明公司财政状况的会计文件及其他文件，而且应采用合适的保存方式以方便而准确地审计这些文件。

第五，关于电子文件防伪造的法律要求。不少国家在法律上明确规定，试图产生或保存电子文件的公司必须采取一定措施防止电子文件被伪造或被篡改。例如，南非公司法（1973）和修订之后的新西兰所得税法（1993）都规定，会计文件和审计文件可以不采用原始的书面记录形式，但如果采用其他形式应采取充分的保护措施，防止文件被伪造或被篡改。

第六，关于电子文件按要求打印输出的法律要求。很多国家的法律规定，电子文件保存系统必须能根据需要生成电子记录的可读纸拷贝，例如，澳大利亚公司法（1989，2001）规定，可采用电子介质保管业务记录，但是又规定，存储在电子介质上的信息必须在任何时候都能以书面形式复制。

4. 网络与电子商务时代（20世纪90年代后期至今）：电子文件开始拥有相对独立的法律证据地位

20世纪90年代中后期以来，随着互联网技术的发展和应用，传统商业贸易向电子商务发展，越来越多的商业活动通过互联网平台实现，生产、营销、出售、交易及发送都借助于电信技术和网络平台来实现，电子商务的形式和内容日趋丰富，电子合同、电子采购、电子数据交换（EDI）、网络营销、网络支付等成为电子商务的标志。世界贸易组织对于电子商务的定义如下：电子商务是通过电信网络进行的生产、营销、销售和流通活动，包括通过网络实现原材料查询、采购、产品展示、订购、出品、储运以及电子支付等一系列的贸易活动。欧洲议会在欧洲电子商务发展倡议（1997）中给出的电子商务定义是：电子商务是通过电子方式进行的商务活动。通过电子方式处理和传递包括文本、声音和图像在内的各种数据。涉及的业务活动很多，包括：电子货物贸易和电子服务贸易、数字内容在线传递、在线采购、电子资金划拨、电子证券交换等。美国在其《全球电子商务框架》中指出，电子商务是通过Internet进行的各项商务活动，包括营销、交易、支付、服务等活动。可见，电子商务总体上是采用电子形式进行的商务活动，是以商务活动为主体，以计算机网络为基础，以电子化、数字化方式为手段，在法律许可范围内所进行的商务活动与交易。电子商务具有高效率、开放性、个性化等特点，能够通过网络集成各项商务活动的功能，降低交易成本和企业管理成本。

电子商务活动与传统商务活动在技术环境、技术手段和表现形式方面有很大不同，以买卖双方共同签署书面合同及手写签名为法律依据，当面进行交易的传统商务活动被电子合同、电子数据交换、电子邮件、电子数据在线传递、网络支付等基于电子技术和互联网的商务活动所替代。买卖双方及消费者在电子商务交易活动中形成的电子数据交换记录、电子邮件、电子合同、电子支付记录等各类电子记录的合法保存及司法证据性问题对以书面文件为对象的传统商务法律提出了挑战。

第一，联合国国际贸易法委员会《电子商务示范法》对数据电文作为证据的可采性规定。

为了解决全球电子商务所遇到的法律冲突，满足各国对电子数据交换（EDI）的迫切要求，联合国国际贸易法委员会于 1996 年制定了《电子商务示范法》，1998 年修订。该法是世界上第一部面向数字环境的电子商务法律范本，为各国电子商务立法提供了一个示范模式。《电子商务示范法》的基本目的是提出一系列可为国际社会所广泛接受的新法律规则，为电子商务发展消除现有的法律障碍，并为全球电子商务发展创造一个更为安全的法律环境。该法遵循了不歧视、技术中立和功能等同原则，提供了数字环境下文件传递和保存的立法标准，有助于各国完善、健全有关数字信息传递和存贮的现行法规和惯例。

与传统法律所强调的"书面记录"、"手写签名（签章）"以及"原件"概念相适应，《电子商务示范法》采用了"功能等同"原则对电子记录（电子文件）的法律证据性进行认定。该原则对传统书面文件的功能进行分析，研究如何通过电子商务技术完全地实现传统文件所具有的功能，使电子记录（电子文件）能达到与书面文件相同的功能。首先，书面文件的功能包括：采用适当的存储介质确保文件内容长久不可更改；能够对文件进行复制并使交易各方都能获得文件的复制件；能够通过签名的方式对文件内容的完整性进行认证；确保文件能以适当的形式被法庭或其他公共机构所获取。《电子商务示范法》确认了电子记录作为法律证据的基本前提：如果管理得当，电子记录（电子文件）可具有与上述书面文件同样的功能。因为电子记录（电子文件）具有与书面文件不同的本性，不能具备和执行书面文件拥有的所有功能，因此，不能被直接视为与书面文件同样的证据。电子记录在可靠的系统中生成、管理得当的条件下，就能够具有可靠性、可追溯性和不可更改性等与书面文件等同的功能。

《电子商务示范法》对"数据电文"[①] 等关键术语的定义如下："数据电文"系指经由电子手段、光学手段或类似手段生成、储存或传递的信息，这些手段包括但不限于电子数据交换（EDI）、电子邮件、电报、电传或传真；"电子数据交换（EDI）"系指电子计算机之间使用某种商定标准来规定信息结构的信息电子传输；一项数据电文的"创制人"指由其或以

---

① 《电子商务示范法》中的术语"数据电文"（data message）实质上就是对电子文件的总称。

其名义在数据电文储存之前发送或编制数据电文的人,但不包括与该数据电文有关的中间人。一项数据电文的"收件人"系指创建人意欲由其接收该数据电文的人,"中间人"指就某特定数据电文而言,代表他人发送、接收或储存该数据电文或就该数据电文提供其他服务的人。"信息系统"指编制、发送、接受、存储或以其他方式处理数据电文的系统。

《电子商务示范法》第2章"数据电文的法律适用要求"第5条明确规定了数据电文作为证据的可采性:"不得仅仅以某项信息采用数据电文形式为理由而否定其法律效力、有效性或可执行性"。第9条"数据电文的可接受性及证据力"进一步确认和阐述了第5条的主张:(1)在任何法律诉讼中,证据规则的适用在任何方面均不得以下述任何理由否定一项数据电文作为证据的可接受性:(a)仅仅以它是一项数据电文为由;或(b)如果它是举证人按合理预期所能得到的最佳证据,以它并不是原样为由。(2)对于以数据电文为形式的信息,应给予应有的证据力。在评估一项数据电文的证据力时,应考虑到生成、储存或传递该数据电文的办法的可靠性,保持信息完整性的办法的可靠性,用以鉴别创建人的办法,以及任何其他相关因素。

《电子商务示范法》第2章第6条关于数据电文符合法定"书面形式"要求的规定:(1)如法律要求信息须采用书面形式,则假若一项数据电文所含信息可以调取以备日后查用,即满足了该项要求。(2)无论本条第(1)款所述要求是否采取一项义务的形式,也无论法律是不是仅仅规定了信息不采用书面形式的后果,该款均将适用。

《电子商务示范法》第2章第8条关于数据电文符合法定"原件"要求的规定:(1)如法律要求信息须以其原始形式展现或留存,倘若情况如下,则一项数据电文即满足了该项要求:(a)有办法可靠地保证自信息首次以其最终形式生成,作为一项数据电文或充当其他用途之时起,该信息保持了完整性;和(b)如要求将信息展现,可将该信息显示给观看信息的人。(2)无论本条第(1)款所述要求是否采取一项义务的形式,也无论法律是不是仅仅规定了不以原始形式展现或留存信息的后果,该款均将适用。(3)为本条第(1)款(a)项的目的:(a)评定完整性的标准应当是,除加上背书及在通常传递、储存和显示中所发生的任何变动之外,有关信息是否保持完整,未经改变;和(b)应根据生成信息的目的并参照所有相关情况来评定所要求的可靠性标准。

《电子商务示范法》第 2 章第 7 条关于数据电文符合法定"签字"要求的规定：（1）如法律要求要有一个人签字，则对于一项数据电文而言，倘若情况如下，即满足了该项要求：（a）使用了一种方法，鉴定了该人的身份，并且表明该人认可了数据电文内含的信息；和（b）从所有各种情况看来，包括根据任何相关协议，所用方法是可靠的，对生成或传递数据电文的目的来说也是适当的。（2）无论本条第（1）款所述要求是否采取一项义务的形式，也无论法律是不是仅仅规定了无签字时的后果，该款均将适用。

《电子商务示范法》第 2 章第 10 条关于数据电文符合文件保存要求的规定：（1）如法律要求某些文件、记录或信息须予留存，则此种要求可通过留存数据电文的方式予以满足，但要符合下述条件：（a）其中所含信息可以调取，以备日后查用；和（b）按其生成、发送或接收时的格式留存了该数据电文，或以可证明能使所生成、发送或接收的信息准确重现的格式留存了该数据电文；和（c）如果有的话，留存可据以查明数据电文的来源和目的地以及该电文被发送或接收的日期和时间的任何信息。（2）按第（1）款规定留存文件、记录或信息的义务不及于只是为了使电文能够发送或接收而使用的任何信息。（3）任何人均可通过使用其他人的服务来满足第（1）款所述的要求，但要满足第（1）款（a）、（b）和（c）项所列条件。

第二，联合国国际贸易法委员会《电子签字示范法》对电子签名有效性的法律认定。

联合国国际贸易法委员会下属的电子商务工作组在《电子商务示范法》的基础上于 2001 年制定了《电子签字示范法》，该法遵循技术中立、功能等同原则，确认了电子签名技术的合法性。在该法中，电子签字被定义为"在数据电文中，以电子形式所含、所附或在逻辑上与数据电文有联系的数据，它可用于鉴别签字人身份并表明签字人认可数据电文所含的信息内容"。该法第 3 条确认了符合法定要求的电子签字具有法律效力："除第 5 条外，本法任何条款的适用概不排斥、限制或剥夺可生成满足第 6 条第 1 款所述要求或符合适用法律要求的电子签字的任何方法的法律效力。"

《电子签字示范法》应用功能等同原则，立足于分析传统手写签名的目的和功能，分析如何通过电子商务技术达到或实现同样的目的和功能。电子签名只要满足特定的技术和法律要求，就可以实现手写签名的功能或部分功能，可以被认为符合书面形式的要求。传统手写签名的目的是将一个人与他所签署的文件联系起来，而签名是这种联系的证明。手写签名具有如下功能：能够确认签名人的身份；确认是当事人亲自书写；能够确认签名人对文件内容的认可；是签名人对文件正确性和完整性负责的证据。为了达到上述传统手写签名目的和功能，《电子签字示范法》第6条第1款规定了电子签字的合法性要求"凡法律规定要求有一人的签字时，如果根据各种情况，包括根据任何有关协议，使用电子签字既适合生成或传送数据电文所要达到的目的，而且也同样可靠，则对于该数据电文而言，即满足了该项签字要求"。就满足第1款所述要求而言，符合下列条件的电子签字可视作可靠的电子签字："（a）签字制作数据在其使用的范围内与签字人而不是还与其他任何人相关联；（b）签字制作数据在签字时处于签字人而不是还处于其他任何人的控制之中；（c）凡在签字后对电子签字的任何篡改均可被觉察；以及（d）如签字的法定要求是对签字所涉及的信息的完整性提供保证，凡在签字后对该信息的任何篡改均可被觉察"。

电子签名符合了上述法定要求就可以在功能上视为具有手写签名的法律效力。但在技术上，电子签名与手写签名有很多不同：电子签名本身是一种数据，是一种能证明当事人与文件相关联的数据，很难像手写签名那样将原件提交法庭；电子签名一般是在线签署的，是一种远程认证方式，而传统签名一般由当事人现场签署；大多数人手写签名的笔迹和样式只有一种，而一个人却可能同时拥有多个电子签名；传统签名几乎不会被签署者完全忘记，而电子签名则有可能被遗忘；手写签名可以凭借人体视觉器官比较其真伪，而电子签名则须借助计算机系统才能鉴别。电子签名技术是应用特定电子技术对数字信息进行加密和确认以达到与传统签名具有同等法律效力的技术方案。根据技术中立原则，法律认可任何符合法定签名要求的技术，为电子签名技术留下了未来发展的空间。

第三，美国《全球和全国商务中的电子签名法》。

美国犹他州1995年3月22日通过的《数字签名法》是美国最早的数字签名立法，该法的架构和责任规范相当完整，为美国联邦统一电子商务立法奠定了基础。2000年6月美国国会通过了《全球和全国商务中的电子签名法》，该法的目的是促进电子记录（电子文件）和电子签字在州际和国际的应用，标志着美国电子商务立法走上了联邦统一立法的道路，而在此之前，美国各州已经纷纷制定了电子商务或电子签名法。如美国纽约州制定的《电子签名及文件法》（Electronic Signatures and Records Act，ES-RA）确认了电子签字与手写签名同等的法律地位，而且非常明确地规定了电子文件具有与纸质文件、缩微复制品同等的法律地位，旨在促进政府在计算机系统中生成及保存电子形式的数据。[①]

美国《全球和全国商务中的电子签名法》遵循了联合国电子签字示范法的立法原则，没有规定电子签名的技术标准，只是做了原则性规定，坚持技术中立、当事人自治和不歧视原则，允许当事人自主选择认证技术和交易模式。该法承认电子记录（电子文件）和电子签名，但是不要求使用电子记录和电子签名。该法提出了三项法律要求来确认电子记录（电子文件）作为电子商务交易保存介质的合法性：电子文件必须能准确反映原始合同或交易的信息内容；电子文件必须在法定时间期限内使法律授权的当事人能对其进行获取；电子文件必须能准确复制，无论是采取打印还是采取其他形式均可。

第四，《欧盟电子签名统一框架指令》。

《欧盟电子签名统一框架指令》由欧洲议会和欧盟理事会于1999年12月13日统一讨论通过，体现了欧盟对于电子签名的基本立场，其目的在于促进电子签名的使用。该指令应用功能等同原则来确认电子签名的法律效力，即分析手写签名的功能，而电子签名若满足法定要求就可以实现手写签名的功能和目的，从而具有与手写签名一样的法律效力。指令对电子签名的规定如下"以电子形式表现的与数据相连的签名，法律要求如同手写签名满足与纸质数据相连的要求一样"，"在法律诉讼中作为证据而接受"。该指令采取了媒体中立原则和技术中立原则，所谓媒体中立原则，是指法律对于无论是采用纸质媒体进行的交易还是采用电子媒介进行的交易都一视同仁，不因交易的媒体不同而区别对待；所谓技术中立原则，是指法律对交易所使用的技术手段一视同仁，不应在法律上以特定的技术应用为基础而歧视其他技术的应用。指令规定，成员国应保证电子签名不能因电子形式而拒绝其具有法律效力和可接受性。[②]

第五，新加坡《电子交易法》对电子签名法律效力的认可。

新加坡《电子交易法》主要涉及电子合同、电子签名和网络服务商的责任等问题。其中，电子签名是其核心内容。该法最引人瞩目的是其介于

[①] http：//www.its.ny.gov/tables/Policy/OFTenablingLeg.htm#art3．

[②] 钱健、吕向生：《探析〈欧盟电子签名统一框架指令〉——评对我国电子商务立法的影响》，《中国经贸》2003年第1期。

技术开放型和技术特定型的折中立法模式,即:一方面采取技术中立原则规定了电子签名的一般效力,另一方面,又对公共密钥技术为基础的安全电子签名做了特别规定。

第六,我国《电子签名法》对数据电文和电子签名有效性的法律认定。

我国《电子签名法》于 2004 年 8 月 28 日由第十届全国人民代表大会常务委员会第十一次会议通过,2005 年 4 月 1 日起开始实施。该法第 1 条阐述了立法目的:"为了规范电子签名行为,确立电子签名的法律效力,维护有关各方的合法权益,制定本法。"第 2 条规定了电子签名和数据电文的法定含义:"本法所称电子签名,是指数据电文中以电子形式所含、所附用于识别签名人身份并表明签名人认可其中内容的数据。本法所称数据电文,是指以电子、光学、磁或者类似手段生成、发送、接收或者储存的信息。"第 3 条根据当事人自愿协商原则,确认了电子签名和数据电文在民事活动中使用的法律效力:"民事活动中的合同或者其他文件、单证等文书,当事人可以约定使用或者不使用电子签名、数据电文。当事人约定使用电子签名、数据电文的文书,不得仅因为其采用电子签名、数据电文的形式而否定其法律效力。"

我国《电子签名法》与国际电子商务立法接轨,采用了功能等同原则,从"书面形式"、"原件"等方面确认了数据电文的法律地位。第 4 条规定:"能够有形地表现所载内容,并可以随时调取查用的数据电文,视为符合法律、法规要求的书面形式。"第 5 条规定:"符合下列条件的数据电文,视为满足法律、法规规定的原件形式要求:能够有效地表现所载内容并可供随时调取查用;能够可靠地保证自最终形成时起,内容保持完整、未被更改。但是,在数据电文上增加背书以及数据交换、储存和显示过程中发生的形式变化不影响数据电文的完整性。"第 6 条规定:"符合下列条件的数据电文,视为满足法律、法规规定的文件保存要求:能够有效地表现所载内容并可供随时调取查用;数据电文的格式与其生成、发送或者接收时的格式相同,或者格式不相同但是能够准确表现原来生成、发送或者接收的内容;能够识别数据电文的发件人、收件人以及发送、接收的时间。"第 7 条规定:"数据电文不得仅因为其是以电子、光学、磁或者类似手段生成、发送、接收或者储存的而被拒绝作为证据使用。"第 8 条规定:"审查数据电文作为证据的真实性,应当考虑以下因素:生成、储存或者传递数据电文方法的可靠性；保持内容完整性方法的可靠性；用以鉴别发件人方法的可靠性；其他相关因素。"

我国《电子签名法》第 3 章"电子签名与认证"第 13 条规定了可靠电子签名的法定条件："电子签名制作数据用于电子签名时，属于电子签名人专有；签署时电子签名制作数据仅由电子签名人控制；签署后对电子签名的任何改动能够被发现；签署后对数据电文内容和形式的任何改动能够被发现。当事人也可以选择使用符合其约定的可靠条件的电子签名。"第 14 条明确规定："可靠的电子签名与手写签名或者盖章具有同等的法律效力。"[①]世界上很多国家和地区以联合国《电子商务示范法》和《电子签字示范法》为蓝本，结合本国（本地区）电子商务发展的基础及立法体制，制定了本国（本地区）的电子商务法或电子签名法：如德国《电子签名法》（1997）、加拿大《统一电子商务法》（1999）、澳大利亚《电子交易法》（1999）、韩国《电子商务基本法》（1999）、中国台湾《电子签章法》（1999）、中国香港《电子交易条例》（2000）、法国《电子商务法》（2000）、奥地利《联邦政府电子签名法》（2000）、日本《关于电子签名及认证业务的法律》（2001），等等。

二 电子文件作为法律证据的障碍及其立法突破

从法理上说，一切反映客观情况的事实都可以作为证据，但是，在各国传统的证据规则中，可接受的证据类型却不尽相同。电子文件因其载体的非人工识读性、易更改、易操作、不稳定性等特点使其难以在法律上拥有独立的证据地位。如前所述，为了推动电子商务的发展，为电子数据交换扫除传统法律关于"书面"、"原件"、"存档"、"签字"的立法障碍，联合国电子商务示范法、电子签字示范法及各国电子商务和电子签名立法都确认了数据电文（电子文件）和电子签名的法律地位，它们一致采用了功能等同原则，分析、比照传统的证据功能，确认符合法定条件（符合传统证据关于"书面"、"原件"、"存档"、"签字"的功能要求）的数据电文（电子文件）的合法性及电子签名的法律效力。这种法律认可是以传统证据为参照而成立的，因此，电子文件虽然拥有

[①] 《中华人民共和国电子签名法》，http://www.gov.cn/flfg/2005 - 06/27/content_9785.htm。

了法律地位，但在证据法领域，并不完全意味着是作为一种独立的证据类型即电子证据而确认的。在绝大多数国家的证据法中，电子证据尚未被列为一种与证人证言、书证等相并列而独立存在的证据类型，一般将其归入其他证据类型之中。例如，我国《合同法》规定，电子合同是书证的一种；《最高人民法院关于民事诉讼证据的若干规定》第22条和《最高人民法院关于行政诉讼证据若干问题的规定》第12条将计算机数据归入视听资料的证据类型；2003年国务院办公厅行政规章《电子公文传输管理办法》（国办2003〔65〕号）规定：国务院办公厅统一配置的电子公文传输系统处理后形成的具有规范格式的公文的电子数据与相同内容的纸质公文具有同等法定效力；2013年修订实施的刑事诉讼法第48条规定"可以用以证明案件事实的材料，都是证据"，而且将"电子数据"与视听资料并列为同一类证据类型，这是我国首次对于电子文件法律证据性地位的确认。而加拿大早在1998年单独制定了《统一电子证据法》，这在世界上较为少见。此外，菲律宾在2001年制定了《电子证据规则》。美国的《统一证据规则》、澳大利亚的《证据法》等国家的证据法中有关于电子证据的内容。

1984年联合国曾对一些国家的证据规则做过一个问卷调查，从各国的反馈中可以发现，大多数国家的一般证据规则显示，只要是与案件有关的信息，不论证据的形式，都是可以作为证据的，因此，不存在接受电子记录证据的障碍。在这些法律体系中，往往由法庭根据具体情况自由裁定电子记录的证据力。另外，当电子记录用来重现某文本的内容时，有些国家的法院可能会将电子记录视作副本，要求当事人提交更具有可信度的原件。但是在英美法系国家，传闻证据规则、鉴证规则和最佳证据规则限制了电子文件作为证据的可采性。依照传闻规则（Hearsay Rule），只有亲历该事件的人的证言才能被采纳，而电子文件不能直接被人感知，它需经计算机处理、输出之后才能显示其内容，但是计算机是不能作证的，所以电子文件无法被视为传闻证据而接受。依据鉴证规则（Authentication Rule），用于证明案件事实的必须至少在形式上或表面上是真实的，完全虚假或者伪造的证据不得被采纳。[1] 鉴证一般需要解决三个问题：记录的内容、来源和完整性。对于纸质文件而言，这三个问

---

[1] 何家弘：《电子证据法研究》，法律出版社，2002，第115页。

题较容易认定，但是电子文件的易修改、易操作性及不稳定性，使人们对于其来源及完整性的认定较为困难。最佳证据规则（Best Evidence Rule）规定，只有原始文件才能作为书证被司法机关采纳，电子文件最原始的形式是存储在磁盘等介质上的一系列代码，不能直接识读，也难以被采纳为法律证据。为了解决上述问题，英美法系国家不得不突破传统的证据规则，通过对传统的传闻证据规则、鉴证规则和最佳证据规则的例外来承认电子文件的法律证据力。这主要表现为，在法律上认可电子记录（电子文件）作为证据的可采性，但往往需要确定某些基础事实为前提，这个基础事实一般与产生电子记录的方法和设备有关，且提交者需证明使用这种方法和设备而产生的记录是可信的，具体的举证因素一般可归纳为以下几个方面：产生电子记录的计算机设备功能正常的证明；源信息输入计算机的时间和输入方法的可靠性；电子记录源信息的可靠性。但在加拿大和根据澳大利亚的某些判例，只要电子记录是被用在一般或通常的商业过程中，无须证明基础事实，电子记录即可作为证据。还有些国家如缅甸、智利、多米尼加等的证据规则列举了一个详尽的可接受的证据种类清单，通常不包括电子记录，因此，电子记录可能不会被接受为证据；另外一些国家如卢森堡、塞内加尔、委内瑞拉等，尽管也列举证据种类清单，但只规定清单外证据不能被接受为独立的证据，如果结合其他可接受的证据，也能被接受，特别是在商业、法定价值内的民事案例和刑事案例中。[①]

以加拿大《统一电子证据法》为例，该法是加拿大《证据法》在数字时代的延伸和发展，它以单行法规的形式出现，同时又与《证据法》相互衔接。该法通过对"数据"、"电子记录"、"电子记录系统"三个术语的定义对电子证据进行界定。第一条（a）款规定"数据"是指资料或概念的任何形式的表述。第一条（b）款规定，"电子记录"是指保存在电脑系统或其他类似装置的任何媒介上，能够被个人和计算机系统以及其他类似装置浏览或察觉的数据。第一条（c）款中规定，"电子记录系统"包括数据被保存或记录的计算机或其他类似装置，和有关电子记录和保存的程序，即产生电子记录的系统常包括所有记录或电子记录如何被生成和保存

---

① 张令坤：《论电子记录、电子签名的法律地位及效力》，上海大学硕士学位论文，2001年，据中国优秀硕士论文数据库。

的程序，包括物理或电子的入口控制、安全属性、检验规则、保留或毁坏日期表。电子记录系统也被认为是电子证据的一部分。①

加拿大《统一电子证据法》突破了传统最佳证据规则对"原件"的要求，没有拘泥于传统的"原件"标准，而是提出"电子记录系统完整性"（integrity of electronic records system）标准来解决电子证据中有关最佳证据的问题。该法使保持系统的可靠性与证明特定记录的真实性相关，系统的可靠性（system reliability）意味着记录的真实性、准确性和完整性，电子记录系统被认为是电子证据的一部分。②该法第4条规定："（a）在任何法律程序中，如果最佳证据规则可适用于某一电子记录，则通过证明如下电子记录系统的完整性，即算满足最佳证据规则，这些被证明的系统是：记录或存储数据的电子记录系统，或者借助其数据得以记录或存储的电子系统；该法第2款另有的规定除外。（b）如果明显地、一贯运用、依靠或使用某一打印输出形式的电子记录，作为记录或存储在该打印输出中的信息的记录，则在任何法律程序中，该电子记录是符合最佳证据规则的记录。"

关于记录完整性的要求，该法第5条规定："在缺少相反证据的情形下，满足以下条件，记录或存储电子记录的电子记录系统的完整性即得以证明：（a）通过证据证明在所有关键时刻，计算机系统或其他设备运行正常；或者在不正常的情形下，证明不正常运行不影响电子记录的完整性，且没有任何理由怀疑电子记录系统的完整性。（b）如果能够证明电子记录由诉讼当事人记录或存储，而其利益与引用该记录的当事人相背；（c）如果能够证明电子记录的记录和存储是企业通常和日常过程中由非诉讼的当事人进行的和不是在试图引用该记录作为证据的当事人的控制下进行的。"

三 确认电子文件证据性的立法思路

第一，应用功能等同原则，将符合法定条件的电子文件视为具备与纸质文件相同的功能。

综合分析上述电子商务法、电子签名法和电子证据立法后可见，国际

---

① 韩波：《论加拿大〈统一电子证据法〉的立法价值》，《政治与法律》2001年第5期。
② 刘颖、李静：《加拿大电子证据法对英美传统证据规则的突破》，《河北法学》2006年第1期。

国内广泛采用了功能等同原则来确认电子文件的地位和法律证据性,即:对传统证据(书证)的功能进行分析,研究如何通过电子技术实现传统证据所具有的功能,使电子记录(电子文件)能达到与书面文件相同的功能。如果电子文件符合传统证据的"书面"、"原件"、"存档"、"签字"形式及功能,或在处理日常事务的过程中在完整、可靠的系统中生成,就可以与纸质文件一样,具有法律证据性。总体上,电子文件在可靠的系统中生成、管理得当的条件下,就能够具有真实性、可追溯性和不可更改性等与书面文件等同的功能。

第二,参照照片复制品和缩微胶片的立法,以类似的方式确认电子文件的法律证据性。

此外,还有一种方法是,比照另外两类特殊载体档案——照片复制品和缩微胶片,以类似的渠道来确认电子文件的法律证据性,将电子文件视为一种准法律证据,这是一种早期的确认电子文件法律证据地位的思路。人们对电子文件的法律地位的争论类似于人们早前对于照片复制品和缩微胶片的法律争议。这两种载体最初也不能作为法律证据使用,直到在法律上确认其法律地位。在早期使用照片复制品的时候,人们仅视其为原件的拷贝品或第二手证据,而将原件和复写的副本作为首要证据。1938 年,美国联邦法院作出的一项判决认为,文件微缩复制系统形成的缩微胶片作为原始文件的照片副本可以被视为"常规文件",即承认了缩微胶片的法律地位和证据力,这一判决被《联邦商事文件法》(28 USC SEC 1732 - 33)予以采纳。1949 年美国联邦法院通过了《关于规范作为证据使用的商业和公共行政的照片复本的法案》(或称 UPA 法案),该法案规定,如果一个组织在常规的商业或事务活动开展过程中保存或记录下任何备忘录、账目、信件、出版物、报表及这些信息的合成文件(combination),或在事务的常规处理过程中使用的摄影、影印、缩微胶片、缩微卡片、模拟图像和其他能精确复制原件而形成耐久载体的拷贝品,除了法律要求原件必须被留存,或原件已被保存这两种情况外,拷贝品经鉴定认证,可视为与原件具有同等的法律证据效力。而不在事务的常规处理过程中产生的照片复制品一般不被法律承认。法律承认缩微胶片和照片复制品具有合法的证据效力,前提是它们的原始文件是合法的,它们都是纸质原件的精确复制品,并且复制原件的方法和过程是可以被标准化也可以被有效地预测到的,它们不仅是机械技术的产物也必须借助有关的机器才能被识读。这种立法思路对于电子文件立法具有一定的参考价值。电子文件与照片复制品和缩微制品的共同之处在于，载体非纸质，在业务（事务）活动中经特定的系统形成且不能直接识读，那么，如何确认电子文件的法律地位和作为证据的可采性，是否可借鉴照片复制品和缩微制品的立法思路？从 UPA 法案得到的启发是，该法案强调作为证据的文件"要在事务的常规处理过程中"形成，也就是在"一个可靠的系统中⋯能确保复制出的文件所含信息与原件一致的系统"中形成，这对于认定电子文件的法律证据性具有一定的参照价值。①

第三，从电子文件自身特点出发，突破传统证据法限制，单独立法。

根据上述两种立法思路，电子文件作为证据的独立地位仍然比较薄弱，总体上仍依附于纸质文件。传统的证据法产生、发展于纸质环境，而在数字环境中依赖于计算机技术产生的电子文件，是一种独特的文件类型，它们与纸质文件（书面材料）的结构、性质和特点有很大的不同，与视听资料其实也有明显差异，以至于无法将它们纳入现有的某种证据类别之中。现有的法律一般用纸质文件的证据目的和功能来规范电子文件，或者对传统证据法进行调整，吸收电子文件为证据形式的一种，都不能完全满足迅速发展的各类电子业务对其活动中产生的电子数据的归档、长久保存及法律取证的需要。因此，直接立足于电子文件本身的特点，单独出台新的电子证据法，不失为无纸化时代证据立法的一种主动选择。另一方面，电子文件的格式和类型越来越多，诸如多媒体文件、超文本或超媒体文件等，电子文件和纸质文件之间在结构、性质等方面的差异性可能会破坏现有连接不同载体的理论桥梁并使证据法出现漏洞，因此，文件管理人员、IT 技术人员必须不断完善电子文件管理系统，使电子文件更容易被法律接受为可靠的独立证据。

第二节　数字信息长期保存中的版权问题

数字信息长期保存涉及技术、管理、经济和法律等问题，人们最初对技术问题最为关注，但随着长期保存的深入开展，人们发现，图书馆、博

---

① Sara J. Piasecki：《关于电子文件作为合法证据的法律可采性》，谢凌奕译，《山西档案》2001 年第 2 期。

物馆和档案馆在对传统作品的数字化、向读者提供数字副本，以及为了应对技术过时和格式老化而采取的迁移、转换、更新、仿真等技术策略都会因版权问题而受到困扰，无法顺利、系统地开展数字保存工程。虽然在国内外的版权法中都有对权利保护的限制以及合理使用等规定，但是，这些例外、限制及合理使用所针对的内容及程度仍然无法充分地满足数字保存的法律需求。可见，对于文化遗产机构而言，研究如何在现有的版权保护制度中开展数字保存工作，以及根据对图书、档案等文化遗产数字保存的诉求，提出对现有版权保护机制的改革意见，平衡版权人与文化遗产机构之间的版权利益和文化保存与传播权利，对文化遗产机构的数字保存活动更灵活、更合理地应用版权法进行调整，是当前数字信息长期保存必须面对的法律问题之一。电子文件是数字资源的一种类型，符合版权保护条件的电子文件在其保存过程中也会遇到类似的版权问题困扰。

数字材料的保存与传统介质材料的保存有明显差异，传统介质材料如纸张、缩微胶片等的稳定期很长，只需要定期干预即可。而且，传统介质的变质和老化有充分的预警，能够凭借肉眼或人的触觉嗅觉器官感应发现，如可以通过褶皱实验来确定纸张是否开始变脆。而数字材料即使是在稳定的外部环境中，老化速度也很快，而且没有明显预警。即使数字材料的"比特结构"没有发生变化或丢失，软、硬件升级或存储格式的变化也会影响数字信息的长期可读性。因此，对数字信息的长期保存需要进行定期的干预，对其的保护必须及早进行，应从其产生或获取时就开始实施保存计划。在覆盖数字信息生命周期的长期保存过程中，复制是较为常见的操作。为了安全和灾备目的，需要对数字信息复制多种副本，可能在不同的时间、分别以不同格式复制并在不同地点保存。为了实现长期可读性，必须定期将信息内容从一种旧的技术设备迁移到新的技术设备或环境中，例如，将数字信息从软盘复制到服务器上。另外，在对数字信息的存取利用中，无论是用户利用还是机构工作人员为了检验其内容的完整性，都可能将其复制到显示器上或者计算机内存中。但对复制的前提条件及可复制的副本数量在版权法中都有明确的限制。

一 数字保存的国际法律环境及版权法对数字保存的挑战

在国际上，《保护文学艺术作品伯尔尼公约》奠定了对文学艺术作品版权保护的国际立法基础。此外，《世界知识产权组织版权条约》（World

Intellectual Property Organization Copyright Treaty，WCT），简称《WIPO 版权条约》，《世界知识产权组织表演和录音制品条约》（WIPO Performances and Phonograms Treaty，WPPT）简称《WIPO 表演和录音制品条约》，以及世界贸易组织《与贸易有关的知识产权协定》（Agreement on Trade – Related Aspects of Intellectual Property Rights，TRIPS）为数字信息长期保存活动提供了有关知识产权法律保护的国际背景。此外，该领域专门组织如国际数字保存与版权倡议 International Digital Preservation and Copyright Initiative（IDPC）与世界知识产权组织合作，展开了多项数字保存与版权保护专题研究。

数字保存面临版权法律保护的诸多挑战：

第一，数字保存必然会牵涉到作者或相关权利人的某项或多项专有权利，包括：复制权、发行权、表演权或展示权、信息网络传播权、改编权等。如上所述，复制是数字资源长期保存的一种基本活动；为了防止灾难性损失，文化保存机构将多个数字副本发放到多个机构分别保存，这牵涉到了作者的发行权；数字保存的最终目的之一是向公众提供存取和利用，这涉及了公开表演权或展示权。

第二，数字技术改变了作品的分布方式和获取方式，这导致了数字信息长期保存需求与版权法之间的冲突。此前，受版权保护的作品在市场上以有形的硬拷贝方式销售，图书馆、档案馆和其他文化遗产机构可以在市场上获得（或通过呈缴制度获得），用于满足其当前利用或长期保存需要。但是，在数字环境下，许多作品从来不生产硬拷贝，某些类型的作品，如网站和互联网上各种"用户生成内容"的作品（如视频、博客、播客、论坛等）不是通过购买才能获得、使用，而是通过收听或收视（观看）就可以获得、使用，这类作品除非能够被复制，否则不能被保存，或者由数字档案馆或其他机构通过购买的方式长期保存。还有一些作品，如电子期刊可以通过购买而获得使用权，但是在其利用条款中一般不允许购买者创建和保存其档案副本。

第三，在数字信息长期保存中未经授权的活动都可能导致侵犯版权的法律后果。以下情况除外：一，作品不受版权保护（如进入公共领域的作品）。二，复制被版权法或其他相关法律列为例外的情形。版权法对于图书馆、档案馆或其他文化遗产机构为了长期保存目的而实施复制一般都规定了例外条款。三，复制由版权人实施或得到了版权人的许可。

二 欧美版权法对数字信息长期保存的影响

2008年7月由美国国会图书馆NDIIPP项目、英国联合信息系统委员会（JISC）、澳大利亚OAK法律项目、荷兰the SURFFoundation项目合作完成了《版权法对数字保存影响国际研究报告》，在该报告中，澳大利亚、荷兰、英国、美国项目组分别研究了本国版权法对数字保存的影响，主要从合理使用、对版权人专有权的限制（如关于复制的例外条款）、法定缴存、技术保护措施、孤儿作品等几个方面分析了版权法对数字保存的适用，以及数字环境下版权法存在的盲点和不足，提出了对版权法的修改建议，力求在不损害版权人基本权益的基础上，赋予图书馆和档案馆等文化机构为保护文化遗产、提供公共服务而进行数字保存活动应有的合法权利。①

1. 美国版权法对数字信息长期保存的适用及影响

美国版权法中有许多对权利保护的例外及限制。其中，与数字保存最相关的是合理使用版权法第108条对于图书馆和档案馆的例外规定。人们倾向于视某些特定的使用是对作品的合理使用，如：批评、评论、新闻报道、教育（包括用于课堂教学对作品的多份复制）、学术及研究。但是，上述使用并不能自动视为合理使用（其他使用也不能自动视为不合理使用），判断是否为合理使用必须从如下四个要素来分析：使用的目的和性质；受版权保护作品的性质；使用的数量及实质；使用对市场的潜在影响或受版权保护作品的价值。

美国版权法第108条"专有权的限制：图书馆和档案馆的复制"针对图书馆和档案馆的复制规定了几项特别的例外，其前提是，适用例外条款的图书馆和档案馆必须是对公众开放的，或者至少是对特定专业领域的研究人员开放的；复制和发行不用于商业目的；图书馆和档案馆必须在其制作的复制件上含有版权提示或说明。108（b）款规定：允许图书馆和档案馆为了长期保存及安全目的或为了其他图书馆和档案馆的研究利用而进行存储的目的，对本馆馆藏中未发表的版权作品制作三份复制件。该款还规定，每一个数字格式的复本都不能以该格式在馆外提供公共利用。108

---

① International Study on the Impact of Copyright Law on Digital Preservation (2008) [EB/OL]. [2014-04-05]. http://www.digitalpreservation.gov/documents/digital_preservation_final_report2008.pdf.

（c）款允许图书馆和档案馆对本馆馆藏中损坏、变质、丢失或失窃作品或者格式过时的已发表作品制作三份替代性复制件，前提是：图书馆和档案馆虽经合理努力，但认为无法以公平的价格获得一件未经使用的替代品。每一个数字格式的复本都不能以该格式在馆外提供公共利用。108（f）(3)款允许图书馆和档案馆复制和发行音视频新闻节目的有限副本或片段节录，这一例外条款在于允许图书馆制作全国新闻网络日常新闻广播的空中录音记录，为学者和研究人员的研究目的之用而提供有限的发行。108(h)款允许图书馆、档案馆或非营利性教育机构出于保存、学术或研究目的对已发表作品在其保护期的最后20年以临摹或数字化形式复制、发行、表演或陈列。该例外条款的前提是，作品不能正常利用且不能以合理的价格购得。

如上所述，美国版权法108条款专门针对图书馆和档案馆对版权人的专有权进行了限制。但是，108条款为图书馆和档案馆等文化遗产机构进行复制等保存活动所提供的"例外"是有限的。第一，无论是未发表作品和已发表作品，规定仅能制作3份复制件，复制件的数量太少不能满足数字保存及提供利用的需要，而且该法允许图书馆和档案馆进行复制的前提条件对于数字作品也不太适用。例如，对于已发表作品，只有在其损坏、变质、丢失、失窃或者格式过时的情形下才能进行复制，但对于数字作品而言，技术过时和格式老化周期较短，如果不提前进行干预，等到其已经过时或者变质、丢失之后再进行抢救性复制已经为时已晚。第二，对于已发表作品，该法并没有明确规定图书馆和档案馆复制的目的是长期保存，而仅是作为对已损坏或无法正常利用作品的替代品。第三，108条款所规定的"例外"仅允许图书馆和档案馆对本馆馆藏的作品进行复制，而不允许为了采购而进行复制。但是，当前很多提供公共利用的作品并不会为了销售而制作其复制品，如大量的网络信息内容、电视或广播节目等，它们一般没有复制件供销售。其结果是，图书馆和档案馆不能通过购买其复制件进行收藏，但版权法又没有规定图书馆和档案馆能复制网络内容、电视或广播节目。因为图书馆和档案馆既无法对其进行采购，也没有权利对其复制收藏，使得这类不发行复制件的作品不能成为馆藏的一部分而获得系统保存，它们面临较大的安全风险。第四，美国版权法的强制缴存对象是已发表作品，规定版权人应该依法将已发表作品最佳版本的两份复制件缴送国会图书馆保存，但根据美国版权法的规定，公开发行多个复制件的作品才是已发表作品，对于网络作品而言，能依授权下载的作品才算是已发表作品，其他大量不用下载就可以直接观看或收听的网络自媒体作品则不属于已发表作品，这些数字作品不须缴存，成为版权法及数字保护的盲区。第五，法定缴存的最佳版本规定并不能一定满足长期保存的格式或存储载体需要。如某些加入了技术保护措施的电子书、HTML 格式的文档等都不适宜长期保存，还有一些以光盘或磁盘为介质的数字出版物，其载体光盘或磁盘本身的稳定性较差，并不适宜长期保存。而图书馆在实施数字信息长期保存战略中必须将非标准的格式转换成标准存档格式，或通过复制、迁移、转换或其他方式将数字内容转移到其他载体，但版权法对此没有明确规定。

第 108 条研究小组针对上述版权法在数字保存适用中存在的问题，提出了如下改革建议：第一，数字环境下，将 3 件复制件的数量限制改为"合理必要的有限复制件"限制更为科学。第二，在数字保存中，允许图书馆和档案馆对存在安全风险的对象先行主动地保护，不能在危害发生以后才被动地采取保护措施。第三，允许图书馆和档案馆对互联网上可公开获取的数字内容进行复制收藏，可供馆内读者利用，但是必须考虑权利人不希望被保存的要求，防止过度捕获这些信息对权利人及资源站点运作的损坏。第四，允许图书馆和档案馆通过承包商实施数字保存活动，但对承包商的活动进行必要的限制。第五，应该把博物馆也纳入第 108 条的例外对象中。108 条款仅列举了图书馆和档案馆作为例外的对象，而同属于文化遗产保存机构的博物馆却没有被列入其中。

2. 英国版权法对数字信息长期保存的适用及影响

英国 1988 年版权法（Copyright Designs and Patents Act，CDPA）明确规定了版权人的专有权利，包括复制权、发行权、出租权、表演权、展览权、广播权、改编权等。版权法保护一些特殊类型的作品，它们可能构成了图书馆和档案馆馆藏的组成部分，包括：①原创文学作品，如小说、诗歌、非小说类及其他文字作品；计算机程序和代码视为文学作品；信件、备忘录、电子邮件和网页。②戏剧作品。③艺术作品。包括图形（平面作品）、照片、雕刻、拼贴画、地图、图表、计划。④音乐作品、记录于任何媒体上的录音记录、乐谱、歌词作为文学作品保护。⑤影片。⑥广播，包括任何能被公众合法接收的无线电广播，包括卫星传输方式。已发表文学作品、戏剧作品和音乐作品的版本（排版和布局）也受到法律保护。

2003年英国修订了版权法，为贯彻欧盟指令，确认所有的版权例外（合理使用）都需要接受《伯尔尼公约》"三步检验法"的测试。"三步检验法"始于1968年《伯尔尼公约》斯德哥尔摩修订文本，并在1971年《伯尔尼公约》第9条第2款得到确认，后被TRIPS协议吸收，成为国际上主要的版权公约或区域条约对版权限制及"例外"的限制条款，即对版权限制的反限制。"三步检验法"之所以得名"三步"，是从其内容上分析而来。1971年《伯尔尼公约》第9条第2款规定："本同盟成员国法律得允许在某些特殊情况下复制上述作品，只要这种复制不损害作品的正常使用也不致无故侵害作者的合法利益。该内容从其逻辑上包括三个层次：第一个层次，在某种特殊的情况下（to be a certain special case）；第二个层次，不与作品的正常使用相冲突（not to conflict with the normal exploitation of the work）；第三个层次，不致无故损害权利人的合法权益（not to unreasonably prejudice the legitimate interests of the right-holder）。"[①] 可见，"三步检验法"的目的是要求成员国在其国内法中针对复制权设定例外时，要遵守三个必备的前提条件。后来，"三步检验法"在司法实践过程中逐步拓展了其适用空间，从对复制权利限制的反限制扩大到对所有著作权法中出现的限制的反限制。英国版权法第3章的第37~42条关于复制权的"例外"赋予了图书馆和档案馆等文化遗产机构"特权"，但是其范围较为狭窄，只允许指定的图书馆（包括学校图书馆、大学图书馆、继续教育图书馆、学术团体图书馆、公共图书馆、政府图书馆）或任何档案馆为了保存目的或为了替代原作品，对任何一个本馆永久性收藏作品制作一份拷贝，也允许为另一个法定图书馆或档案馆的永久馆藏制作一份替代性拷贝，前提是无法合理地、切实可行地购买该对象的复本。如果一个图书馆为另一个图书馆制作替代性复制件，前提是该对象必须属于这两个图书馆的永久馆藏且只能用于参考利用目的。"参考利用"在印刷环境中的含义非常明确，是指用于参考咨询而不能馆外出借，临时性的出借如馆际互借是不符合法律规定的。那么，如果用户通过网上订购了数字资源而远程访问该资源是否违法？这在此并不十分清楚。第3章对于图书馆和档案馆的例外规

[①] 张曼：《TRIPS协议第13条"三步检验法"对著作权限制制度的影响——兼评欧共体诉美国"版权法110（5）节"案》，《现代法学》2012年第3期。

定仅适用于指定的图书馆和档案馆，不可用于商业机构数字内容的保存；仅适用于文学、音乐和戏剧作品，不适用于艺术作品、声音记录和影片；仅允许制作一份拷贝；只能是复制，不可更改原作品；仅适用于永久收藏的馆藏作品。版权法对于不同的资源有不同的规定，复合对象的版权较为复杂，如果资源的权利持有人不属于例外条款规定的范围，图书馆或档案馆就不能去寻找持有人并要求获得其授权，资源也不能被合法拷贝。[①] 英国于2013年通过了《法定呈缴图书馆（非印本）规则》，确认了对数字出版物的法定呈缴制度，要求电子书、电子期刊及存储于 CD – ROM 或能在网站下载的各类数字出版物，应缴送至大英图书馆等6个国家图书馆。[②]

英国对数据库的保护遵循了欧盟的《数据库保护指令》。很多数字资源都以数据库的形式组织和编排，欧盟1996年制定的《数据库保护指令》加大了对数据库的保护力度，为电子和非电子形式的数据库创设了版权和数据库权的双重保护机制：一方面，要求成员国以智力创作成果对数据库进行版权保护，同时，为了制止未经许可对数据库内容进行摘录或再利用，而创设了对数据库特殊权利（right sui generis）的保护，在欧盟及世界范围内产生了广泛的影响。欧盟数据库指令第7条第1款和第2款第（a）项和第（b）项以及第5款规定：数据库特殊权利的内容为摘录权和再利用权；摘录是指将数据库内容的全部或实质性部分永久或暂时地转移至另一媒介上；再利用是指通过发行复制件、出租、在线或以其他传输形式向公众提供数据库的全部内容或实质性部分；与数据库正常利用相冲突或不合理地损害数据库制作者合法利益的重复和系统地摘录和（或）再利用数据库内容的非实质性部分的行为也是不允许的。欧盟数据库指令规定了数据库权的限制及例外：第7条第2款第（b）项规定了特殊权利在欧盟范围内的发行权用尽原则，但其序言第33条规定在线数据库不适用发行权用尽原则；第8条规定，合法用户有为任何目的摘录或再利用数据库内容的非实质性部分的使用权；第9条规定，数据库的合法用户可以未经许可为私人目的摘录非电子数据库内容的实质性部分、为教学示例或科学研

[①] 张炜、李春明：《著作权法中的限制与例外对数字资源长期保存的影响研究》，《图书馆建设》2009年第6期。

[②] The Legal Deposit Libraries (non – print works) Regulations 2013 (NO. 777). http：//www.legislation.gov.uk/uksi/2013/777/contents/made.

究目的摘录数据库内容的实质性部分，但必须注明出处且不能超出实现非商业性目的所需的程度，以及为公共安全或行政、司法程序目的而摘录和再利用数据库内容的实质性部分。①

1997年英国根据欧盟《数据库保护指令》出台了《版权和数据库权利条例》（The Copyright and Rights in Databases Regulations 1997）。根据该条例，数据库是指经系统或有序地安排，并可通过电子或其他方法单独获取的独立的作品、数据或者其他材料的集合。数据库的范围非常广泛，既包括文学、艺术、音乐或其他形式作品的汇集，又包括其他类型的材料和数据，如文本、录音、图像、数字、事实和数据的汇集；不仅包括数据的集合，作品集合也属此列，如作品的选集、百科全书和多媒体CD等。数据库权不同于版权，数据库权是一种"制止对数据库内容的全部或经定性和（或）定量证明为实质性的部分进行摘录和（或）再利用的权利"。对于数据库权保护的目的是，确保在限定的权利期间内，保护在数据库内容的获取、检验或表述输出方面的任何投入，这种投入可以包括资金的投入或时间、精力、能力的付出。② 英国《版权和数据库权利条例》第20条对数据库权的例外规定如下：以任何方式合理地对数据库实质性部分提供公共利用在如下情形下不构成侵权：摘录人是该数据库的合法用户；对数据库的摘录是用于教学、研究目的而不是为了商业目的；注明出处。③

另外，英国版权法CDPA对孤儿作品（文学、戏剧、音乐艺术作品的匿名或笔名作品）的复制权例外规定如下：通过合理调查，不能确定作者身份；可合理推定版权已经过期，或者实施复制行为当年离作者去世已经超过70年。④

3. 澳大利亚版权法对数字保存的适用及影响

澳大利亚1968年联邦版权法是实施数字保存最基本的法律依据。澳大利亚不仅是世界上主要的知识产权国际条约的缔约国，还于2004年与美国

---

① 章春林：《论数据库特殊权利与传统邻接权的区别》，《法制与社会》2009年第10期。
② 许春明：《欧盟数据库权剖析——由英国BHB诉William Hill案引出》[EB/OL]. [2014-04-10]. http：//www.netlawcn.net/second/content.asp? no=485。
③ The Copyright and Rights in Databases Regulations 1997 [EB/OL]. [2014-04-10]. http：//www.legislation.gov.uk/uksi/1997/3032/regulation/20/made.
④ Copyright, Designs and Patents Act 1988 [EB/OL]. [2014-04-10]. http：//www.ipo.gov.uk/cdpact1988.pdf.

签署了版权保护双边协议。其版权保护对象包括两大类：一类是文学、戏剧、音乐、艺术作品，另一类是声音记录、电影、广播、电视及发表作品的版本。版权人对其作品的专有权包括：复制权、传播权（包括电子传播材料如广播或网络传播、点对点服务）、发表权、公开表演权、改编权（含翻译作品）。澳大利亚版权法不采用类似欧盟的数据库特殊权利保护，而将数据库作为汇编作品或文字作品进行版权保护。如澳大利亚联邦法院曾判定对电话号码本及电视节目指南实施版权保护。

澳大利亚联邦版权法规定了三类侵权例外：一般例外、法定许可、用户及特定用途例外。在一般例外中最常见的是合理使用，与美国版权法对合理使用的原则性规定不同，澳大利亚版权法以列举方式对合理使用的目的进行了严格限定，合理使用条款仅限于如下目的：研究和学习、评论或综述、新闻报道、模仿或讽刺、司法诉讼和法律咨询。上述目的没有明确包含保存活动，这意味着图书馆或档案馆的数字保存活动无法适用版权法的合理使用条款。根据版权法的其他规定，这限于在个人或家庭范围对数字对象进行设备或格式转换，但不适用于机构的数字保存活动。法定许可制度在理论上使各种类型的数字保存活动成为可能，但是，法定许可制度要求支付报酬，而且不允许大规模、持续的保存活动，这对于图书馆和档案馆大规模、持续的数字保存需求是不适应的。所以，实施数字保存最有力的法律依据是澳大利亚联邦版权法针对图书馆和档案馆的特定例外条款。版权法第3部分第5节规定了若干例外，允许图书馆和档案馆实施多项专业活动：首先，法律对档案机构（档案馆）的界定非常宽泛，包括所有收藏文件以及其他具有历史价值或公共利益的材料、以保存或保护这些材料为目的、非营利性的法人或非法人组织。这个定义将所有图书馆、博物馆、档案馆、画廊以及其他非营利性的文献收藏机构都囊括其中。其次，版权法第49（9）和第50（10）的两个例外对图书馆的概念进行了进一步限定，即图书馆是向公众或其他图书馆用户直接或通过馆际互借提供其馆藏（全部或部分）的机构，从而将私人收藏（含企业收藏）排除在外。另外，澳大利亚版权法关于图书馆和档案馆对作品的复制的例外条款较多。该法第51条A款明确规定，允许图书馆和档案馆为了保存的目的对已受损、变质、丢失或被盗的馆藏作品进行复制或传播。第110条B款对声音记录（录音）、影片也有类似的规定，所不同的是，该款允许对可能受损、变质、丢失或失窃的录音材料及影片进行复制或传播，即可以预先采取复制或传播的方式对这两类特殊载体馆藏提前进行保护。需要指出的是，51A 和 110B 规定用于保存的"传播"例外仅限于在馆内通过电子邮件等方式传输，而不能将传播活动延伸到公共网络平台上。此外，自 2007 年 1 月 1 日起，澳大利亚主要文化机构（包括国家和州立图书馆、档案馆及其他指定的文化机构）可对具有历史文化意义的馆藏作品、录音、影片为防止其失窃和变质而制作最多 3 份复制件，这一例外规定在版权法的第 51B、110BA 和 112AA 条款都有体现。上述例外的前提是，文化机构无法在合理的时间里以正常的商业价格购得该对象的复本。

2007 年 1 月 1 日起澳大利亚基于"三步检测法"对第 200AB 条款增加了一系列新的例外规定，为图书馆或档案馆的保存活动提供了更为灵活和弹性的法律调节机制。200AB 条款允许图书馆和档案馆对馆藏对象的某些使用，要求是：这些使用是由图书馆和档案馆实施或由其行政授权实施的；用于维护和运行图书馆及档案馆的目的；不能部分地用于牟取商业利益和利润。根据"三步检测法"，图书馆和档案馆等文化机构合理使用的限制前提是：在某种特定的情况下；不与作品的正常使用冲突；不损害权利人的合法利益。表 2-1 较为清晰地列举了澳大利亚版权法与数字保存相关的法律条款。

表 2-1 澳大利亚版权法与图书馆和档案馆数字保存相关的条款及内容

第 49 条	应用户的要求，用于研究和学习目的而复制和传播作品	应用户的书面或口头申请，经图书馆和档案馆授权，可为了其研究和学习目的向读者提供一份馆藏作品的复制件
第 50 条	图书馆和档案馆可向其他图书馆和档案馆复制和传播作品	根据国会图书馆的要求，在馆际互借机制下制作馆藏复本
第 51 条和第 110 条 A 款	图书馆和档案馆可对本馆未发表的作品、录音记录和影片进行复制和传播	允许复制的条件是：为研究、学习或发表的需要而进行复制，而且作者已经去世超过 50 年；对于保存在大学图书馆和档案馆中未发表的作品、录音记录和影片，可为研究和学习的需要而进行复制
第 51 条 AA	澳大利亚国家档案馆可复制和传播作品	澳大利亚国家档案馆可在地方机构用户因其地理位置因素不能在中央档案馆检索相关档案的情形下，为其提供替代性的馆藏复制件和参考副本

续表

第 52 条	可出版图书馆和档案馆馆藏中的未发表作品	依照第 51 条的规定，图书馆和档案馆可对本馆馆藏中未发表的孤儿作品进行出版
第 53 条	应用于文章或其他作品的插图	允许应用于相关文章的艺术插图

资料来源：编译自 International Study on the Impact of Copyright Law on Digital Preservation（2008）[EB/OL]．[2014 - 04 - 05]．http：//www.digitalpreservation.gov/documents/digital_ preservation_ final_ report2008. pdf．

澳大利亚联邦版权法第 201 条规定了法定缴存制度，要求出版商向澳大利亚国家图书馆缴送一份所有在澳大利亚出版的图书资料的复制件。该条所指的图书资料（Library materials）仅限于传统的图书、期刊、报纸等出版物，并未将其拓展至数字出版物。另外，澳大利亚版权法一般禁止对作品技术保护措施的规避，当然，也有一些特定的例外条款：权利人允许技术规避；为了互操作的目的而进行技术规避；为了安全测试的目的进行技术规避。该法第 116AN（8）和 132APC（8）规定，非营利性的图书馆、档案馆和教育机构仅在决定购买的情形下才可采取技术规避，这项例外对于图书馆和档案馆的数字保存活动意义不大。

如上所述，澳大利亚联邦版权法对数字保存所提供的法律支持比世界上很多国家和地区的版权法更大，但是，澳大利亚的数字保存活动仍然存在一些法律壁垒。首先，现行的法定缴存制度仅限于传统出版物，大量的数字出版物无法通过缴存制度得到妥善的留存和保管。澳大利亚著名的 PANDORA 和 "Our Digital Island" 项目为了数字保存目的只能通过自愿协议方式或在法律的"灰色地带"收集数字材料，这种方式效率低而成本高。为了实施对数字出版物的妥善保存，可建立混合缴存制度，即：对已出版数字材料的硬拷贝如 CD 和 DVD 采取强制缴存方式，同时，允许文化机构为了法定保存目的或任何与合同有关的目的而收集数字材料。其次，版权法关于合理使用的"三步检验法"所涉及的商业可用性问题成为数字保存活动的法律障碍。数字作品的技术过时和格式老化很快，在其保存过程中，须定期地进行复制、迁移，进行格式转换或更新，而实施这些保护策略的同时，数字作品很可能还具有商业价值（商业可用性），这就会与"三步检测法"相抵触，从而阻碍数字保存策略的开展。传统作品的生命比数字作品长久，绝大多数情况下，对其进行保存复制时，该作品已经失去了商业可用性，从而容易满足"三步检测法"的要求，能够适用合理使用或例外条款。另外,在澳大利亚,权利人通过版权协议和技术保护措施能对其专有权实施强有力保护,而文化机构几乎所有的数字藏品都是许可协议的对象或者被技术保护措施封锁,这形成了对于图书馆和档案馆开展数字保存活动的法律障碍。2004年美澳之间的双边自由贸易协议加强了对技术规避措施的限制,这使澳大利亚的数字保存活动面临更不利的法律环境。

针对澳大利亚数字保存所面临的法律障碍,澳大利亚版权法审查委员会(Copyright Law Review Committee,CLRC)和Philips Fox律师事务所受总检察长委托提出了版权法改革意见。如Philips Fox律师事务所2003年报告提出了如下改革意见:第一,允许图书馆对已受损馆藏作品的保存复本制作复制件以提供给公共使用;第二,为了保存目的,应阐明将作品的不同版本视为不同的出版物区别对待;第三,允许图书馆和档案馆对馆藏艺术品的低分辨率复制件在馆内或馆外进行传播;第四,进一步考虑赋予图书馆和档案馆数字副本的使用权利,在何种程度上可对其进一步复制和传播;第五,应规定在版权法的所有例外条款中允许采取对技术保护措施的规避措施。Philips Fox律师事务所的报告对澳大利亚版权法修订起到了一定的推动作用,如澳大利亚政府将第一条和第二条建议纳入了2006年的版权法修正案中,但是最后一条关于技术措施规避的建议被2004年澳美双边贸易协议关于技术规避的禁止条款取代。

可见,澳大利亚版权法对于数字保存的最主要障碍有三个方面:第一,法定缴存制度仅限于传统出版物,没有建立对数字出版物的法定缴存制度,而且,版权法也没有赋予图书馆、档案馆等文化机构为了保存目的而主动收集数字出版物的权利;第二,立法者没有意识到有效的数字保存必须定期转换存储格式及制作多份复制件,数字保存策略无法获得版权法的支持;第三,禁止规避技术保护措施的立法现状十分不利于图书馆和档案馆的数字保存活动。为此,有如下意见可供参考:第一,澳大利亚政府应委托一项独立研究,以确定数字保存对于数字出版物商业市场的影响,从而为数字保存立法提供重要依据。第二,澳大利亚所有的司法辖区应在协商及尽可能互补和统一的基础上制定数字缴存法。第三,应促进保存机构在数字保存基本原则和保存指南方面达成一致,以有效地保护澳大利亚的文化遗产。第四,无论是通过立法方式还是通过统一的开放存取许可制度,应该授权保存机构为了保存和传播目的而保存政府及公共部门产生的文献材料。第五,对澳大利亚版权法进行修订,具体包括:①将法定缴存对象延伸至数字资源领域，包括授权保存机构尤其是国家图书馆主动收集数字资源的权利；②明确允许为了保存目的可进行格式转换和多份复制；③阐明版权协议对侵权例外条款（含对图书馆和档案馆的例外条款）的修改无效；④赋予图书馆对采取了技术保护措施的馆藏资源有效的保存能力，或者将版权法现有的例外条款延伸到技术保护措施领域，或者要求法定缴存对象无技术保护措施；⑤允许数字馆藏的传播，尤其是已经不在市场上销售的数字馆藏可根据保存机构的规定在馆内或馆外传播。

4. 荷兰版权法对数字保存的适用及影响

荷兰版权法保护对象非常广泛。任何文学、科学或艺术领域的创作，无论其模式或表现形式如何，都受到版权法保护。版权法第 10 条以非限制性列举的方式给出了受版权保护的作品范围：文学、科学或艺术作品，例如图书、报纸和其他著作；音乐和舞蹈作品；素描、绘画、建筑、雕塑作品、版画、雕刻之类的艺术作品；地图、电影作品、应用艺术作品、工业设计及模型作品；计算机程序、数据库。文学、艺术、科学作品的改编作品，如对原作的翻译，对音乐作品和电影作品的编排，以及对不同作品的改编和汇集都可作为新的独立作品受到版权法保护。根据荷兰版权法，权利人拥有对作品的专有权（经济权利）和精神权利，其中，经济权包括公共传播权和复制权，这两项权利的范围非常宽泛。荷兰对数据库的保护适用了欧盟数据库指令，采取了版权和数据库权双重保护机制，此外，强调受到保护的数据库必须有实质性的投入（技能、资金、精力）。荷兰没有法定呈缴制度，文化保存机构对于传统出版物和数字出版物的收缴主要通过与版权人协议或者与出版商的合作来实现。

2004 年荷兰版权法适用欧盟的 InfoSoc Directive，其中，第 5 条 c (2) 款的例外和限制条款为图书馆、档案馆和博物馆的保存活动提供了新的法律依据。图书馆、档案馆和博物馆以保存为目的的复制活动如果符合版权法第 16 条 n 款的规定，就不再被视为侵权行为。16 条 n 款规定，当馆藏样品有损毁的危险，为了修复样品、为机构保存样品的复本而进行的复制可适用对专有权的例外，不构成侵权。此外，荷兰邻接权法第 10 条 f 款规定，为防止材料受损而进行的保存复制行为，以及为了维护其可用性而采取复制行为不构成侵权。荷兰数字保存适用例外条款的主体是对公众开放，不以直接或间接获取商业利益为目的的图书馆、档案馆、博物馆和教育机构。与欧美其他国家相似，荷兰版权法禁止对技术保护措施的规避，而且规定版权协议的效力优于有关版权例外的效力。荷兰虽然没有建立法定呈缴制度，但是荷兰国家图书馆与国内出版商通过协议的方式实现自愿呈缴，并取得了重要进展，1996～1997年的一项馆藏调查显示，近97%本国出版的拥有 ISBN 书号的纸本图书、90%的期刊和70%的灰色文献都通过协议方式入藏。这一模式在数字出版领域也取得了良好的进展，1994年荷兰国家图书馆改革传统的缴呈制度，开始接收电子出版物进馆，2002年荷兰国家图书馆与 Elsevier 公司签订了电子出版物长期保存协议，使其成为第一个与国际科技出版商签订合作协议、实施电子期刊归档保存的官方机构。此后，荷兰国家图书馆与主要的国际出版商均签订了数字出版物的保存协议。至2012年，荷兰国家图书馆电子呈缴的期刊文章已经有1119110篇，网站数量为8430个。而且，荷兰国家图书馆与 Proguest 和 Google 合作，极力推进其馆藏数字化的速度及数字图书馆的建设。①

综上，为了实现图书馆数字保存及提供利用的核心任务，应对荷兰现有的版权法进行适当调整，消除不利于图书馆和档案馆实施数字保存的限制条款，允许图书馆对构成其馆藏组成部分的模拟材料及数字资源实施保存活动。由此，第16条n款应做如下修正：如果馆藏作品样本面临受损的威胁，可对其实施恢复、保留或复制措施；如果没有可行的技术来获取作品，应将该作品置于可被咨询（查阅）的环境中；应允许图书馆、教育机构、档案馆和博物馆对构成其馆藏组成部分的数字资源通过安全网络提供利用；法律应该允许文化教育机构对其馆藏的孤儿作品实施保存活动及提供利用。

综合分析美、英、澳、荷四国对本国版权法适用于数字保存的分析报告，可以发现各国数字保存面临的共同问题：第一，各国虽然都有针对图书馆、档案馆等文化遗产机构的法定许可、例外及限制条款，但是这些侵权例外和限制条款几乎都是在纸质环境下制定的，它们能够适用于以纸媒为主体的传统介质的保存需求，却不能完全满足数字保存的需要。例如，复制是最基本的技术策略，各国版权法都将文化机构用于保存目的的复制列为法定许可或侵权例外的范围，但是，版权法对复制的前提条件、复制件的数量限制、复制件的公共获取问题的规定则不能满足数字保存的目的

---

① National Library of the Netherlands Annual Report 2012 [EB/OL]. [2014-04-06]. http://www.kb.nl/sites/default/files/docs/kbannualreport2012.pdf.

及需求。另外，传统的版权法并未考虑数字保存过程中须定期转换作品格式，进行迁移和更新，需要多次备份复制等等，常用的数字保存策略面临版权及邻接权法律障碍和侵权的危险。第二，随着网络技术、现代通信技术及计算机技术的应用，数字出版发展迅速，数字出版物的大量涌现与法定呈缴领域立法的滞后产生了"时差"，虽然欧美少数发达国家如美国、英国、德国、法国、加拿大近年来开始将数字出版物纳入法定呈缴的范围，① 但大多数国家还未及时建立数字出版物的法定呈缴制度，而自愿呈缴机制大多处于自发、分散的状态，未形成统一机制。美国虽然有对数字出版物呈缴的规定，但是由于受到其版权法对作品"发表"的限定，呈缴的对象是能依授权下载的数字作品，而互联网上大量的只需要观看或收听的网络自媒体作品则无法纳入数字呈缴的范围。第三，图书馆、档案馆等文化遗产机构的数字保存对象中，孤儿作品是一种特殊类型，而越来越多的数字资源不署名、匿名或以笔名、网名发表，或者处于未发表状态。数字环境下法律对孤儿作品的认定不是十分清晰，文化机构对孤儿作品实施复制、传播的权利缺乏有力的法律保障。第四，为了维护版权人的专有权利，各国版权法都规定，版权协议的效力优于例外条款的效力，而且普遍禁止对技术保护措施的规避，这对于数字保存明显不利，图书馆、档案馆等文化机构在适用例外条款时若遭遇版权协议及技术保护措施则难以真正实现其"豁免权"。第五，更为复杂的一个问题是，图书馆、档案馆等文化机构适用"合理使用"条款时须考虑国际公认的对专有权限制的反限制规则——"三步检测法"。根据其限定，合理使用应以"不致无故损害权利人的合法权利"为前提，但是面对不断发展变化的数字作品市场，作品创作者及权利持有人都会担忧，例外条款的规定将对作品的商业利益产生不利影响。第六，通过调查发现，各国文化遗产保存机构都在以自己的方式应对版权法对数字保存所带来的挑战，其中较为普遍的是文化保存机构与权利人之间合作协议（项目）的方式。这种方式对于二者都十分有利，但是，这种协议不一定适用于所有类型的数字材料。从法律改革的角度看，必须确保对大量的、可以数字形式获取的受版权保护材料的全面保护。在上述美、英、澳、荷四国版权法对数字保存的研究报告中，特别指出了两个既涉及数字保护又与权利人切身利益相关的实质性问题：第一，

---

① 吴钢：《数字出版物法定呈缴制度客体研究》，《中国图书馆学报》2014 年第 1 期。

对保存副本的获取（访问）；第二，版权协议与版权例外之间的关系。

　　该研究报告总结了各国对版权改革的意见，认为国家应通过法律或政策手段促进具有版权风险的数字保存活动，至少应包括如下10项要求：①第一，适用于所有非营利性的图书馆、档案馆、博物馆以及其他法定授权的向公众开放的保存机构，前提条件是它们不以任何商业利益为目的开展数字保存活动。第二，对所有类型的版权保护材料同等适用，包括文学、艺术、音乐和戏剧作品，以及电影及录音材料。第三，对所有媒体和格式的版权保护材料同等适用，无论它们是硬拷贝还是电子形式的，无论是原生性的数字材料还是对模拟材料数字化之后形成的数字资源。第四，允许保存机构提前对存在变质、受损或失窃风险的材料实施保护措施，以及在获取和利用材料的软硬件设施过时之前实施保护活动，实施保存措施应尊重权利人的合法利益。第五，允许保存机构实施必要的保存活动且借鉴国际最佳数字保存实践经验，包括：为了有效的数字保存而必须实施复制并保存这些副本；为了适应技术的发展和标准的变化须将版权作品转换成不同格式；为了实施与保存有关的行政管理活动可在保存机构内部传播作品，或者保存机构与授权的第三方保存者之间为了防止灾难性损失、维护冗余备份的必要而传播作品。上述所有保存活动都应以遵守权利人的合法利益为前提。第六，促使保存机构全面实现对所有以数字形式向公众提供利用的版权材料的保存，可采取如下几种方式：①法定呈缴；②通过法定授权收缴可公共获取的网络在线内容，用于保存目的；③激励以保存协议（如保存机构与出版商之间的合作保存协议）的方式实现数字呈缴；④综合应用上述多种呈缴方式。第七，保存机构应该与权利人合作制订可行的数字保存方法，如加密或复制的方法。第八，保存机构应该发展最佳的数字保存实践。第九，应该在国家层面进一步研究，在何种程度、何种情形下对数字副本的利用不至于损害权利人的利益。第十，应该在国家层面进一步研究，重新审视版权和私人协议在涉及数字保存时的相互关系。上述这些建议对我国从法律或者政策层面支持数字保存活动具有一定的参考价值。

---

① International Study on the Impact of Copyright Law on Digital Preservation（2008）[EB/OL]. [2014-04-05]. http：//www.digitalpreservation.gov/documents/digital_ preservation_ final_ report2008. pdf.

三 我国著作权法对数字保存的影响

我国著作权法于 1990 年 9 月 7 日由第七届全国人民代表大会常务委员会第十五次会议通过，2001 年、2010 年两次修正。与图书馆、档案馆等文化遗产机构有关的限制及例外条款主要体现为著作权法第四节"权利的限制"第 22 条规定："在下列情况下使用作品，可以不经著作权人许可，不向其支付报酬，但应当指明作者姓名、作品名称，并且不得侵犯著作权人依照本法享有的其他权利。"该条以列举的方式明确规定了 12 种侵权例外，其中第 8 款规定："图书馆、档案馆、纪念馆、博物馆、美术馆等为陈列或者保存版本的需要，复制本馆收藏的作品"，"前款规定适用于对出版者、表演者、录音录像制作者、广播电台、电视台的限制"。可见，与欧美及世界上的大多数国家相似，我国著作权法也为图书馆、档案馆等文化遗产机构用于保存目的的复制活动提供了一定的"豁免权"。复制的目的除了保存版本外，还可以是陈列需要，而且我国著作权法对于复制的份数没有限制，这与美国、澳大利亚、英国等国版权法明确限制复制件的份数有明显不同，给予了保存机构相对宽松的复制权利。但同时，我们也应注意到，我国著作权法允许图书馆、档案馆等保存机构进行合理复制仅仅是为了本馆保存版本或陈列的需要，不能满足图书馆、档案馆等保存机构为了其他馆的收藏及馆际互借目的而进行复制的需要。

我国 2001 年《著作权法》第 9 条明确规定："信息网络传播权，即以有线或者无线方式向公众提供作品，使公众可以在其个人选定的时间和地点获得作品的权利。"这是我国首次以法律的方式确立"信息网络传播权"，根据著作权法的这一规定，我国于 2006 年颁布了《信息网络传播权保护条例》（以下简称《条例》），该《条例》对数字保存活动的限制和影响较大。《条例》第 2 条规定："权利人享有的信息网络传播权受著作权法和本条例保护。除法律、行政法规另有规定的外，任何组织或者个人将他人的作品、表演、录音录像制品通过信息网络向公众提供，应当取得权利人许可，并支付报酬。"第 4 条严格禁止对技术保护措施的规避："为了保护信息网络传播权，权利人可以采取技术措施。任何组织或者个人不得故意避开或者破坏技术措施，不得故意制造、进口或者向公众提供主要用于避开或者破坏技术措施的装置或者部件，不得故意为他人避开或者破坏技术措施提供技术服务。但是，法律、行政法规规定可以避开的除外。"第 5

条规定："未经权利人许可，任何组织或者个人不得进行下列行为：故意删除或者改变通过信息网络向公众提供的作品、表演、录音录像制品的权利管理电子信息，但由于技术上的原因无法避免删除或者改变的除外；通过信息网络向公众提供明知或者应知未经权利人许可被删除或者改变权利管理电子信息的作品、表演、录音录像制品。"上述条款在严格保护权利人信息网络传播权的同时，都规定了"依法规定的可除外"，为网络服务商的运营以及公众合理获取网络资源提供了一定的法律空间，条例第 6 条共列举了 8 种侵权例外情形，第 7 条专门针对图书馆、档案馆等文化遗产机构规定了例外和对权利的限制："图书馆、档案馆、纪念馆、博物馆、美术馆等可以不经著作权人许可，通过信息网络向本馆馆舍内服务对象提供本馆收藏的合法出版的数字作品和依法为陈列或者保存版本的需要以数字化形式复制的作品，不向其支付报酬，但不得直接或者间接获得经济利益。当事人另有约定的除外。"接着补充说明："前款规定的为陈列或者保存版本需要以数字化形式复制的作品，应当是已经损毁或者濒临损毁、丢失或者失窃，或者其存储格式已经过时，并且在市场上无法购买或者只能以明显高于标定的价格购买的作品。"

总体上，我国著作权法及《信息网络传播权保护条例》力求与国际版权保护立法接轨，其趋势是不断加大对权利人专有权的保护力度，同时，又必须维护公众对版权作品合理获取和利用的权利。对于图书馆、档案馆和其他文化机构而言，我国著作权法对以保存为目的的复制或陈列需要规定了例外，而且，对通过信息网络在馆舍内传播馆藏合法出版的数字作品及其数字保存副本等有限的、必要的利用活动规定了相应的例外条款。但是，又规定数字化复制的前提条件是在保护对象"已经损毁或者濒临损毁、丢失或者失窃，或者其存储格式已经过时，并且在市场上无法购买或者只能以明显高于标定的价格购买的作品"。"不得直接或者间接获得经济利益"，"当事人另有约定的除外"。

可见，我国著作权法及《信息网络传播权保护条例》与欧美版权法对于数字保存的适用及影响既具有相似之处，又存在一些不同：第一，与很多国家的版权法将数字作品的传播限定在"馆舍范围内"的规定类似，我国图书馆、档案馆等文化遗产机构对馆藏数字作品或者数字化保存副本的传播也限制在馆舍范围内，这主要是考虑到数字作品或者数字化保存副本的馆外远程网络传播会对该作品在数字市场上的商业利益产生影响，可能会损害权利人的合法利益。这一规定不利于馆藏数字作品的远程获取和利用,而远程获取和利用正是数字作品不同于传统作品的巨大优势。第二,根据我国法律规定,当事人的约定即合同的效力大于法律中例外条款的效力,这符合各国版权法的普遍规定。第三,我国对于图书馆、档案馆等文化遗产机构制作数字保存副本的前提条件与欧美国家版权法的规定相似。有一点值得肯定的是,不仅是对于已经损毁、丢失或者失窃的作品可以"事后"制作数字副本,而且对于濒临损毁、丢失或者失窃的作品也能"提前"制作数字副本。但是,我国《信息网络传播权保护条例》同时规定,只能对存储格式已经过时的数字作品进行复制,而不能提前进行格式的转换或者复制,此项规定对于数字保存明显不利,立法者没有考虑到对于数字作品而言,等到格式过时之后再进行挽救性的保护可能为时已晚。第四,与绝大多数欧美国家的版权法严格限制保存复制件的数量不同,我国著作权法及《信息网络传播权保护条例》都没有限制保存复制件的数量,这更能保障图书馆、档案馆等文化遗产机构以数字保存为目的的复制权利。第五,我国《信息网络传播权保护条例》第12条列举了4类可对作品的技术保护措施进行规避的情形,但是,对于图书馆、档案馆等文化机构在数字保存活动中可能涉及的技术保护措施规避问题没有十分明确的法律规定。第六,对于图书馆、档案馆等文化遗产机构对孤儿作品的保存复制及数字化副本的传播问题,我国著作权法及《信息网络传播权保护条例》等相关法律法规也没有清晰的规定。

第三节 电子文件在保存中的版权问题

一 电子文件在归档保存中的版权问题

我国对电子文件的归档、移交及接收已经出台了一系列标准和法规性文件。2002年我国发布的电子文件归档管理的国家标准——《电子文件归档与管理规范》(GB/T18894-2002),是指导和评价我国电子文件归档管理的重要依据。其他还有与电子文件归档有关的行业标准,包括:《电子文件归档光盘技术要求和应用规范》(DA/T38-2008)、《公务电子邮件归档与管理规则》(DA/T 32-2005),以及与电子文件归档和移交有关的行政法规性文件,包括:2009年中共中央办公厅、国务院办公厅等联合发布的《电子文件管理暂行办法》(中办国办厅字〔2009〕39号),国家档案局2012年发布《电子档案移交与接收办法》(国家档案局档发〔2012〕7号文件),为我国电子文件的集中归档以及机关电子档案向国家综合性档案馆移交等与电子文件长期保存有关的关键环节提供了法制和标准保障。

由于国家机关和政府部门在其行使职务(公务)活动中所产生的文书类电子文件大多不是著作权法所保护的对象,所以,在电子文件的归档保存中,文书类电子文件较少涉及著作权问题。但是,大量科技类电子文件,尤其是在一些专业领域或科技部门所形成的电子文件具有科技成果性,很可能涉及著作权及其他的知识产权问题,如录音、录像、照片、影片、摄影作品、工程设计图、产品设计图、地图、计算机软件,等等。在我国,这类受到著作权保护的作品大多数属于职务作品或者委托作品。我国著作权法第16条规定:"公民为完成法人或者其他组织工作任务所创作的作品是职务作品,除本条第二款的规定以外,著作权由作者享有,但法人或者其他组织有权在其业务范围内优先使用。作品完成两年内,未经单位同意,作者不得许可第三人以与单位使用的相同方式使用该作品。有下列情形之一的职务作品,作者享有署名权,著作权的其他权利由法人或者其他组织享有,法人或者其他组织可以给予作者奖励:(一)主要是利用法人或者其他组织的物质技术条件创作,并由法人或者其他组织承担责任的工程设计图、产品设计图、地图、计算机软件等职务作品;(二)法律、行政法规规定或者合同约定著作权由法人或者其他组织享有的职务作品。"第17条规定:"受委托创作的作品,著作权的归属由委托人和受托人通过合同约定。合同未作明确约定或者没有订立合同的,著作权属于受托人。"归档保存受到著作权或知识产权保护的非职务作品的电子文件时,需要签署有关的著作权或其他知识产权协议,明确权利人及所在单位之间各自的权利和义务。

归档保存的电子文件除了其内容信息外,还应包括其背景信息及结构信息,以确保电子文件的真实性、完整性、可靠性和可用性。即除了信息内容本身之外,还必须归档保存与信息内容产生、存储和使用相关的元数据,以及必要的运行支撑系统,包括通用软件或专用软件系统,甚至硬件环境。另外,归档保存过程还会涉及备份及格式转换等操作。电子文件归档保存对象及在归档保存过程中必要的备份、格式转换等操作,会与著作权人的某些专有权利如复制权和传播权发生冲突。例如,我国《电子文件归档与管理规范》规定,"当公务或其他事务处理过程只产生电子文件时,应采取严格的安全措施,保证电子文件不被非正常改动。同时应随时对电子文件进行备份,存储于能够脱机保存的载体上"。"对用文字处理技术形成的文本电子文件,收集时应注明文件存储格式、文字处理工具等,必要时同时保留文字处理工具软件"。"对用扫描仪等设备获得的采用非通用文件格式的图像电子文件,收集时应将其转换成通用格式,如无法转换,则应将相关软件一并收集"。"对用计算机辅助设计或绘图等设备获得的图形电子文件,收集时应注明其软硬件环境和相关数据"。"对用视频或多媒体设备获得的文件以及用超媒体链接技术制作的文件,应同时收集其非通用格式的压缩算法和相关软件"。"对用音频设备获得的声音文件,应同时收集其属性标识、参数和非通用格式的相关软件"。"对通用软件产生的电子文件,应同时收集其软件型号、名称、版本号和相关参数手册、说明资料等。专用软件产生的电子文件原则上应转换成通用型电子文件,如不能转换,收集时则应连同专用软件一并收集"。"计算机系统运行和信息处理等过程中涉及的与电子文件处理有关的参数、管理数据等应与电子文件一同收集"。"对套用统一模板的电子文件,在保证能恢复原形态的情况下,其内容信息可脱离套用模板进行存储,被套用模板作为电子文件的元数据保存"。"定期制作电子文件的备份"。可见,归档保存的电子文件如果是受著作权法保护的作品,那么,归档保存机构在对其进行内容及相关元数据保存、备份及格式转换等操作之前,须获得相关权利人许可,与权利人达成有关协议。职务作品或委托作品的著作权益归属及分配按照法律规定或依双方协议。此外,电子文件归档保存机构对于形成电子文件的各类软件(通用软件和专用软件)的保存、复制及对软件复制品的操作等应遵循我国《计算机软件保护条例》的有关规定。

在电子文件的归档保存中,还应当关注数字档案馆或数字图书馆对网络数字资源进行归档保存时所涉及的著作权问题。网络数字资源类型多样,不限于文本资源,还包括大量的音频、视频、多媒体、超文本、超媒体资源,它们是否受到著作权法保护或受到何种程度的保护?至少存在如下两种情形:第一,对于已经进入公有领域的网络出版物资源,数字档案馆和数字图书馆对其的保存和使用不受到法律限制,著作权法对权利人的专有财产权保护已经失效,但对作者署名权等精神权利的保护是永久的,因此,数字档案馆或数字图书馆对进入公有领域的网络资源进行存档保存可不受专有权限制，但必须注明作者姓名、出处，尊重著作权人的精神权利。此外，对于数字档案馆而言，据我们所知，英国和澳大利亚国家档案馆有对政府网站资源的存档项目，这类项目是依政府授权而进行的网络存档项目，因此，一般不存在触犯著作权人的专有权问题。第二，对于受到著作权保护的网络数字资源，数字档案馆和数字图书馆对其进行存档保存时，一般应依法取得权利人同意，通过自愿或协议的方式对其进行存档。这类情形实质上关系数字呈缴问题。如前所述，世界仅少数国家规定了网络数字出版物的呈缴制度，而对于网络自媒体等不须出版发行只须观看或收听的资源，一般在数字呈缴制度规定的范围之外。美国、澳大利亚、英国、荷兰、法国、意大利、加拿大等欧美发达国家对于电子出版物的收缴，主要实行法定呈缴（强制呈缴）、协议呈缴或自愿呈缴三种方式。[①] 美国、法国、英国、加拿大等实行了对电子出版物（包括网络出版物）的法定呈缴制度，澳大利亚、荷兰、意大利等国一般通过自愿或协议的方式收缴电子出版物。我国以行政法规的形式确立了电子出版物的呈缴制度，1996年国家新闻出版署发布了《关于呈缴音像、电子出版物样品的通知》，2001年国务院颁布了《出版管理条例》，都将有形的电子出版物纳入了呈缴范围，而没有将网络出版物纳入其中。而且，不少网络数字出版物为孤儿作品，无法或很难确认其作者。综上，数字档案馆对网络数字资源进行归档保存时，必须区分是否为著作权法保护的作品或是公有领域作品，不得侵犯著作权人的相关专有权利，同时应尊重其精神权利。

二　馆藏传统介质档案数字化过程中的版权问题

馆藏档案数字化是我国档案信息化建设的重要领域及数字档案馆建设的一项重要内容，其目的在于通过数字化转换的方式保护濒临破损的档案，或者对具有广泛利用价值的传统介质档案实施数字化，用于远程存取和利用。扫描是馆藏数字化最常见的数字化手段，如将纸质档案通过扫描转存为图像格式的数字副本。当前，国内外版权法都将数字化认定为复制行为，数字化可以改变作品的载体形式和使用方式，但数字化本身并不能创作产生新的作品，不具备著作权法意义上的独创性特点，因此，从著作权意义上，数字化前后的作品是同一件作品，馆藏档案数字化的实质是一

---

① 寿曼丽：《国外电子出版物呈缴制度及其启示》，《图书馆学刊》2012年第7期。

种复制行为，而复制权是权利人的一项重要的专有权利。特定情况下，档案馆对馆藏档案数字化可适用我国著作权法所规定的"合理使用"条款，我国著作权法第 22 条第 8 款规定："图书馆、档案馆、纪念馆、博物馆、美术馆等为陈列或者保存版本的需要，复制本馆收藏的作品。"《信息网络权保护条例》第 7 条规定："图书馆、档案馆、纪念馆、博物馆、美术馆等可以不经著作权人许可，通过信息网络向本馆馆舍内服务对象提供本馆收藏的合法出版的数字作品和依法为陈列或者保存版本的需要以数字化形式复制的作品，不向其支付报酬，但不得直接或者间接获得经济利益。当事人另有约定的除外。"档案馆对馆藏公有领域的档案进行数字化符合著作权法规定的合理使用，数字化可以不经过版权人的许可，也不必付费。公有领域的档案既包括超过了著作权保护期限的作品档案，还包括著作权法第 5 条列举的相关文献，如法律、法规等具有立法、行政及司法性质的文件及其官方正式译文。需要注意的是，对这些公有领域档案文献进行数字化时，必须尊重作者的精神权利，如署名权、修改权、保护作品的完整权，并须注明出处。此外，馆藏档案数字化不得侵犯权利人的信息网络传播权，如果未经权利人允许将他人的作品档案数字化之后上网提供给公众利用，将侵犯其信息网络传播权。根据我国及大多数国家著作权法的规定，图书馆、档案馆等文化遗产机构对于未进入公有领域的馆藏作品数字化副本的传播仅限于馆舍服务范围内，这项规定限制了保存机构对数字化副本的传播及提供给公众利用，约束了数字档案馆和数字图书馆的远程数字信息服务。

三 电子文件在长期保存中的版权问题

1. 电子文件长期保存策略对"复制权"和"保护作品完整权"的影响

为了维护电子文件的真实性、完整性、可靠性和可用性，电子文件长期保存的最优方案是从其生命最初阶段就开始实施保存策略，贯穿其整个生命过程。因此，有效的电子文件长期保存，须采用复制、转换、迁移、更新、仿真等保存策略对电子文件进行主动干预，维护其安全性和长期可读性，将其从过时的软硬件环境转移到新的可读可用的软硬件环境，将其从老化变质的存储介质迁移到新的稳定的存储介质，转换其存储格式使其能够达到标准存档格式，以便能顺利读取，以及为了灾备目的对电子文件进行异地异质备份保存，等等。需要注意的是，实施这些保存策略时，电子文件有可能还处于知识产权的保护期限内，即使电子文件已不处于知识产权的保护期内，但是读取与处理它的软件却可能处于知识产权的保护期内。因此，电子文件保存策略的实施很可能与著作权人所享有的复制权、传播权等专有权发生冲突。复制权是以印刷、拓印、录音、录像、翻录、翻拍等方式将作品制作一份或者多份的权利。在电子文件保存的不同阶段实施的分时（不同时期）、多套、多种形式或版本的复制，存在较大的侵权风险。而且，在对电子文件进行迁移、转换和仿真过程中，或多或少会改变原有电子文件信息的组织或排列方式，这是否会对著作权人所享有的"保护作品完整权"产生不利影响？也是一个值得关注的问题。所谓"转换"，是将文件从一种载体转换到另一种载体或从一种格式转换成另一种格式的过程。所谓"迁移"，是在维护文件真实性、完整性、可靠性和可用性的前提下，将文件从一个系统转换到另一个系统的行动。"仿真"则是采用仿真软件和硬件，模仿电子文件生成时的软硬件环境，使电子文件信息能够以原始状态重现。上述几种保存策略在具体实施过程中，都可能对文件进行暂时复制的操作，而且，在保护作品完整性等方面存在一定风险。此外，电子文件保存机构应注意针对新旧不同版本的电子文件注明不同的版权信息，作为其元数据的组成部分。

2. 电子文件保存机构对技术保护措施的规避问题

技术保护措施是版权法赋予权利人的一项特殊权利，允许权利人依法对作品采用技术手段和方法，防止未经授权的接触和使用，形成了对权利人的强有力保护。1996年形成的《世界知识产权组织版权条约（WCT）》对技术措施的法律保护做了专门规定。该公约第11条规定，对于作者行使本条约或伯尔尼公约上的权利，在作品上采取的有效的、限制他人未经作者同意或无法律依据行为的技术措施，各缔约方应提供充分的法律保护和有效的法律救济，以禁止他人规避该技术保护措施。如前所述，欧美版权法都禁止未经权利人许可而对作品技术保护措施的规避。我国著作权法第48条第6款规定"未经著作权人或者与著作权有关的权利人许可，故意避开或破坏权利人为其作品、录音录像制品等采取的保护著作权或者与著作权有关的权利的技术措施的"是一种侵权行为，应承担相应的民事责任、行政责任，构成犯罪的应承担刑事责任，该款同时规定"法律、行政法规另有规定的除外"，为图书馆和档案馆等保存机构合理规避技术保护措施提供了依据。但是，我国著作权法第22条列举的12种合理使用的情形中，并没有明确规定图书馆、档案馆可为了保存的需要而对作品的技术保护措施进行合理规避，以及合理规避的前提条件。

在此，可参照美国数字版权法对技术保护措施合理规避的具体规定。《美国千年数字化版权法（DNCA）》第 1201 节（c）条（1）专门规定"本节规定不影响本法对版权权利、救济、限制，包括合理使用的规定，不影响对侵权指控的抗辩理由规定"。第 1201 节（d）条规定，非营利性的图书馆、档案馆、博物馆及教育机构在下列条件下规避了版权人采取的控制接触的技术措施的，不视为侵权：第一，主题资格条件。教育机构全部免责。图书馆和档案馆要求适用免责规定的，须符合以下条件：必须向社会公众开放，或除了向该图书、档案机构中的研究人员和该图书馆、档案馆上属机构的研究人员开放以外，也向相关专业的其他人员开放。第二，对相同的作品复制件，除了采取规避控制接触的技术措施外，不能以任何其他方式合理获得。第三，对于规避了控制接触作品的技术措施后的作品，只能复制 1 份，而且其保存时间不得超过做出该善意决定的必要时间，也不得用于其他任何目的。

反向工程与对技术保护措施的合理规避。所谓反向工程，是指采用反汇编、反编译软件，将他人的目标代码程序还原为汇编代码的过程。反向工程是电子文件长期保存的一种重要技术策略。为了保证电子文件的长期可读性，须对原有软件进行更新升级，开发新的软件，为了保持新旧软件之间的兼容性和互用性，须采用反向工程了解原有软件是如何开发的以及其性能及特点，以便使新开发的软件保持与原有软件之间高度的兼容性和互用性。机构为了长期保存的目的，对于采取了技术保护措施的电子文件实施反向工程，不可避免地会对技术保护措施进行规避。如果版权法没有相关的合理使用规定，机构就不得不寻求权利人的许可，否则就面临侵权风险。《美国千年数字化版权法（DNCA）》第 1201 节（f）条规定，合法获得他人计算机程序复制件的人，为了使其独立创作的计算机程序与他人的计算机程序具有互用性或替代使用性（指计算机程序交换信息和相互使用交换信息的能力），可以规避他人采取的控制访问和使用作品的技术措施，这为满足反向工程的需要而对技术保护措施进行合理规避提供了法律依据。我国著作权法对技术保护措施的限制和例外并没有阐明合理使用的具体情形，因此，电子文件保存机构对采取了技术保护措施的电子文件实施反向工程，须事先得到权利人允许。

为了加密与解密研究对技术保护措施合理规避。加解密研究是指为寻找、分析版权作品加解密技术瑕疵、弱点所必不可少的研究，其目的在于增进加解密技术的社会知识，或开发加密产品，加解密技术是指用数学公式或算法对信息进行加密或解密的技术。在电子文件长期保存过程中，为了对馆藏具有重要价值的电子作品进行安全保管，电子文件保存机构可能会对该电子作品加解密技术的瑕疵和弱点展开研究，针对其不足之处加以改进和完善，或者开发应用新的加密技术，以提高其安全性，这不可避免地会产生规避技术保护措施的需求。《美国千年数字化版权法（DNCA）》第1201节（g）条规定，在下列条件下，允许进行加解密研究，从而规避控制接触作品的技术措施的，不受禁止：行为人合法取得加密的已发表作品的复制件；规避行为是进行加解密研究所必需的；在规避技术措施前，行为人曾经善意寻求过技术措施权人的许可。在具体决定是否免除行为人的责任时，还必须考虑下列因素：从加解密研究获得的信息是否扩散，如果扩散，其扩散的方法是合理筹划以增进社会知识或发展加解密技术，还是助长侵犯技术措施权的行为；行为人是否正在加解密技术领域中进行合法研究或学习；行为人是否向加密作品的版权人告知其研究结果，提供研究文件，以及通知的时间。该条款关于加解密研究对技术保护措施合理规避的详细规定值得我国立法者借鉴。

为了安全测试的需要而对技术保护措施合理规避。在电子文件长期保存过程中，为了确保电子文件的真实性、完整性、可靠性和可用性，须定期对电子文件进行内容鉴定和技术鉴定，对电子文件赖以存在的软硬件环境进行测试，根据鉴定和测试结果，决定是否将电子文件从原有的系统迁移至新的系统或者进行格式的转换，这样的技术操作也会产生对电子作品的技术保护措施进行合理规避的需求。《美国千年数字化版权法（DNCA）》第1201节（5）规定，纯粹为了测试、调查、纠正计算机安全方面现实或潜在的纰漏、弱点或运行故障而访问某计算机系统或网络，以及为此目的而开发、生产和发行技术手段，不构成侵犯技术措施权。其条件是安全测试得到的信息必须用于改善计算机及其系统、计算机网络的所有人或操作人员的安全措施，或与该计算机、计算机系统、计算机网络的开发者直接共享，而且不得有其他违法行为。[①]

---

① 李杨：《技术措施权及其反思》，《网络法律评论》2002年第2卷。

四 电子文件在存取和利用中的版权问题

电子文件收集归档及长期保存的主要目的是保留电子化的历史，并为公众提供利用服务。网络环境下，电子文件保存机构（档案馆、图书馆等）向馆内读者或社会公众在线提供电子文件的数字副本，充分发挥电子文件的证据价值和情报价值。这是其重要的业务工作内容，也是非营利性公共文化机构履行公共服务职能的重要途径。电子文件在线存取利用服务可能与权利人的信息网络传播权相冲突。如果所提供的电子文件是版权法保护的对象，则须遵循法律的规定，以有限的方式、在有限的范围内提供利用，否则会引发版权纠纷。我国著作权法针对图书馆、档案馆、博物馆等文化保存机构的例外条款，仅限于"为陈列或者保存版本的需要，复制本馆收藏的作品"，并没有延及对保存复制件的利用和传播。我国《信息网络传播权保护条例》第7条规定，"图书馆、档案馆等文化保存机构可以不经著作权人许可，通过信息网络向本馆馆舍内服务对象提供本馆收藏的合法出版的数字作品和依法为陈列或者保存版本的需要以数字化形式复制的作品，不向其支付报酬，但不得直接或者间接获得经济利益。当事人另有约定的除外。"该条允许档案馆、图书馆对馆藏数字作品及数字保存复制件进行传播，但仅限于馆舍范围内，不允许远程存取，约束了数字档案馆和数字图书馆的远程数字信息服务能力。数字档案馆和数字图书馆如果需要提供对保存数字副本的远程存取和利用，必须事先取得权利人的许可。

此外，电子文件在存取和利用过程中还可能涉及著作邻接权问题，邻接权是作品传播者的权利，故又被称为作品传播者权，是指作品传播者对其传播作品做出的创造性劳动和投资所享有的权利。邻接权是独立于著作权之外的一种权利，又与著作权密切相关。主要包括：出版者权、表演者权、录像作品制作者权、录音制作者权、电视台对其制作的非作品电视节目的权利、广播电台的权利等。馆藏电子文件数字副本在远程传播和利用过程中，不仅涉及作者的信息网络传播权，还有可能牵涉到出版者权、表演者权等各种传播者的邻接权，如：出版者的版式设计专有权和专有出版权受到法律保护，图书馆、档案馆等电子文件保存机构在对依法受到保护的电子文件进行远程传播或提供存取利用时，不得触犯出版者的版式设计专有权和专有出版权。因此，电子文件保存机构须取得相关权利人许可之后，才可提供远程传播和利用。

五 电子文件长期保存版权问题解决思路

如上所述，电子文件保存机构对于受到版权保护的电子作品在收集归档、实施各种长期保存技术策略（复制、迁移、转换、仿真等）以及提供利用和存取等活动中，必须要面对各种版权制约。根据国内外版权法对数字保存的相关规定，以及我国电子文件保存的实践，可按照如下思路来应对电子文件长期保存中的版权问题。

首先，适用著作权法等有关合理使用的法律规定。尽可能适用我国著作权法、《信息网络传播权保护条例》、《计算机软件保护条例》等有关法律法规中，专门针对图书馆、档案馆、博物馆等文化遗产保存机构的合理使用条款，不需征得权利人许可而实施电子文件保存活动。如为了陈列或保存版本的需要对本馆藏品进行复制，提供馆藏数字作品和数字保存复制件在馆舍范围内的有限传播和利用。

其次，电子文件保存机构与权利人签订版权许可使用合同或版权转让合同。国内外版权法虽然都通过对专有权的限制，以合理使用方式为图书馆、档案馆、博物馆等文化遗产保存机构的数字保存活动提供了"避风港"或"豁免权"，但是，这种"豁免"都须受到"三步检测法"的反限制，不仅要满足法律所规定的合理使用的条件，而且为了不损害权利人的合法权益，法律规定的例外即合理使用的程度、范围和方式都受到了严格限制，主要适用于传统的纸质环境，无法完全满足数字保存的需求。例如，最为突出的问题是，对复制数量的限制（我国没有限制）、对数字保存复制件进一步传播的限制、对实施电子文件长期保存技术策略的时机（应"提前"干预，无法"事后弥补"）的限制、为了电子文件长期保存目的而对技术保护措施的合理规避问题、孤儿类电子文件作品的数字保存问题等。对此，我国著作权法等相关法律法规大多没有十分确切的规定，或者相关规定不完全符合电子文件长期保存的规律及需求。因此，在很多情况下，电子文件保存机构除了适用有关的合理使用条款，有必要事先与权利人签订协议，通过著作权转让、许可等方式获得对数字保存对象的处置权利。

电子文件保存机构在与版权人签订版权许可使用合同之前，须做好如下前期工作：①确定版权人。电子文件类型多样，某些电子文件作品的版权人可能不止一人或者版权已经转让，作品的原创作者已经不是版权人。

对此，电子文件保存机构应事先了解，以获得有效的授权。②与版权人协商。向版权人说明电子文件长期保存和利用主要的技术策略及其必要性，以获得版权人的理解和认可。③向版权人正式提出授权申请。阐明申请授权使用的主要目的和主要措施，强调是为了更好地长期保存有重要价值的电子文件，有利于进一步对其的开发利用。并提出须授权许可使用的具体权项、许可使用的期间、范围，保证在电子文件使用过程中维护其真实性、完整性和安全性。并明确保证该授权使用不会影响权利人的经济利益。在此基础上，如果双方达成一致，则可签订版权许可使用合同。版权许可使用合同主要包括下列条款：许可使用的权利种类；许可使用的权利是专有使用权或者非专有使用权；许可使用的地域范围、期间；付酬标准和办法；违约责任，以及双方认为需要约定的其他内容。

版权转让合同是版权人与受让人，就权利人对作品享有的财产权部分或全部的转让而达成的协议。电子文件保存机构与版权人签订版权转让合同时须注意如下几点：①版权转让只包括财产权，不包括人身权。因此，电子文件保存机构作为受让方须尊重转让人的署名权、修改权和保护作品完整权。②财产权包括的权项很多，在双方签订版权转让合同时，应写明是部分转让还是全部权利的转让，如果是部分转让，则应将转让的具体内容写清楚，以免发生权利纠纷。为了满足电子文件长期保存和利用的需要，电子文件保存机构应至少转让复制权、发行权、展览权、信息网络传播权等权利。

再次，电子文件保存机构与版权集体管理机构签订版权许可使用合同。如上所述，电子文件保存机构在确定版权人、与版权人协商及签订版权许可使用合同或版权转让合同时需要付出大量的时间和精力，因此，如果有可能，可寻求与相关的著作权集体管理组织签订版权许可使用合同。这样可以不用与同类作品的单个版权人一一签订版权许可使用合同，当然，其前提是该版权人是著作权集体管理组织的会员。所谓著作权集体管理组织，是指为权利人的利益依法设立，根据权利人授权、对权利人的著作权或者与著作权有关的权利进行集体管理的社会团体。我国著作权法第8条规定："著作权人和与著作权有关的权利人可以授权著作权集体管理组织行使著作权或者与著作权有关的权利。著作权集体管理组织被授权后，可以以自己的名义为著作权人和与著作权有关的权利人主张权利，并可以作为当事人进行涉及著作权或者与著作权有关的权利的诉讼、仲裁活动。"

我国《著作权集体管理条例》规定，著作权法规定的表演权、放映权、广播权、出租权、信息网络传播权、复制权等权利人自己难以有效行使的权利，可以由著作权集体管理组织进行集体管理。著作权集体管理组织许可他人使用其管理的作品、录音录像制品等，应当与使用者以书面形式订立许可使用合同。著作权集体管理组织不得与使用者订立专有许可使用合同。使用者以合理的条件要求与著作权集体管理组织订立许可使用合同，著作权集体管理组织不得拒绝。许可使用合同的期限不得超过2年，合同期限届满可以续订。我国目前已经有5个经国家版权局批准设立的著作权集体管理组织，分别为：1992年最早成立的中国音乐著作权协会、2005年成立的中国电影著作权协会、2008年成立的中国音像著作权集体管理协会，以及同年成立的中国文字著作权协会和中国摄影著作权协会。上述著作权集体管理组织为电子文件保存机构通过集体签订许可使用合同的方式对馆藏文字作品、音像作品、音乐作品、摄影作品及电影作品数字化，对数字副本进行传播及提供利用提供了便利。

最后，从立法者的角度，应为图书馆、档案馆的数字保存提供更多合理使用的空间。国内外知识产权立法的共同趋势是加强对权利人的专有权保护，这对于包括档案馆、图书馆等在内的非营利性的公共文化机构是不利的。公共文化机构承担了保存文化遗产、提供公共文化服务的重要社会职能，在保留历史、传承文明、普及大众文化知识、提高国民文化修养等方面发挥着不可替代的重要作用。我国宪法第22条规定："国家发展为人民服务、为社会主义服务的文学艺术事业、新闻广播电视事业、出版发行事业、图书馆博物馆文化馆和其他文化事业，开展群众性的文化活动。"不以营利为目的提供公共利用是图书馆、档案馆等公共文化机构发挥其服务职能的重要基础，是宪法所保护的。因此，在知识产权领域，立法者应在各方利益博弈中尽可能为这些公共文化机构的数字保存活动提供"避风港"。

此外，信息自由权已经成为国际公认的一项重要公民权利。我国宪法和《政府信息公开条例》虽然没有明文规定公民享有"信息自由权"和"知情权"，但是从相关的法律规定中我们可以找到一些依据。如宪法第35条规定："中华人民共和国公民有言论、出版、集会、结社、游行、示威的自由。"《政府信息公开条例》第16条明文规定国家档案馆和国家图书馆等为政府信息公开场所："各级人民政府应当在国家档案馆、公共图书馆设置政府信息查阅场所，并配备相应的设施、设备，为公民、法人或者其他组织获取政府信息提供便利。"随着互联网技术和远程通信技术的应用，人们通过各种数字终端设备对数字信息的远程存取已经在越来越大的程度上替代了去实体馆对传统介质图书和文献的利用。因此，从尊重和维护公民信息自由权和知情权的角度，立法者也应对图书馆、档案馆的数字保存活动提供更大的合理使用空间。例如，明确规定图书馆、档案馆等文化遗产机构数字信息长期保存的目的（不仅是为了陈列或保存版本的需要），可定期或不定期，以不同方式、多套复制馆藏已经发表和尚未发表的作品；作品的数字化副本可用于馆内用户的传播利用、馆际互借和传播，还可依申请对出于地理位置原因无法到实体馆的用户远程提供替代性的馆藏作品数字副本。

第四节　电子文件在保存中的隐私权问题

所谓隐私权，是指个人享有的私人生活安宁与私人信息依法受到保护，不被他人非法侵扰、知悉、搜集、利用和公开的一种人格权，是自然人所享有的与公共利益无关的对其个人信息、个人活动和私人领域进行支配的一种特定的人格权利。隐私权的主体只能是自然人，隐私权的客体是隐私。所谓隐私，是指不愿被他人或公众知悉、打搅或公开的私生活领域，包括与个人信息、个人生活及私人领域相关的事实和数据。受法律保护的隐私权包括上述三种形态：个人信息、个人生活和个人空间。随着互联网技术和现代通信技术的发展，个人数据的收集、存储、加工、传播和利用变得越来越容易，网络隐私权保护问题由此产生并引起了普遍关注。网络环境下个人数据保护成为个人隐私保护的主要方面。在电子文件收集归档、数字化保存及提供利用过程中，可能会涉及与个人数据相关的存储、加工、开发和利用活动，因此，在电子文件长期保存和提供利用过程中，避免出于各种原因而导致对个人隐私权的侵犯，维护个人数据的私密性，告知公民有关隐私保护的政策，尊重公民对其个人数据的支配权，是一个不可回避的议题。

一　隐私权法律保护

美国是首先对隐私权进行立法保护的国家，早在 1974 年就制定了《隐私权法》。此外，世界上很多国家如加拿大、法国、德国、英国、荷兰、冰岛、丹麦、瑞典、意大利、葡萄牙、日本、阿根廷等都制定了个人数据保护法。在国际上，联合国大会1948年通过的《世界人权宣言》第12条规定："对任何人的私生活、家庭、住宅和通信不得任意干涉，对其荣誉和名誉不得加以攻击。"欧盟非常重视个人数据保护，于1995年通过了《个人数据保护指令》，对个人数据采取了严厉的法律保护措施。当前隐私权的法律保护大致分为两种方式：直接保护和间接保护。所谓直接保护，是指法律明确承认隐私权是一项独立的人格权利，当公民隐私受到侵害时，可以其隐私权受到侵害为独立的诉因请求法律的保护。所谓间接保护，是指法律没有确认隐私权为一项独立的人格权，当事人隐私权受到侵犯时，不能以侵犯隐私为独立的诉因诉诸法院请求法律的保护，只能依据其他法律（如民法）、附从于其他诉因（如名誉侵害）等请求法律的保护。隐私权直接保护比间接保护的强度大，更具效力。我国对隐私权采用的是间接保护的方式。我国宪法没有规定隐私权概念，没有明确将隐私保护纳入公民的宪法权利，但有与公民隐私保护相关的规定，如宪法第38条、39条和40条规定，中华人民共和国公民的人格尊严不受侵犯、住宅不受侵犯、通信自由和通信秘密受法律的保护。我国现有的民法通则没有确认公民的隐私权及对其的直接保护，将个人隐私归入了个人名誉权的保护范畴。刑法第245条、252条和253条分别规定了"非法搜查罪、非法侵入住宅罪"、"侵犯通信自由罪"和"私自开拆、隐匿、毁弃邮件、电报罪；盗窃罪；出售、非法提供公民个人信息罪、非法获取公民个人信息罪"。此外，我国刑事诉讼法、民事诉讼法等程序法也从诉讼程序上规定了与个人隐私保护相关的条款。

二　电子文件收集归档与隐私保护

电子文件保存机构在对电子文件进行收集和归档保存的过程中，应避免侵犯公民的隐私权。档案部门及其他政府部门应依法在其职责范围内收集与个人数据相关或含有个人数据的电子文件，如果在当事人不知情的状况下，档案部门或其他政府部门（如民政部门）越权收集不属于其法定权限内的与个人数据有关的电子文件或电子信息记录，则侵犯了公民的隐私权。商业性机构尤其是在电子商务中，用户一般都会应网站经营者的注册要求而提供个人基本信息，在此，经营者应明确告知或在使用协议中阐明登记用户个人信息的目的、用途及隐私保护政策，承诺个人信息的登记仅为了经营业务活动的需要，不得用于其所声明的目的之外的其他用途，更不能非法向他人提供客户个人信息。档案部门或其他政府部门收集与个人数据有关或含有个人数据的电子文件，必须有合法的依据，即根据宪法和法律的规定，在其法定职责范围内、因工作的需要收集与个人数据相关或含有个人数据的电子文件。依法授权建设个人数据信息系统的国家机关和部门，不能以应用各种个人数据加工方式或者标识个人数据信息系统中个人数据归属的具体主体为由，限制公民的权利和自由。不能以侮辱和损害个人尊严的方式标识个人数据信息系统中个人数据归属的具体主体。而私人机构从事个人数据收集、加工或经营必须有相关法律法规的授权，取得了主管部门的许可，或者获得了当事人的允许和同意。个人数据主体可自主决定提供自己的个人数据并同意按照自己的意志、为了自己的利益加工个人数据，有权获知加工其个人数据的信息，包括加工的目的、加工的方式、所加工的数据清单及其来源、个人数据加工期限及保管期限、加工个人数据的后果等，法律法规另有规定的除外。另外，政府部门在收集与个人数据相关或含有个人数据的电子文件时，应依法明确告知当事人收集的法律依据、收集的范围、收集目的及用途，以及当事人对其个人数据所享有的权利。政府部门和私人机构对所收集的与个人数据相关或含有个人数据的电子文件均不能超出所声明目的之外的处置和操作，禁止对个人数据的滥用。

三 电子文件长期保存过程中的隐私保护

首先，对于电子文件保存机构而言，为了维护电子文件的真实性、完整性、可靠性和可用性，须定期采取各种技术保护策略对电子文件实施数字化保存，例如复制、迁移、转换、仿真等。在数字保存过程中，应采取相应的技术措施和管理措施，保护涉及个人数据、含有个人数据的电子文件的私密性和安全性，防止个人数据信息外泄、被非法窃取与更改。例如，档案部门在对大量传统介质档案进行数字化时，往往实行外包或其他委托的方式，在数字化的一系列流程和环节中，与个人数据有关或含有个人数据的数字化档案存在被非法或意外获取、修改及复制的安全隐患。为此，档案部门应与外包方或委托方签订安全保密协议，其中须特别注明个人隐私（个人数据）安全保密条款。

其次，从保证个人数据的质量、可读性及安全性角度而言，电子文件保存机构必须采取必要的技术措施和组织措施，防止对电子文件中所含有的个人数据被非法或意外获取、销毁、修改、封锁、复制及传播，以及其他非法处置行为。

再次，依法建立和加工个人数据信息系统的有关国家机关和政府部门，在加工个人信息的过程中应严格保护个人数据的安全。如果根据协议委托他人加工个人数据，协议的前提条件应该是被委托人必须在加工过程中保护个人数据的秘密性和安全性。

最后，个人数据加工经营者必须无偿为个人数据主体提供了解其个人数据的可能。个人数据加工经营者根据个人数据主体所提供的，证明其所加工的个人数据不完整、陈旧、不准确、非法获取，以及不是为了其所声明的加工目的等有关信息，对个人数据进行必要的修改、销毁或封锁。经营者必须向个人数据主体或个人数据传递的第三人通告修改及采取的其他措施。

四　电子文件存取利用与隐私保护

在电子文件存取和利用过程中，隐私保护的主体包括两类，电子文件中所涉及的个人数据主体和电子文件利用者。首先，电子文件保存机构一般不能向第三方或公众提供与个人数据相关或含有个人数据的电子文件信息，法律法规另有规定的除外。如果应第三方申请依法提供该电子文件，必须告知个人数据主体并取得其同意，并确保第三方在获取和利用当事人个人数据资料时，依法维护其安全性和秘密性，不得非法传播或修改。其次，电子文件利用者在存取和利用电子文件的过程中，可能应要求通过系统登记、注册等方式向电子文件保存机构提供用户信息及个人数据。在此，电子文件保存机构如图书馆和档案馆等须依法保护用户个人数据的安全性和私密性，不得有意或无意外泄、擅自向第三人或其他图书馆、档案馆传递用户的个人数据（不是为了提供利用的需要），或用于其他与电子文件存取利用无关的目的。图书馆、档案馆等电子文件保存机构因提供利用服务的需要，不得不收集和保存用户的个人数据资料（如在提供定题服务中需要用户的电子邮箱地址），或者通过系统自动收集用户利用电子文件的活动资料，对于这些个人数据资料，图书馆、档案馆等电子文件保存机构应妥善保管，并保护其安全性。另外，电子文件保存机构可通过其网站主页明确告知用户其隐私保护政策，一方面，告知用户收集和保存其个人数据的依据、缘由、目的和用途，个人数据安全保护政策和措施；另一方面，提醒用户在利用电子文件过程中不得侵犯他人隐私权。

第三章 电子文件长期保存的标准保障

电子文件在长期保存过程中，既需要采取更新、复制、迁移、转换等技术保护策略，以对抗载体老化和技术过时，又需要采取相应的标准化技术和手段。标准的设立和标准化的推广应用能为构建电子文件长期保存系统提供有力的参照，提供有利于电子文件长期保存的元数据标准、存储载体标准和存储格式标准，引导适用于电子文件长期保存的先进技术的应用和推广，淘汰低水平、重复的操作环节和相对落后的技术，节约电子文件长期保存的成本，提高电子文件长期保存的效率和质量，使电子文件形成机构及电子文件长期保存机构能够胜任保证电子文件真实性、完整性、准确性、可靠性及可用性的管理责任，实现电子文件长期保存的最佳实践。其中，可信数字信息保存系统建设标准和电子文件长期保存元数据标准等在指引电子文件长期保存系统建设、电子文件保存元数据方案的制定方面发挥着重要的作用。

第一节 电子文件长期保存系统标准

OAIS（Open Archival Information System）参考模型是数字信息长期保存领域被广泛接受的最重要的国际标准，为可信数字保存库的建设提供了基本框架，OAIS 为电子文件长期保存系统建设提供了最具参考性的标准保障。

一 OAIS 参考模型的产生

随着计算机技术的普遍应用，数字信息在政府、企业、出版机构、公共文化机构等大量产生和积累。20 世纪 90 年代，政府机构、学术组织、研究团体开始密切关注数字信息的长期保存问题，在这样的背景下，20 世纪 90 年代中期美国空间数据系统咨询委员会（CCSDS）接受 ISO TC20/

SC13 的授权,为空间领域的数字信息归档保存制定相应的标准,这是 OAIS 产生的最初缘由。美国空间数据系统咨询委员会(CCSDS)是由美国国家航空航天局(NASA)和欧洲太空中心(ESA)联合发起的由各国空间机构组成的国际性协作组织,它致力于开发数据系统和信息系统的推荐标准,以促进各国空间机构间的互操作及资源共享。CCSDS 的成员包括如美国国家航空航天局(NASA)及其下属的美国生命科学数据档案馆(LS-DA)、美国电脑技术公司(CSC)、法国国家太空研究中心(CNES)、德国航空航天中心(DLR)、欧洲太空中心(ESA)等。

OAIS 参考模型的研制启动于 20 世纪 90 年代中期,直到 2003 年正式成为一项国际标准,其间经历了多次研讨和修改。CCSDS 成员在着手制定空间领域数字信息归档标准的过程中,发现缺乏一个可以被广泛接受和认同的框架,这个基本框架与数字信息保存相关的术语、数字信息归档系统的基本功能、作为保存对象的数字信息的属性等密切相关。由此,CCSDS 认为,要制定数字信息长期保存归档标准,首先必须创建一个基本框架即后来所提出和确立的 OAIS 参考模型。该参考模型旨在提出数字信息长期保存的基本问题,不涉及具体的执行。而且,该参考模型突破了空间数据的狭窄范围,扩大至为政府、企业和学术界等各类组织机构的数字信息长期保存系统建设服务。从 1995 年 10 月召开第 1 届国际研讨会到 2002 年 1 月 OAIS 参考模型作为国际标准蓝皮书发布,CCSDS 总共组织召开了 13 次国际研讨会,在提出和修改 OAIS 参考模型过程中共产生了 8 个版本,从最初的 Version1《数字归档信息服务参考模型》(*Digital – Archiving Information Services Reference Model*)发展为《开放档案信息系统参考模型》(*A Reference Model for an Open Archival Information System*),最终成为 ISO 正式标准,即 ISO 14721:2003《空间数据和信息归档系统——开放档案信息系统参考模型》,简称"OAIS 参考模型"。

在 CCSDS 组织召开的 13 次国际会议中,第 1 届、第 4 届和第 12 届会议所探讨的核心概念、术语、适用范围等对于全面了解 OAIS 及应用 OAIS 十分重要。例如,第 1 届会议重点讨论了《数字归档信息服务参考模型》,初步确定了数字信息归档的核心概念及档案信息服务的 5 个接口。核心概念分别是:①归档数据:为了公众存取而长期保存的数字数据,如果数字数据中有一个比特被更改了,那么归档就意味着失败了。②归档信息:为了公众存取而长期保存的以数字数据为表现形式的信息。③信息单元:一个既定的信息产品,是档案馆向外部用户提供鉴别和存取服务时的最小的信息汇集。可以将信息单元理解为不可再分的最小单位的信息包。④参考模型:是为了制定统一的标准或规范而确立的一个框架。5个档案信息服务接口分别是:①接收。②存储。③元数据管理。④存取。⑤分发。

CCSDS组织召开的第4届、第12届研讨会进一步对OAIS所使用的基本术语、功能框架及应用范围进行了深入探讨。CCSDS于1997年发布了OAIS参考模型的白皮书CCSDS 650.0-W-1。该白皮书阐述了OAIS的主要概念、环境、职责,并且将第1届会议所提出的5个服务接口扩展为OAIS的6个功能模型,还阐述和解释了非常有特色的OAIS信息模型、着重分析和探讨了数字迁移策略,这标志着OAIS的基本成形。1997年第4届研讨会针对白皮书进行了审议,对其中几个关键问题如OAIS的适用范围、表征信息的作用及特点、档案信息包及档案信息单元的含义、迁移的类型和层次等进行了深入探讨。例如,"档案信息包"(AIP)具有长期保存指定信息对象所需的所有属性,它是档案馆要长期保存的"原子"级信息,是由内容信息和相关的保存描述信息构成的。档案信息包可按照档案加工组织标准聚合成"档案信息集合"(AIC),因此,档案信息集合是在对其他多个档案信息包进行组织的基础上形成的。关于"迁移",法国国家太空研究中心(CNES)的代表建议将迁移分为三个层次:第一,将存储对象迁移到其他媒体上的迁移;第二,改变档案信息包与存储对象之间关系的迁移,如压缩与不压缩;第三,改变存储对象表征信息的迁移。表征信息应该主要是"格式信息"和"字典信息"。例如,改变了某一图像的格式就改变了其表征信息,但数字对象并未因此而改变。

OAIS参考模型的白皮书CCSDS 650.0-W-1几经修订,其间先后形成了6个版本。CCSDS于1999年5月发布了OAIS参考模型的红皮书CCSDS 650.0-R-1。该红皮书除了阐述OAIS的主要概念、环境、职责及功能模型和信息模型外,还阐述了迁移的原因及类型、维护存取服务及档案馆间的协同工作等。2001年5月,CCSDS组织召开归档标准的第12届国际研讨会,议题主要是讨论并回复来自各界对OAIS参考模型红皮书CCSDS 650.0-R-1的评论意见。例如,美国国家档案与文件总署(NARA)建议增加"Archives"这个定义,用以指代档案保存机构的复数形式。CCSDS研究小组给予的回复是:"Archive"有三种含义:一是指需要保存的文档;二是指保存档案的处所;三是指档案管理的程序——对文档材料进行选择、接收、保存并提供利用。参考模型避免采用"Archives"而使用"OAIS",就是为了防止这三种含义的混淆。CCSDS 在汇总吸收这些意见的基础上形成了红皮书 CCSDS 650.0 – R – 2。TC20/SC13 将它作为国际标准的最终草案提交给了 ISO 以供审批。ISO 对其做了编辑上的修改,于 2002 年 1 月形成了 OAIS 参考模型的蓝皮书 CCSDS 650.0 – B – 1。最终,2003 年 2 月 24 日,国际标准 ISO 14721:2003《空间数据和信息归档系统——开放档案信息系统——参考模型》(Space Data and Information Transfer Systems——Open Archival Information System——Reference Model)以蓝皮书 CCSDS 650.0 – B – 1 为样本公布发行。[①]

二 OAIS 的更新——OAIS – 2012 版的特点

OAIS 是数字信息长期保存领域最重要的国际标准和建设可信数字保存库的基本指南。当然,OAIS 只是一个适用于数字保存的最基本框架和概念模型,而不是系统设计模型,在不同的数字保存机构如档案馆和出版机构的具体执行和应用是不同的,因此,OAIS 在使用过程中存在可操作性问题。另外,数字保存技术的发展和应用也促使 OAIS 要进行相应的更新。时隔 10 年之后,2012 年 CCSDS 发布了 OAIS 的新版本。总体上,OAIS – 2012 版相对于 2002 版更具有可操作性和执行性,吸取了各类数字保存机构在应用 OAIS 过程中的成就和经验,力图避免其功能模型和信息模型在应用中的不足,发现并弥补其可能存在的漏洞。

OAIS – 2012 版的变化和更新包括如下方面。

1. 将"访问权限信息"添加到"保存描述信息"中,使其成为"保存描述信息"的 5 种信息类型之一

OAIS 提出了"信息包"概念,信息包是由"内容信息"和"保存描述信息"构成的逻辑容器,"保存描述信息"的作用在于对"内容信息"的产生背景、来源及过程等进行描述,以确保对"内容信息"的长期存取、长期可读及用户对其的独立理解。在 OAIS – 2002 版中,"保存描述信息"按其作用分为 4 种类型——"参考信息"、"来源信息"、"背景信息"和"固化信息",而在 OAI – 2012 版中,增加了一类新的信息类型——"访问权限信息"。"访问权限信息"不仅是对用户访问的权限管理和控制

[①] 李明娟:《OAIS 参考模型的发展与应用》,武汉大学硕士学位论文,2006。

信息，而且还包括允许对内容信息进行保存操作、分发和利用的信息，因此访问权限信息体现了档案馆（数字保存机构）对其拥有材料的广泛的控制权利。大部分访问权限信息会写进档案馆（数字保存机构）与数字资源形成者之间签订的提交协议之中。

2. 重新认识数字信息长期保存中的仿真策略

OAIS-2002 版重点强调和阐述了迁移策略，而对数字保存中的仿真策略有所低估。但是，综合各类数字保存项目对仿真技术的应用不难发现，仿真作为一种数字保存技术策略，其地位有所提升。OAIS-2012 版第 5 章第 5.2.2.2 小节认为，当 OAIS 无法获得源代码，或即使能够获得源代码但没有能力创建所需要的应用时，可以采用仿真策略。该小节阐述了仿真作为一项技术策略在维护存取服务及保持"原貌"和原有"感觉"方面的应用，同时，还分析了不同的仿真方法对 OAIS 的适用性问题以及每种仿真方法存在的风险。第一种，底层硬件仿真。其优点是一旦仿真成功，原有平台上的操作系统和所有的应用都可以不用修改直接在新平台上运行。第二种，一个非常流行的操作系统在一个不是该操作系统的硬件系统上运行，例如在一台 SUN 机器上运行 Windows 操作系统软件。其他的仿真方法还包括开发虚拟机架构或者在操作系统层次上进行仿真。

3. 加强了保存计划功能实体（Preservation Planning Functional Entity）与行政管理功能实体（Administration Functional Entity）之间的互动

保存计划功能和行政管理功能是 OAIS 功能模型所架构的 6 大功能模块中的两项重要功能。保存计划功能实体根据对数字保存对象的监控结果、保存需求及新出现的标准等制定并组织实施 OAIS 的数字保存计划和策略，制订封装设计及迁移计划，并向行政管理功能实体提交建议书、推荐书及定期风险分析报告。而行政管理功能实体的任务更为宏观，旨在对整个 OAIS 系统进行总体规划、控制和管理，包括根据保存计划功能实体提交的建议书或推荐书、风险分析报告制订数字保存标准和政策，向保存计划功能实体提供经批准的标准和迁移目标。所以保存计划功能实体与行政管理功能实体之间的密切互动有利于根据系统监控结果，针对系统内部和外部面临的风险，及时对 OAIS 中保存的数字对象采取必要的保护措施。

4. 关于真实性（Authenticity）与信息属性（Information Properties）及其关系

所谓"真实性"，一般是指某一对象与某人（或系统）所声称的样子之间的相符程度。OAIS-2012版在此基础上做了重要补充："真实性判断建立在证据基础之上"，而且阐述了维护真实性、创建证据的两种途径，其中之一是提出了"转换信息属性"这一新的概念，而"转换"被定义为数字迁移的一种，意味着内容对象和（或）保存描述信息的改变，最终会产生新的档案信息包（AIP），这是一项存在风险的操作，因为在转换过程中可能会丢失原有档案信息包中的重要信息。所以，应明确数字对象在转换之后仍然需要保留哪些属性，以确保这些能对数字对象进行认证的重要属性被包含在新的档案信息包中，使人们对数字对象真实性的判断具有充分的依据。OAIS-2012版将"真实性"的定义与证据保留紧密联系在一起，揭示了维护数字对象真实性的功能实质，更具有操作性。

5. 重新定义信息包（Information package）概念

OAIS-2002版对"信息包"的定义是"信息包由内容信息和所需要的相关保存描述信息构成，保存描述信息用于帮助对内容信息的保存。信息包与特定的封装信息相互关联，封装信息用于分隔和确认内容信息及保存描述信息"。OAIS-2012版将"信息包"重新定义为"信息包是一个由可选的内容信息和可选的相关保存描述信息构成的信息容器，与信息包相关联的是封装信息和封装描述信息，封装信息用于分隔和确认内容信息，封装描述信息用于帮助搜索者获取内容信息"。通过比较可发现，OAIS-2012版对信息包的界定更为清晰，对封装信息和封装描述信息的作用解释得很清楚。

6. 扩展了"表征信息"（Representation Information）的范围

"表征信息"是用于揭示和描述内容数据对象的特定信息。在OAIS中，内容信息是由内容数据对象和表征信息共同构成的。内容数据对象可以是数字对象，也可以是物理对象（如物理标本、缩微胶卷）。与物理对象相对应的"表征信息"可能是某种分析结果，如：通过观察得到的一块岩石的外表特征。与数字对象相对应的表征信息是将比特表示成通常可识别的数据类型，如字符、整数或这些数据类型的集合。在OAIS-2002版基础上，OAIS-2012版扩展了"表征信息"的范围，提出了"其他表征信息"概念，这是一类不能简单从语义或结构归类的表征信息，例如软件、算法、加密、书面指示及其他用于理解内容数据对象的信息。而且，随着我们所需要保存的数字材料越来越多样化和复杂化，要使我们保存的材料易于存取和易于理解,"表征信息"的概念及其范围也会不断发展更新。[1]

三 OAIS 的重要贡献

OAIS 为数字信息长期保存提供了一个基本的框架,其重要贡献在于:针对数字信息的特点及生命运动规律,提供了包含 6 个基本功能模块的功能模型;对需要长期保存的信息对象按其功能进行了详细分类,所提出的信息模型对于制订长期保存元数据方案具有重要的参考价值,具体体现为以下几个方面。

1. OAIS 的功能模型是建设可信数字资源保存库的基本参照和重要指南

OAIS 参考模型分为六个功能实体——接收、档案存储、数据管理、存取、保存计划和行政管理,这是一个可信的数字信息长期保存系统应基本具备的六个功能实体。如图 3-1 所示。

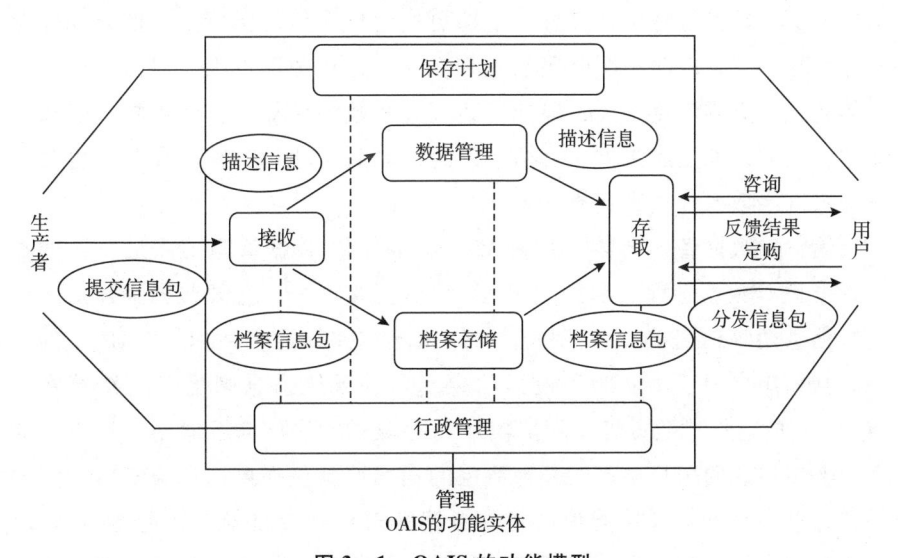

图 3-1 OAIS 的功能模型

资料来源:Consultative Committee for Space Data Systems. Reference Model for an Open Archival Information System (OAIS). CCSDS 650.0-B-1. Blue Book. Issue 1. 2002. http://ssdoo.gsfc.nasa.gov/nost/isoas/ref_model.html,2014-03-10。

---

[1] Consultative Committee for Space Data Systems. Reference Model for an Open Archival Information System (OAIS). CCSDS 650.0-M-2. Magenta Book. Issue 2. June 2012. http://public.ccsds.org/publications/archive/650x0m2.pdf. 2014-04-15.

第一，接收功能（Ingest）。与传统档案馆的接收功能相当，即根据OAIS与档案形成者（生产者）之间的协议，从档案形成者（生产者）那里接收符合要求的归档材料——提交信息包，对其进行质量验证，若不符合要求必须重新提交。对于符合要求的提交信息包，对其进行组织加工，形成档案信息包，产生描述信息，并向档案存储功能实体提出存储档案信息包的申请。因此，接收功能实体的作用是从档案形成者（生产者）那里接收符合要求的提交信息包，并将其加工组织为用于档案存储的档案信息包。

第二，档案存储功能（Archival Storage）。其作用是对档案信息包进行接收、存储，为档案信息包选择恰当的存储媒体，通过与行政管理功能实体的互动，管理档案信息包存储的位置和级别，对不同级别采取不同的安全保管措施，并向存取功能实体提供档案信息包的复本。在档案存储功能实体中，一项重要的业务功能是根据对存储介质的技术检测结果，采取更新、复制、转换等数字迁移方式定期更换存储介质，保持内容信息和保存描述信息不变，以防止因介质老化和变质而造成的信息丢失风险。该功能实体还执行灾难恢复功能，即把档案资源的数字化复本存储到物理隔离设备中。例如，通过脱机方式将档案内容复制到可移动的存储介质，也可在线通过网络数据传送来完成。

第三，数据管理功能（Data Management）。数据管理功能最主要的作用是维护"数据管理"库的完整性。"数据管理"库主要包括描述信息和系统信息两种信息类型，描述信息用于鉴定并描述档案馆（OAIS）的资源，帮助用户识别、发现和检索信息对象，系统信息则用于支持档案馆（OAIS）的运作。数据管理功能实体与存取功能实体联系紧密，负责接收存取实体传递的用户申请，并为特定的档案信息包提供用户检索所需要的描述信息。具体业务功能为：制作数据管理计划或目录表，更新数据库。负责接收来自"接收"、"存取"或"行政管理"实体的需求申请，执行询问或进行必要的处理，形成处理报告，如：档案馆（OAIS）资源目录汇集、利用统计报告等。

第四，行政管理功能（Administration）。行政管理功能实体在整个OAIS系统中扮演着宏观组织、控制和协调的重要角色，与其他5个功能实体——"接收"、"档案存储"、"数据管理"、"保存计划"、"存取"保持联系和互动，因此，行政管理功能实体所执行的业务活动最为丰富。首先,该功能实体负责与档案形成者(信息对象形成者)进行协商,商定提交协议,确定提交信息包的格式及内容。其次,管理系统配置。负责对系统生命周期的所有阶段进行监督,控制配置的变化,维护着配置的完整性和易处理性,审查系统的操作、系统的性能和使用情况。再次,负责制定标准和系统优化政策,并向其他功能实体发送以保证其得以执行。另外,它还具有档案信息更新、物理存取控制、激活需求和客户服务等多项业务功能。

第五,保存计划功能(Preservation Planning)。负责维护信息对象的长期存取。具体包括如下4项基本业务活动:①监控指定用户群。与档案馆(OAIS)的用户和档案形成者相互交流,了解和调查档案形成者所使用的技术、产品及其变化,追踪用户的服务需求,提出需求警报。②技术监控。追踪新出现的数字技术、信息标准和计算机硬软件平台,确定哪些技术可能导致档案存储数字环境的过时和阻碍对其的存取。③制定保存策略和标准。制定并推荐保存策略和标准,确保档案馆(OAIS)能够更好地预见所指定的用户群未来的需求变化及技术的发展趋势,实施数字迁移策略。接收对监控指定用户群的调查报告及监控技术报告,接收来自行政管理功能实体的有关工作进展的信息、库存清单报告和用户意见总结,并向行政管理功能实体发送系统优化推荐书。④制定封装设计和迁移计划。制定新的信息包设计方案和详细的迁移计划,执行行政管理功能实体的政策和指令。从行政管理功能实体接收经过批准的格式标准、元数据标准、文件标准和迁移目标,向行政管理功能实体提供档案信息包和提交信息包的模板设计方案。制订迁移计划是其重要业务活动,迁移目标很可能包括档案信息包的转换和内容信息的转换,以避免因为技术过时而无法存取。

第六,存取功能(Access)。该功能实体是联系档案馆(OAIS)与用户的接口。负责如下主要的业务功能:①协同存取活动。为单个用户提供档案馆(OAIS)信息资源接口,根据用户的申请提供信息服务。该项业务功能将确定用户所申请的资源是否可以提供利用,确认授权用户,通知用户申请被接受或者被拒绝。向数据管理功能实体或"产生分发信息包"模块传递用户申请,供其执行。②产生分发信息包。存取功能实体在接受分发申请后,从档案存储功能实体获得档案信息包,然后将数据拷贝转移到临时存储库以备进一步的加工处理,向"数据管理"功能实体提交申请报告,以获得分发信息包所需的描述信息。如果需要特殊的加工处理,则从临时存储库调取数据对象,然后按要求加工处理,如转换数据类型或转换输出格式、进行图像处理等,制作符合用户定制要求的分发信息包。③传送回复。以在线或离线方式回复用户,如向用户传送分发信息包、反馈的结果、报告和帮助。

2. OAIS 的信息模型对于制订长期保存元数据方案具有重要参考价值

为了维护对所保存的信息对象的长期存取,必须保存超过预想的更大范围的信息类型。OAIS 关于信息对象的分类非常细致。OAIS 信息模型的独具特色之处在于:①通过引入表征信息(representation),建立了从数据对象(data object)到人们可理解的信息对象(information object)之间的关联。表征信息是用于解释和说明数据对象特征的任何信息,如关于文件格式、软件、硬件、算法、编码、语义等方面的信息,为了使数字信息可以长期读取和可独立理解,就必须保存与内容数据对象相关的表征信息。②提出并定义了"信息包"的概念,引入了内容信息(Content Information)、保存描述信息(Preservation Description Information,PDI)、封装信息(Packaging Information)、描述信息(Descriptive Information)等一系列相关概念,解释了这些概念之间存在的包含与被包含关系、描述与被描述关系等,其目的是在 OAIS 中保证信息对象的长期保存和可独立理解。OAIS-2012 版的第 2.2.2 节简明而清楚地阐述了信息包的概念及结构。一个信息包是由内容信息和保存描述信息这两类信息构成的一个概念容器,信息包由封装信息进行包装和识别,并且由描述信息对该封装后的信息包进行描述,以帮助用户识别、发现、检索自己所需要的信息对象。在信息包中,内容信息是需要保存的原始对象,它本身由内容数据对象(Content Data Object)和与其相关的、用于帮助人们理解该内容数据对象的表征信息(Representation Information)构成。为了长久存取内容数据对象,保证内容信息的真实性、完整性和可读性,必须借助于保存描述信息(Preservation Description Information,PDI)对其进行描述和说明,确保内容数据对象能够被识别,理解该内容数据对象产生的背景。保存描述信息又分为 5 种类型的信息:来源(Provenance)信息、背景(Context)信息、参考(Reference)信息、固化(Fixity)信息和访问权限(Access Rights)。③根据 OAIS 接收、存储及提供利用的高层数据流(见图 3-2)及信息包的不同功能,OAIS 进一步将信息包区分为三类:提交信息包(Information

Package，SIP）、档案信息包（Archival Information Package，AIP）和分发信息包（Dissemination Information Package，DIP）。

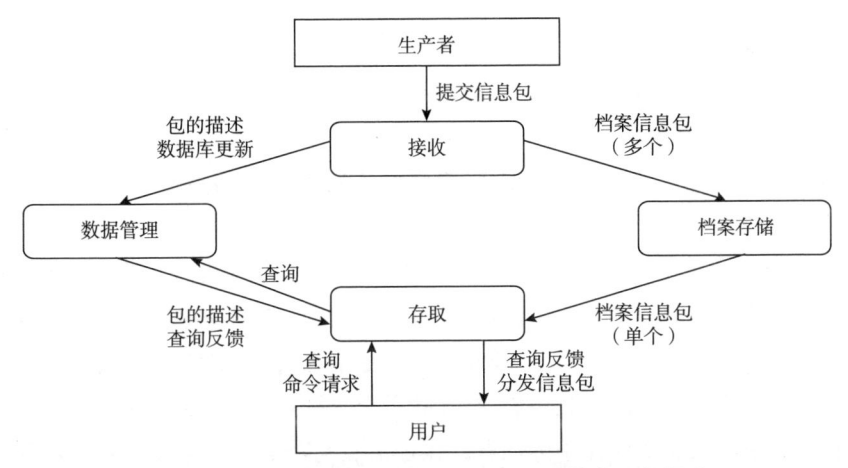

图 3-2　开放档案信息系统（OAIS）中的高层数据流

资料来源：Consultative Committee for Space Data Systems. Reference Model for an Open Archival Information System（OAIS）. CCSDS 650.0 - M - 2. Magenta Book. Issue 2. June 2012. http：// public.ccsds.org/publications/archive/650x0m2.pdf. 2014 - 04 - 15。

这三类信息包之间存在内在的关联性，在一个 OAIS 内部，随着业务流的变化，高层数据流也相应地发生变化，信息包的构成和功能随之发生了变化：最开始由档案形成者产生提交信息包（SIP），OAIS 对于所接收的提交信息包进行组织加工，产生档案信息包（AIP），最终，根据用户的定制需求形成分发信息包（DIP）。所谓提交信息包（SIP），是由档案形成者（生产者）制作并提交给 OAIS 的信息包，它的格式和具体内容由档案形成者（生产者）和 OAIS 通过谈判确定。OAIS 将一个或多个提交信息包进行加工组织，转换成一个或多个档案信息包，用以长期存储。档案信息包又可以两种形式存在，即：档案信息单元和档案信息集合。档案信息单元是 OAIS 必须保存的最基本的"原子型"信息对象，单个的档案信息单元只包含一个内容信息对象（它不一定是单份文件，可能包含了多个文件）和与之相关的一套保存描述信息。档案信息集合是按照共同的主题或来源对多个档案信息包的组合，该集合有一个总体、共同的描述信息。同时，档案信息集合中的每个档案信息包都有各自的内容信息、保存描述信息、封装信息和描述信息。所有的 OAIS 至少都拥有一个档案信息集合。如果要建立 OAIS 与传统档案馆在保存对象有关概念之间的映射，那么，OAIS 中单个的信息单元类似于传统档案馆的"文件"或"案卷",而 OAIS 的档案信息集合类似于传统档案馆的"全宗"或"文件组合"、"档案组合"。所谓分发信息包(DIP)是 OAIS 根据用户的定购请求,将存储的部分档案信息包进行组织,转换成用户所需要的分发信息包。OAIS 从有利于内容数据对象长期保存角度所提出的信息包的概念,对创建数字信息长期保存元数据方案极具参考价值。

3. OAIS 建立了较为完备的数字信息长期保存术语系统,并定义了核心高层概念

OAIS 参考模型界定和规范了与数字信息长期保存有关的一整套术语和概念,这个统一的术语和概念系统对于推动数字信息长期保存领域的共同研究和合作具有重要意义。有助于人们准确理解数字信息长期保存活动,有助于来自不同专业领域的研究人员能在统一的术语及概念框架下,更好、更深入地交流和探讨数字信息长期保存中的问题,在理论和实践上推动数字保存领域的发展。在 OAIS – 2012 版的第 1 章总共定义了 88 个基本术语,并在第 2 章专门对 OAIS 的三个核心高层概念"OAIS 环境"(OAIS Environment)、"OAIS 信息"(OAIS Information)、"OAIS 高层外部交互"(OAIS High – Level External Interactions)及其系列子概念进行了详细解释和说明。

例如,OAIS 对于迁移的定义和分类较为清楚、细致。在 OAIS 中迁移是一种最重要的数字保存策略,迁移是为了使保存的数据不因技术的过时而无法存取利用。OAIS 对迁移的界定与 ISO 15489 – 1 对迁移的定义有所不同,ISO 15489 – 1 对"迁移"的定义为"在维护文件真实性、完整性、可靠性和可用性的前提下,将文件从一个系统转移到另一个系统的行为",OAIS 将"数字迁移"定义为"在一个 OAIS 内部,为了保存需要而进行的数字信息传输。可从三方面的属性特征来认识数字迁移:第一,致力于对所有需要保存的信息内容的保存;第二,从发展远景角度,用新的档案信息工具替代旧的工具;第三,可以这样理解,在一个 OAIS 内部,对数字传输的各方面进行完全控制并负有责任"。① OAIS 参考模型按照信息丢失风险由低至高的顺序,将数字迁移划分为 4 种不同的类型:"更新"(refreshment)、"复制"(replication)、"重新包装"(repackaging)和"转化"

---

① Consultative Committee for Space Data Systems. Reference Model for an Open Archival Information System (OAIS). CCSDS 650.0 – M – 2. Magenta Book. Issue 2. June 2012. http://public.ccsds.org/publications/archive/650x0m2.pdf. 2014 – 04 – 15.

(transformation)，并分别对这几种方式进行了定义。所谓"更新"（refreshment），是指用一种同类型介质替代原有的存储介质，以保持内容的足够精确，而且原有的档案信息存储软件和硬件能照常运行。例如，可用一个新的只读光盘替换旧的只读光盘，新的只读光盘上所有的档案信息包的组织构成都没有变化。更新是一种低风险的数字迁移方式。所谓"复制"（replication），OAIS解释为"当迁移过程中不改变信息对象的封装信息、内容信息和保存描述信息时，就是复制"。在这一过程中，以往用于构成这些信息对象的比特被迁移到同类型或新类型的介质上去了，复制或许会改变"档案存储"的映射体系。例如，一个档案信息包的内容信息和保存描述信息被封装之后保存在某单个文件的实体中。复制只须将这份文件实体中的比特按次序拷贝到同类介质或其他新类型的介质的新文件上，因此，复制的风险也比较低。与更新不同的是，为了能够在复制之后查找到该份文件，或许要改动"档案存储"的映射体系。所谓"重新包装"（repackaging），是指在迁移过程中对档案信息包的封装信息做了某些改动，而封装信息对说明内容信息和保存描述信息具有关键作用。例如，一个档案信息包的所有内容信息和保存描述信息的比特都包含在一张只读光盘上的三份文件实体中。封装信息由过去执行这一文件的比特及存取这三份文件的目录结构所组成。这三份文件的内容被转移到另一类型介质上的三份新文件中，并且拥有了新的目录和执行文件活动。即使迁移过程保存了所有的目录和文件名称，但还是进行了重新包装，因为以往用于表示封装信息的比特已被改动了。所谓"转化"（transformation），是指在数字迁移过程中对内容信息或保存描述信息进行了改变，即对内容信息中内容数据对象的比特做一些改动，或者是对相关的保存描述信息进行有关改动，目的在于实现最大限度的信息保存。例如，在一个文本文件中将 ASCII 转换成 UNICODE 进行保存。通过转化，新的档案信息包取代了旧的档案信息包，成为档案信息包的新版本，而旧版的档案信息包则可以作为原始的档案信息包被保留下来，作为信息保存的见证。另外，表征信息对于识别和描述"转化"起到了关键的作用，通过表征信息，可以识别和说明"转化"的性质，是可逆的转化还是不可逆的转化。"转化"是 OAIS 所界定的 4 种迁移方式中风险最高的一种。[①]

---

① 李明娟：《OAIS 参考模型的发展与应用》，武汉大学硕士学位论文，2006。

4. OAIS 所提出的"档案馆互操作"（Archive Interoperability）构想有助于开展馆际合作，提高资源利用效率

档案馆（OAIS）之间一般是独立的。但由于外部因素或者 OAIS 内部因素的要求，档案馆（OAIS）之间存在互操作的需求。例如，从外部因素来看，多个不同的 OAIS 的用户可能存在跨馆查找信息的需求，多个不同的 OAIS 的档案形成者（生产者）或许需要一种共同的关于"提交信息包"的制作策略，用于向不同的档案馆提交归档信息，而档案馆之间的合作有利于满足这些需求。而且，从内部因素来看，档案馆也希望通过馆际合作来降低运营成本，使用户喜欢它们的产品或提高用户对其服务质量的满意度，以增强自己的竞争力。

OAIS 参考模型按照互操作的程度将档案馆（OAIS）分为四类：独立型（Independent）、合作型（Cooperating）、联盟型（Federated）和资源共享型（Shared resources）。①独立型（Independent）档案馆。只为单一的指定用户群服务，档案馆和指定用户群必须就提交信息包、分发信息包和检索帮助的设计达成协议，不与其他档案馆进行互操作。②合作型档案馆（Cooperating）。由两个或以上的档案馆在签订标准协议的基础之上建立。这些档案馆之间具有潜在、共同的档案形成者（生产者）、共同的信息提交标准以及共同的信息分发标准，但不具备共同的检索帮助。③联盟型档案馆（Federated），这是指从外部用户角度对档案馆互操作程度的分类。这类档案馆具有两种用户社区，一种是本地用户社区，即 OAIS 原来所指定的用户群体，另一种是全球用户社区，即在本地用户社区基础上扩展的用户社区，他们可能对数个档案馆（OAIS）的馆藏感兴趣，而且对这些档案馆施加影响，使档案馆能为他们提供一种或共同的检索帮助。对于档案馆（OAIS）而言，本地社区的访问存取需求优于全球社区的访问需求，全球分发或收集是可选功能项。为了满足全球社区的访问需求，联盟型档案馆可分为 3 层功能实体，即中央站点、分布式的检索帮助及分布式的存取帮助。在组建联盟型档案馆及对其运营管理过程中，必须解决如下关键问题：联盟中的每个档案信息包应该具有唯一的名称；当一个 OAIS 终止运营时，应能够维持对档案信息包的联合存取；在对本地社区用户实施身份鉴定和存取管理的基础上，能扩展至对全球用户进行身份鉴定和存取管理。④资源共享型档案馆（Shared resources），如图 3-3 所示。为了降低成本、共享昂贵的资源，档案馆之间签署资源共享协议组成资源共享型档案馆。例如，共享用于档案存储的文件分

级管理系统，共享用于接收或分发信息包的外部设备，或者共享用于提交信息包、档案信息包或分发信息包之间复杂转换的超级计算机。这需要建立各种内部标准如接收—存储、存取—存储接口标准，但不改变用户群体对档案馆（OAIS）的看法。OAIS 关于档案馆互操作的构想，为具有不同合作需求的档案馆提供了不同的合作思路和方案。

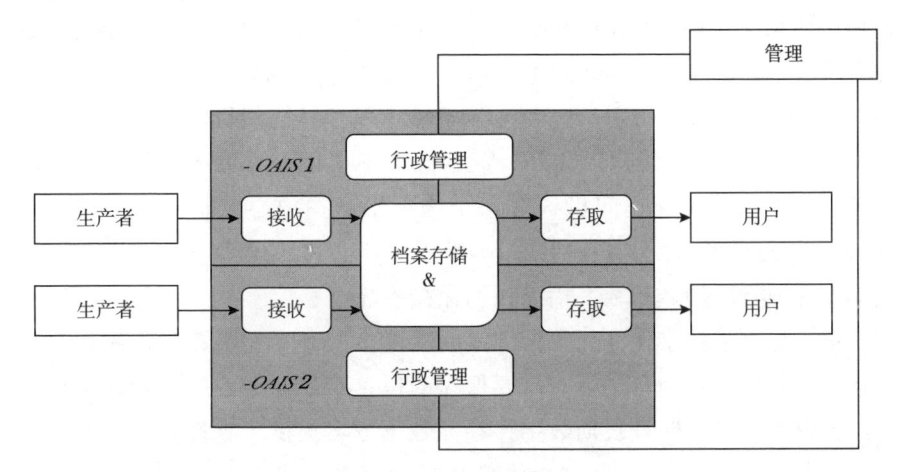

图 3-3 共享存储的档案馆

资料来源：Consultative Committee for Space Data Systems. Reference Model for an Open Archival Information System (OAIS). CCSDS 650.0-M-2. Magenta Book. Issue 2. June 2012. http://public.ccsds.org/publications/archive/650x0m2.pdf. 2014-04-15。

四 OAIS 的主要应用

OAIS 参考模型的应用体现在如下三个方面。

第一，用于数字保存系统的构建。OAIS 参考模型所提出的接收、档案存储、数据管理、存取、行政管理和保存计划 6 个主要的功能实体，为构建数字信息长期保存系统提供了一个基本的框架。很多图书馆、档案馆及出版机构等应用 OAIS 构建了数字信息长期保存系统，如：美国国家档案馆 NARA 以 OAIS 为参照，开发了著名的电子文件档案馆（ERA）项目；欧洲 NEDLIB（Networked European Deposit Library）项目以 OAIS 的功能模型为参照，构建了电子出版物版本系统（Deposit System for Electronic Publications，DSEP）；英国 Cedars（CURL Exemplars in Digital Archives）项目[①]以

---

① Cedars 项目（1998~2002 年）得到 JISC 的资助，由 CURL（英国高校学术性图书馆联盟）的 3 个成员机构——利兹大学、牛津大学和剑桥大学合作完成。

OAIS 为参照，开发了分布式数字归档原型系统（The Distributed Digital Archiving Prototype）；荷兰国家图书馆与 IBM 合作，也以 OAIS 为参照，开发了数字信息存档系统（Digital Information and Archiving System，DIAS）。其他如：爱丁堡大学数字档案馆（EUDA）项目、澳大利亚维多利亚洲公共文件署的数字档案馆（PROV Digital Archive）项目、康乃尔大学图书馆的通用存储系统（CUL'S Common Depository System）、加利福尼亚大学的数字保存仓储（Digital Preservation Repository）系统、美国政府出版署未来数字系统（Future Digital System，FDsys）等数字保存系统的研制和开发都参照了 OAIS 功能模型的架构。此外，美国国会图书馆、大英国家图书馆、法国国家图书馆、法国空间机构等离子物理学数据中心、联机图书馆中心 OCLC 以及 JSTOR 学术期刊档案馆等都以 OAIS 的功能模型为参考，构建了不同专业或行业领域的数字信息长期保存系统。

第二，用于数字保存元数据方案的制订。OAIS 的信息模型以维护对数字信息的长期保存为目的，对需要保存的信息对象类型按照其功能进行了详细的分类，这为制订长期数字保存元数据方案提供了直接参考，尤其是 OAIS 对"信息包"的定义"由内容信息和保存描述信息这两类信息构成的一个概念容器"，以及对构成信息包的两类基本信息——内容信息和保存描述信息的进一步细分，几乎被所有数字保存元数据方案采纳并应用到其元数据集的构造中。如 Cedars 项目的"数字保存元数据"方案遵循了 OAIS 信息模型，采用"信息包"方式将需保存的"数据对象"与它的元数据封装在一起，每个"信息包"都由"内容信息"和"保存描述信息"构成。Cedars 项目组认为"数字保存元数据"是"用于查询数字对象的信息，它提供与数字对象相关的描述、结构、管理、权限管理及其他种类的信息。"① 据此，Cedars 项目的数字保存元数据方案集中定义了"保存描述信息"与"表征信息"，而没有考虑 OAIS 信息模型中的"封装信息"与"描述信息"。另外，在"保存描述信息"的"来源信息"中增加了"权限管理"内容，这为 OAIS–2012 版将"权限管理"单独作为保存描述信息的构成要素提供了依据。此外，NEDLIB 基于 OAIS 信息模型制订了"电子出版物长期保存元数据方案"，中国国家图书馆根据 OAIS 信息模型制定

---

① The Cedars Project Team and UKOLN. Metadata for Digital Preservation: the Cedars Project Outline Specification [EB/OL]. [2014–04–15]. http://www.webarchive.org.uk/wayback/archive/20050410120000/http://www.leeds.ac.uk/cedars/colman/metadata/metadataspec.html.

了"中文核心元数据"框架（2002），OCLC/RLG 的"保存元数据"工作组遵循 OAIS 信息模型制订了"保存元数据框架"（2002），澳大利亚国家图书馆、新西兰国家图书馆、美国政府出版署"未来数字系统"、英国爱丁堡大学图书馆的"数字资源保存导航"项目等都借鉴了 OAIS 信息模型关于信息包的概念及其结构或从 OAIS 信息模型得到启发，制订了各自的数字保存元数据方案。此外，OAIS 信息模型还被应用于其他方面：美国国会图书馆利用 OAIS"信息包"的概念设计了著名的元数据编码及传输标准 METS（Metadata Encoding and Transmission Standard）；哈佛大学图书馆借鉴了 OAIS"信息包"及"提交信息包"的结构制订了基于 XML 的电子杂志"提交信息包"规范。

  第三，成为制订其他数字信息长期保存标准必不可少的参考依据。OAIS 参考模型对欧美数字保存产生了广泛影响，因此，与数字信息长期保存有关的重要国际标准都以 OAIS 为重要参考或依据。例如，以 OAIS 为基本依据，研制可信数字资源保存库认证标准。1999 年 10 月由 OCLC/RLG 和 NARA（美国国家档案与文件署）负责牵头，OCLC、NASA、美国国会图书馆、荷兰国家图书馆及部分高校图书馆共同参与研制"可信数字资源保存库认证标准"（Trustworthy Repositories Audit & Certification，TRAC），2007 年 TRAC 正式发布之后在数字保存领域引起了广泛关注，2011 年它正式发展成为一项数字保存领域的重要国际标准——Audit and Certification of Trustworthy Digital Repositories（Magenta Book, Issue 1），ISO 16363：2011。该标准完全遵守 OAIS 概念和术语体系，为可信赖的、可靠的、持久的数字资源保存库提供了认证框架。根据该标准，可信数字资源保存库首先要符合 OAIS 参考模型，其次是要求组织的有效性、财政的稳定性、技术和程序的适宜性及系统的安全性等。该标准对可信数字资源保存库主要职责的规定也符合 OAIS 六个方面的职责，即与内容提供者签订协议、数字信息生命周期管理、解决数字信息的所有权及其他法律问题、确定指定用户群、确保指定用户群能够利用并独立理解被保存的信息、遵循既定的政策和程序等。TRAC 将认证指标分为三类：①组织架构：数字资源保存库的行政管理功能、人员配置功能、财务管理功能、法律功能；②数字对象管理：对数字对象从收集到存取的处理和控制；③技术、技术基础及安全：对所收集数字对象的技术处理及安全保障。

五 OAIS 的适用性和可操作性问题

通过分析国内外数字保存系统应用 OAIS 的实例，尤其是参照 UKDA[①]和 TNA[②] 这两个综合性数字档案保存库与 OAIS 参考模型进行的比照和自我评价[③]，我们发现，在适用 OAIS 参考模型的过程中，以下问题值得关注，并有待于在数字保存实践中进一步研究。

第一，OAIS 是高度概括和抽象的概念模型而不是具体的系统设计模型。如前所述，OAIS 作为一项在数字保存领域得到广泛应用的国际标准，它所提出的功能模型、信息模型及通用的术语概念系统对于建立可信数字保存系统及其互操作具有重要的参考价值，但在数字保存系统的具体设计和实现中，还需要进一步对 OAIS 的功能模型和信息模型进行修正和具体化。基于 OAIS 的数字保存系统并不需要直接与 OAIS 功能模块相互对映，不能机械地照搬 OAIS 功能模型的 6 个功能模块进行系统设计，而是需要根据不同专业或行业领域的数字保存需求进行系统的分解和设计，可能将 OAIS 功能模型中的某个功能模块分解，或者将 OAIS 中的几个功能模块合并，或者对其功能模型进一步扩展。例如，NEDLIB 的电子出版物版本系统（DSEP）在 OAIS 功能模型的基础上增设了两个功能实体——"传输与捕获"及"封装和传送"；爱丁堡大学数字档案馆（EUDA）系统在 OAIS 功能模型上增设了"接收准备"功能实体，没有采用 OAIS 功能模型中的"保存计划"功能实体。

第二，OAIS 信息模型及"信息包"概念的实际应用非常灵活，应根据不同专业或行业数字保存对象的特点，制订相应的数字保存元数据方案。没有必要将 OAIS 所提出和划分的所有信息类型都纳入数字保存元数据方案。如 Cedars 项目的数字保存元数据方案只是定义了"保存描述信息"与"表征信息"，而没有将 OAIS 信息模型中的"封装信息"与"描

[①] UKDA（UK Data Archive）是英国长期保存社会科学研究材料的数字资源库，其数据最早可追溯至 1967 年，主要汇集了社会调查研究材料，如人口普查登记材料以及艺术、人文和历史领域的重要数据，2005 年 1 月 UKDA 被指定为保存政府公共文件的法定存储点，成为 TNA 的代理机构。

[②] TNA（The National Archive）由英国政府公共文件办公室和历史手稿委员会于 2003 年 4 月联合建立，其主要职责是保存中央政府和法院的文件材料，并向公众提供利用。

[③] Beedham Hilary, Missen Julie. Assessment of UKDA and TNA Compliance with OAIS and METS [EB/OL]. [2014-04-15]. http://ie-repository.jisc.ac.uk/51/1/Report_oaismets.pdf.

述信息"列为长期保存元数据。另外，在数字资源和元数据的管理上，将所有元数据都打入信息包不是一种好的做法，正如 NEDLIB 的 DSEP 系统所提出的，只有那些属于原有电子出版物的元数据，也就是那些离开了它（们）电子出版物就不完整的元数据，才应当与 AIP 中的信息对象（比特流）存储在一起，如一个 XML 的 DTD 文件。①

第三，综合性数字档案资源保存库对 OAIS 应承担的强制性责任有不同的理解。明确一个数字保存库的责任对于数字资源的长期保存十分重要，根据 OAIS 的规定，一个 OAIS 必须承担如下强制性责任：①与信息生产者谈判并从对方那里获取相应的信息；②对需要确保长期保存的信息取得充分的控制权；③由自己或联合其他组织决定哪些群体应该成为指定用户，而且该用户应该能够懂得 OAIS 所提供的信息；④确保提供的信息对指定用户而言是可以独立理解的，即指定用户不需要"信息生产人员"的帮助就能够理解信息；⑤遵循已制定的政策和程序，确保信息的保存不发生任何意外事故，并且确保提供的信息是已授权原作品的拷贝或可追溯到原作品；⑥确保指定用户对保存信息的可利用性。②

但是，不是所有的数字保存库所承担的责任都与上述强制性责任完全相符，尤其是对于综合性数字档案保存系统而言，可能存在较大的不同，英国的 UKDA 和 TNA 在该问题上具有一定的代表性。UKDA 和 TNA 作为国家层次的数字档案保存系统，能轻松地满足 OAIS 所要求的上述所有强制性责任规范，它们制定和遵循的数字存储策略和实践标准甚至比 OAIS 的要求更为严格。而 UKDA 和 TNA 对于"信息生产者"和"指定用户"的理解与 OAIS 所设想的并不一致。首先，在 OAIS 所设想的理想状态下，档案馆应实行对信息生产者的高度控制，即从档案形成者创建数字信息对象之初就应对其进行控制，但实际上，UKDA 和 TNA 的信息生产者非常广泛，它们对信息生产者所创建信息的格式几乎很少进行控制。其次，根据 OAIS 的强制性责任规定，档案馆应明确指定用户并确保指定用户对所保存信息的可获得性，而 UKDA 和 TNA 作为英国国家层次的档案馆，其用户对象是不特定的。它们不是为单一用户提供服务，而是为众多的不特定的用户（很多是未知的用户）提供服务。OAIS 建立了指定用户群与应归档保

---

① 张智雄、郭家义、吴振兴、林颖：《基于 OAIS 的主要数字保存系统研究》，《现代图书情报技术》2005 年第 11 期。
② 吴江华：《开放性档案信息系统：背景、职责及功能》，《图书情报知识》2006 年第 9 期。

存材料及保存方式之间的密切联系，但对于 UKDA 和 TNA 而言，难以如 OAIS 所示范的那样限制一个狭小的、特定的用户群。它们的用户群往往是难以确定和识别的。因此，这两个数字档案馆并未针对不同的用户制定不同的保存策略和保存描述方式。其实，很多综合性数字档案保存库系统都具有与 UKDA 和 TNA 相同的特点，其用户是不特定的社会公众，因此，无法拥有指定用户群。

第四，信息预接收活动对于数字归档具有重要意义。信息预接收是信息交接的前期准备活动，它有利于明确信息移交对象的来源、范围、格式，以及信息生产者和信息接收者双方的责任和权利，对于确保提交信息包的质量及移交信息的可利用性和可理解性十分重要，为数字归档的顺利开展及 OAIS 其他功能的实现提供了前期保障。UKDA 和 TNA 都意识到了信息预接收的重要性，并将信息预接收功能吸收到了它们的接收功能系统之中。

正是基于对预接收活动重要性的认识，CCSDS 研制了 OAIS 的后续标准——ISO 20652：2006 *Producer - Archive Interface Methodology Abstract Standard*，根据该标准，信息生产者与档案馆间进行的信息移交活动具体可分为如下四个阶段：预备阶段、正式确定阶段、移交阶段和鉴定阶段：①预备阶段。也称为"接收前期处理"阶段。包括：档案馆与生产者间的初次联络、可行性研究、确定移交的范围、"提交信息包"（SIP）草案及"提交协议"草案。②正式确定阶段。包括：完成"提交信息包"（SIP）的设计，精确定义要移交的数字对象，确定"提交协议"，内容包括存取限制和数据传送方案等。③移交阶段。按照协议执行实际的移交，将"提交信息包"（SIP）从生产者移交到档案馆并由档案馆进行预处理。④鉴定阶段。由档案馆对"提交信息包"（SIP）进行鉴定，随之由生产者按照鉴定结果采取恰当的行动，确定鉴定的不同类别及不同层次。[①]参照 UKDA 和 TNA 关于预接收活动的阐述，可以认为，预接收活动应该是指信息移交之前的所有准备活动，即包括上述"预备阶段"和"正式确定阶段"两个阶段的所有工作内容。

第五，档案信息包（AIP）和分发信息包（DIP）的存储以及 DIP 的创建时机问题。UKDA 和 TNA 对于档案信息包和分发信息包的存储及利用，以及 AIP 和 DIP 创建时机这两个重要问题的解决方案与 OAIS 所设想的并不相同。

---

① 李明娟：《OAIS 参考模型的发展与应用》，武汉大学硕士学位论文，2006。

首先，在 UKDA 和 TNA 系统中，AIP 和 DIP 的存储是严格分开的。这是因为，UKDA 和 TNA 长期坚持的传统是对原始数据进行复制而且只向用户提供复制件，这种机制有利于保护原始数据的档案版本。为了保证 AIP 的安全性和独立性，UKDA 和 TNA 对于 AIP 和 DIP 都是分别存储的，将 AIP 存储从 DIP 存储中严格分离出来，与存取功能模块相联结的仅仅是 DIP 存储系统，即信息的存取活动只与 DIP 存储系统发生互动，而不是 OAIS 所推荐的 AIP 存储系统。创建的档案信息包（AIP）只用于归档信息的长期保存，而不用于提供利用服务，存取活动不与 AIP 存储系统发生任何联系。这种保存原始记录档案版本的重要机制似乎是 OAIS 所缺乏的。

其次，在 UKDA 和 TNA 系统中，分发信息包（DIP）的创建不是在有了对档案信息包（AIP）的需求之后在 AIP 的基础上产生，而是在信息的接收阶段就产生了，分发信息包（DIP）和档案信息包（AIP）都在提交信息包（SIP）的基础上产生，而且都是在信息的接收阶段产生的。曾经在一个短暂的历史时期内，UKDA 根据对 AIP 的需求来创建 DIP，并将 DIP 作为一个单独的文件进行保存，很快，这种方式被证明存在严重的缺陷。这是因为，很多 AIP 由存在时间很短的研究团队创建，为了解决在创建 DIP 的过程中遇到的实质性和细节性的问题，需要与这些团队的成员进行联系，但随着时间的推移，取得这种联系变得非常困难。因此，DIP 的创建不能等到有了对 AIP 的需求之后，而须在信息接收阶段就及时创建。在接收过程中创建 DIP，能提高 AIP 的可理解性。这是因为，创建 DIP 对于生产 AIP 并不重要，但对于确保 AIP 在未来的可独立理解性非常重要。实质上，DIP 的创建者是 AIP 的第一个用户，只有通过利用 AIP 才能在微观层次发现丢失的信息，从而满足对 AIP 可独立理解的严格要求。

可见，UKDA 和 TNA 将 DIP 的创建时机提前到了信息接收阶段，而不是如 OAIS 所设想的那样，根据用户的需要在 AIP 的基础上再创建 DIP。主要原因是，在接收过程中创建 DIP，可以消除与信息生产者合作过程中的许多错误，提高 AIP 的可理解性。如果不及时在接收阶段创建，而在数年或数十年之后再创建，由于信息生产者和 AIP 加工人员的变化，可能无法完全准确地理解信息。[①] 这一做法似乎在逻辑上难以成立，但在实践中有

[①] 肖秋会：《基于 OAIS 的数字档案馆功能评价研究——以英国 UKDA 和 TNA 数字资源库为例》，《档案学研究》2012 年第 6 期。

其可操作性。

第六，在数字保存系统的设计和实现过程中，应当将内容保存与存储介质保存区分开来。如 Cedars 项目组认为，数据是一种实际的存在，数据内容与它所依附的媒体无关。数字资源的底层抽象形式（数字内容）包括了数据的所有重要属性，并且独立于它所依附的媒体。通过特定的机制实现数据内容与存储介质分离，从而较好地解决数字资源长期保存中不同介质类型资源的保存问题。

综上所述，OAIS 参考模型针对不同的应用对象，有着不同的具体实现，而且 OAIS 所提出的理论设想并不都具有绝对的可行性，需要加以灵活应用。如 UKDA 和 TNA 所采取的信息预接收活动、独立存储档案信息包（AIP），以及在信息接收阶段就创建 DIP 的做法就代表了综合性数字档案资源保存库的特征和功能需求。

第二节　文件管理国际标准

一　ISO 15489：2001《信息与文献 文件管理 通则 第 1 部分》的内容及特色

澳大利亚是国际文件管理标准的引领者。1996 年澳大利亚制定了有史以来第一个专门针对文件管理的标准 AS 4930，引起了欧美国家和国际标准化组织的关注。国际标准化组织档案/文件管理分技术委员会（ISO/TC46/SC11）在 AS 4930 的基础上试图推出国际性的文件管理标准，并最终促成了文件管理国际标准 ISO 15489：2001 的制定和颁布。ISO 15489：2001 是文件管理领域最重要的国际标准，为文件管理提供了绝佳的框架以及有关文件管理原则和核心事项的基本观点。它提出了非常有用的文件管理流程及控制标准以及文件系统设计与实施的步骤与方法，它所提出的有关文件管理的原则和核心事项使组织机构能够根据具体的事务活动对自身的文件管理需求进行评估和定制。该标准还为讨论文件管理对于机构的意义及作用、文件管理规章制度、机构文件管理的方针、政策和责任、文件管理要求、文件系统的设计与实施特征、文件管理流程和控制，以及监控、审计和培训等活动奠定了基础。

ISO 15489：2001 由两部分组成：通用原则 ISO 15489-1 和技术报告

ISO 15489-2。第一部分 ISO 15489-1 是对文件最优化管理的原则和要求的描述，具有通用性，适合任何公共机构或者私人机构的文件管理，也适用于个人文件的形成与保管。ISO 15489-1 为机构确认文件管理职责、制定文件管理方针和政策、设计与实施文件管理系统、规范和控制机构文件管理流程提供了非常有用的指导。ISO 15489-1 由 11 项内容组成，分别是：范围、引用标准、术语及定义、文件管理的意义、规章制度环境、方针和职责、文件管理要求、文件系统的设计与实施、文件管理的流程及控制、监控和审核、培训。第二部分 ISO 15489-2 是一项技术报告，展示了如何采用从《文件管理系统设计与实施》（DIRKS，澳大利亚国家档案馆 2001 年发布）中提炼的方法论来达成文件管理目标，该技术报告是对第一部分文件管理原则的应用指南，它列出了符合该标准的可供选择的最优化文件管理程序和管理方法，不同国家和机构可以根据实际情况有针对性地选用。

ISO 15489-1 为机构形成并维护真实、可靠、完整、可用的文件提供了最优的管理框架，规定了大量的原则及核心事项，适用范围广泛。其特色在于：第一，将文件视为机构有价值的信息资源和重要的资产，分析了规范化的文件管理对于机构的业务活动、行政管理、法规遵从、审计监督、记忆保存等方面的重要效用。第二，建立了覆盖机构各类岗位的文件管理职责体系，表现为：①文件管理专业人员对文件管理全面负责，包括文件系统的设计、实施、操作、维护，以及用户培训；②行政管理人员负责支持文件管理方针在机构内的实施；③系统管理员负责确保所有记录的准确性、可获取性和可读性；④所有员工都有责任和义务确保其活动中形成文件的准确性和完整性。第三，明确指出了文件管理要求，以及文件管理规划的内容框架，全面系统地分析了文件的四个特点：真实性、可靠性、完整性和可用性。机构应该形成并维护真实、可靠、可用的文件，并确保其在保管期限内的完整性。为此，机构应该建立并执行综合的文件管理规划。第四，提出了文件管理系统的实施战略，分析了文件管理系统应该具备的完整性、一致性、全面性及系统性特点，详细阐述了文件管理系统设计与实施的方法和步骤。第五，准确解释了元数据的概念——元数据是描述文件的背景、内容、结构及其整个管理过程的数据。元数据定义及管理要求有力地维护了文件的真实性、可靠性、完整性和可用性。第六，详细阐述了文件管理的流程及控制规范。文件管理基本流程按照先后顺序包括如下10项：①确定文件系统须捕获的文件；②确定文件的保管期限；③文件捕获；④登记；⑤分类；⑥存储和保管；⑦利用；⑧跟踪；⑨处置计划的实施；⑩对文件管理过程的记录。第七，文件管理与业务集成。主要表现在：①文件是在业务活动过程中形成、接收和利用的。为了支持业务活动的持续运作，满足现行的法律要求，担负必要的责任，机构应该形成并维护真实、可靠、可利用的文件，并确保其在保管期限内的完整性。②文件应该如实地反映所采取的行动及其决策，应该能够满足相关业务的需要并支持其责任目标。通过文件形成或管理现状的改善促进业务流程、决策以及行动在效力、效率或质量方面的提高。③文件及元数据的形成和捕获规则应该纳入相应的业务流程程序中，因为所有业务流程都对活动的证据性有要求。④文件管理战略的出发点是文件管理方针、程序和方法的制订以及系统的设计与实施都要以满足机构的运作需求为前提，并使其与机构的规章制度相符。⑤文件系统应该响应业务需要的不断变化，文件系统的管理必须满足现行业务的各种要求，遵从于机构的规章制度，并符合社会对机构的期望。①

二 ISO 15489 的应用

ISO 15489 的应用范围非常广泛，主要包括：为文件管理任务的完成提供了综合管理的指南和具体工作的原则与方法；制定和评估文件管理政策和文件管理规划；制定和评估文件管理流程及控制规范；指导文件系统的设计、实施及评估；用于文件管理系统和业务系统的集成与评估；为文件管理责任及绩效分析提供了审计和测评框架。

在电子文件管理领域，ISO 15489 被广泛用于制定电子文件管理系统功能需求规范，典型应用实例如：欧盟《电子文件管理通用需求》（2002）、美国国家标准 ANSI/AIIM/ARMA TR48-2004《电子文档管理系统和电子文件管理系统集成框架》、美国国家档案馆标准《电子文件档案馆功能需求》（2004）、英国国家档案馆标准《电子文件管理系统需求标准 第1部分：功能需求》、《电子文件管理系统需求标准 第2部分：元数据标准》（2002）、《电子文件管理系统需求标准 第3部分：引用文

---

① 焦红艳、安小米：《文件管理国际标准 ISO 15489 的内容及特点》，《中国档案》2002 年第12期；安小米、焦红艳（译）《文件管理国际标准 ISO 15489-1》，《城建档案》2002 年第2期。

件》(2002)、《电子文件管理系统需求标准 第 4 部分：实施指南》(2004)，新西兰国家档案馆标准《电子文件管理系统标准》(2005)。它还被用于电子文件管理软件的设计，典型案例如：美国国防部标准 DOD 5015.2《电子文件管理软件应用设计标准》(2002)，澳大利亚国家档案馆的《电子文件管理系统软件功能规范》(2006)。① 这些标准都遵循和引用了 ISO 15489-1 关于文件和文件管理系统的定义及要求，采用了 ISO 15489-2 所推荐的 DIRKS《文件管理系统设计与实施》的方法论来达成文件管理目标。

三 ISO 15489 的本土化应用对于我国机构电子文件管理的意义

ISO 15489 是文件管理领域最重要、最具影响力的国际标准，目前已经被翻译为 16 种语言版本，已有 18 个国家将其采标为国家标准。我国于 2007 年将 ISO 15489 列入国家标准采标计划，并于 2010 年正式发布了国家标准《GB/T26162.1-2010 ISO 15489-1：2001》，开始了 ISO 15489 在我国的本土化推广应用。ISO 15489 的本土化应用对于我国机构电子文件管理具有十分重要的意义：第一，有利于建立与国际接轨的电子文件管理框架、管理政策和管理规划，确保机构所形成电子文件的真实性、完整性、可靠性和可用性，使机构能够胜任文件管理和证据保留职责。同时，采纳和实施该文件管理国际标准，能够为我国确认电子文件法律证据地位提供重要的标准保障。第二，有利于规范我国机构电子文件管理流程，从文件连续体运动的全生命周期角度对电子文件进行全程管理和前端控制，确保具有重要价值的电子文件从产生之初就能得到监控，从而为后端的电子文件长期保存活动奠定基础，有效地维护机构的数字记忆和合法权益。第三，有利于加强和促进机构业务系统与电子文件管理系统的集成。ISO 15489 着重强调了机构的文件管理必须基于业务需求而展开，机构文件管理政策及规划的制定、文件管理系统的设计与开发、文件管理流程及其控制都必须遵从机构的业务需求及特点，提高机构的业务效率，遵守机构的规章制度。第四，有利于机构电子文件管理系统功能需求方案的制定。我

---

① 安小米等：《基于 ISO 15489 的文件档案管理核心标准及相关规范》，中国标准出版社，2013，第 18 页。

国不同行业领域的公私机构都可以根据自身业务或事务活动的特点，借鉴或采用 ISO 15489 所提出的文件系统设计与实施的步骤和方案，制订符合本机构特点的电子文件管理系统功能需求方案。第五，有利于普及和增强机构领导及各个岗位工作人员的电子文件管理规范意识，提升专业文件管理人员的电子文件管理能力和素养。第六，以 ISO 15489 为基础和基本参照，有利于推动我国电子文件管理标准体系的建设和进一步发展。

另外，ISO 15489 虽然主要适用于机构现行或半现行电子文件的管理，不适用于档案馆非现行电子文件（电子档案）的长期保存活动，但是，它从电子文件产生的源头开始，覆盖了机构电子文件流转的全过程，旨在使机构形成真实、完整、可靠和可用的电子文件，满足机构的业务需求、履行机构的证据保留责任、实现机构的记忆保存功能，这对于后端电子文件的长期保存是一个良好而必不可少的前段控制保障。

第三节　电子文件管理与长期保存元数据标准

创建和管理电子文件元数据是对电子文件进行有效管理以及实现电子文件长期保存必不可少的重要途径。以下两类标准：电子文件管理元数据标准及电子文件长期保存元数据标准既有区别，又有联系。电子文件管理元数据标准主要适用于电子文件形成机构及电子文件管理系统（ERMS），针对电子文件生命运动的现行及半现行阶段；电子文件长期保存元数据标准则适用于电子文件长期保管机构（OAIS）及可信数字仓储（TDR）系统，针对电子文件生命运动的非现行期。这两类标准因为电子文件生命运动的连续性及数字保存对于前端控制的需求而发生关联。电子文件生命运动的连续性决定了电子文件的长期保存活动必须从其产生之初就开始、覆盖其整个生命运动过程。因此，电子文件管理元数据标准的实施推广为制定和执行有效的电子文件长期保存政策和策略奠定了基础，有利于增强电子文件长期保存标准的使用效果。

一　电子文件管理元数据标准——ISO 23081

国际标准 ISO 23081 为机构制订电子文件管理元数据方案提供了参考和指南。ISO 23081 在 ISO 15489 的框架内，引用了 ISO 15489 的基本概念并遵循其基本原则，为文件管理元数据的创建、管理及使用提供了基本参考，而且提供了控制文件管理元数据创建、管理及使用的原则。ISO 23081 共有 3 个组成部分，第一部分解释了文件管理元数据的概念、必要性、所能扮演的角色和所需承担的责任、元数据管理方法，并构造了文件管理元数据实体关系模型。第二部分进一步解释了如何建立与实施元数据方案，第三部分则提供了元数据方案自我评估指南，协助机构评估其已制订或选择的元数据方案对第一部分"原则"的遵守情况。总的来说，这套标准为机构制订文件管理元数据方案提供了可靠的框架。

我国已经将 ISO 23081 纳入了采标计划，第 1 部分 ISO 23081-1：2006《信息与文献—文件管理流程—文件元数据—原则》已于 2010 年被我国等同采用并以国家标准形式发布，即 GB/T 26163.1-2010。第 1 部分 ISO 23081-1：2006《信息与文献—文件管理流程—文件元数据—原则》主要适用于如下 4 个方面：文件及文件元数据；影响文件及文件元数据的所有流程；文件所处的系统；对文件管理负有责任的各类机构。ISO 23081-1：2006 对文件管理元数据及其功能进行了界定和说明：在文件管理背景下，元数据被定义为描述文件背景、内容、结构及其整个管理过程的数据。这些元数据是结构化或半结构化的信息，用于确保文件始终在同一领域内或跨领域间形成、登记、分类、利用、保管和处置，用于反映特定群体的特定思想和特定活动。文件管理元数据可以对文件及形成、管理、维护和使用文件的人、流程、系统和管理政策进行识别、确认和证实，以说明其背景关系。文件管理元数据在捕获及捕获之后的各个阶段不断积累，用于动态反映和记录文件管理的背景信息、业务流程信息以及文件结构变化或文件形式变化的相关信息。元数据也需要管理，文件管理就是要不断地管理元数据。ISO 23081-1：2006 指出，数字环境下的管理需求与传统环境下的管理需求表现形式不同，需要不同的机制识别、捕获、创建和利用元数据。在数字环境下，只有用元数据定义文件的关键特征才能保证文件的权威性；这些特征必须要明确表达并记录下来，而不是像纸质环境下是隐含的。有必要保证在形成、捕获和管理文件的系统中自动实现对文件管理元数据的创建和捕获。ISO 23081-1：2006 为机构制定适合自己的元数据方案提供了有用的思路：首先应从机构的业务需求、制度环境、影响业务运行的风险这三个方面来分析和确定本机构文件管理元数据的需求，相应地，从业务视角、文件管理视角、文件形成业务背景内外视角来确认文件管理元数据的类型。文件管理元数据根据业务操作和文件管理流程，包括如下两大类：第一，在文件捕获阶段形成的元数据，记录文件形成或捕获的业务背景的元数据，以及关于文件的内容、结构和外观的元数据；第二，在文件捕获之后，随着文件处置流程而形成的元数据，包括记录文件管理和使用文件的业务流程的元数据，包括文件在内容、结构和外观上的变化。ISO 23081-1：2006 指出，文件管理元数据与其他领域元数据存在关联性，因此可能具有多种业务用途，可以被其他相关领域的元数据共享，这些相关领域的元数据包括：电子业务元数据、保管元数据、资源描述元数据、资源发现元数据、权限管理元数据。这部分内容对于拓展和开发文件管理元数据的功能具有积极的作用。

ISO 23081-1：2006 进一步阐明了元数据管理的内容以及元数据管理的流程。元数据管理包括如下两方面内容：第一，形成、捕获和管理文件管理元数据；第二，制定、实施、维护和管理元数据规则及元数据结构，如文件类型定义（DTD）、语句集或数据字典。文件管理元数据的应用有三个不同的层次：单份文件、文件组合、整个文件系统。关于元数据的形成和捕获，ISO 23081-1：2006 认为，应该在文件生命周期中的多个节点形成和捕获元数据，多数元数据都应在文件捕获、登记和分类的过程中形成；在文件捕获阶段即对文件进行定义，将文件置于业务背景中，确保管理过程的进行。文件生成之后应继续形成和捕获元数据，如下列情况下应更新元数据：文件参与业务办理并与其他文件建立联系；管理要求发生变化以及文件系统从一个机构移交到另一个机构。元数据需要反映环境的变化，这就是过程元数据。元数据管理流程同 ISO 15489-1：2001 第 9 条中所描述的流程一致，即：制定元数据管理方针与方法、创建和维护元数据、定义及维护元数据的管理结构、元数据捕获、记录并实施标准定义、元数据的存储、元数据描述、元数据的利用、元数据的维护。

此外，ISO 23081-1：2006 被广泛参考和应用的一项内容是关于文件管理元数据的实体关系模型，如图 3-4 所示。在 ISO 23081-1：2006 的文件管理元数据实体关系模型中，共有 5 个实体域（对应 5 种元数据类型），分别是：①关于文件自身的元数据；②关于业务规章制度、方针以及法规的元数据；③关于责任者的元数据；④关于业务工作或过程的元数据；⑤关于文件管理过程的元数据。各个实体域之间相互关联，形成了 ISO 23081-1：2006 的文件管理元数据体系。需要注意的是，上述每一类元数据都由如下两类元数据构成：①与文件一起捕获的元数据，将元数据固化于自身的业务背景之中，使管理过程能够进行（如在文件捕获节点上的元数据）。②不断创建与捕获的元数据（如过程元数据），这类元数据不是由文件创建机构生成的，任何一个始终负责管理文件的组织机构都必须确保这类元数据的创建与捕获。

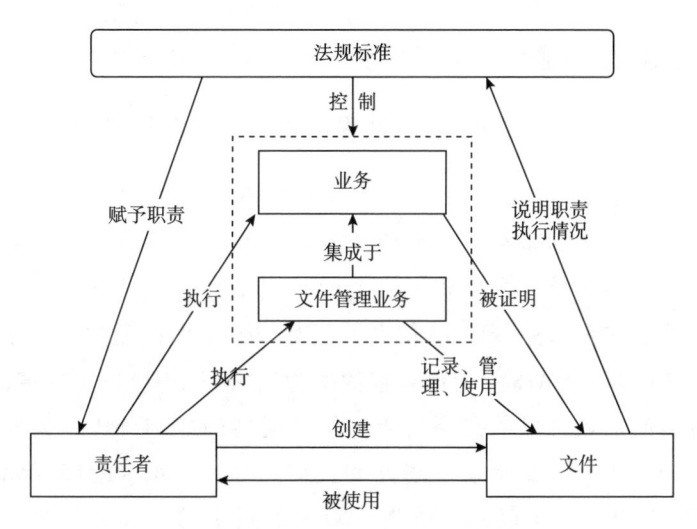

图 3－4　ISO 23081 功能模型图

ISO 15489 和 ISO 23081 对我国制定通用的元数据标准方案产生了重要影响。我国国家档案局于 2009 年发布了档案行业标准 DA/T46－2009《文书类电子文件元数据方案》，该标准主要参照了 ISO 15489《信息与文献 文件管理》的第 1 部分基本原则及第 2 部分实施指南，规定了覆盖电子文件生命周期的元数据管理一般要求；着重借鉴了 ISO 23081《信息与文献 文件管理过程 文件元数据》的功能实体模型，参考了 DA/T18－1999《档案著录规则》、国际档案理事会标准《国际标准档案著录规则（总则）》，并结合我国电子文件管理实际，创建了我国文书类电子文件元数据集，对元数据集进行了定义和描述，规定了元数据元素关系间的逻辑架构。《文书类电子文件元数据方案》规定了文件和案卷级文书类电子文件形成、交换、归档、移交、保管、利用等全过程的元数据设计、捕获、著录的一般要求，适用于各级各类档案馆、机关、团体、企业事业单位和其他社会组织对计算机系统中直接生成的文书类电子文件（含纸质文件档案数字化图像、文本）的管理。该标准的突出之处是参考 ISO 23081，将文书类电子文件元数据从概念层次上划分为 4 个实体域：文件实体元数据、机构人员实体元数据、业务实体元数据、实体关系元数据,并定义了每个实体域元数据元素的语义,总共 88 个元数据元素。元数据描述方法参考了国际标准 ISO 11179.3:2003 (信息与技术 元数据注册系统 (MDR) 第 3 部分注册系统元模型和基本属性)。DA/T46-2009《文书类电子文件元数据方案》对我国各类机构制订自己的文书类电子文件元数据方案提供了指引和参考,对其他专业或行业领域文件管理元数据方案的制订也具有一定的参考作用。

二 电子文件长期保存元数据标准——PREMIS

在各类数字保存项目中,制订和实施保存元数据方案是一项重要内容。数字保存元数据是在一个可信数字仓储系统中支持数字对象长期保存的数据,是用于维护数字资源真实性、完整性、可独立理解、可用性的有力工具。如前所述,OAIS 信息模型对于数字保存元数据方案的制订产生了重要影响。OAIS 关于信息包的概念,对一个 OAIS (数字档案馆)内部信息流的描述,以及按照功能对信息类型的详细分类,为各类数字保存元数据方案的研制提供了思路和灵感,如:Cedars 的保存元数据框架、NEDLIB 的长期保存元数据集、NLA 的数字馆藏保存元数据、中国国家图书馆的"中文核心元数据"方案、OCLC/RGL 的 PREMIS (Preservation Metadata:Implementation Strategies)[①] 保存元数据体系等都参考和借鉴了 OAIS 的信息模型。其中,PREMIS 是当前影响较大的保存元数据标准体系。

PREMIS 即"保存元数据:实施战略"项目由 OCLC 和 RLG 于 2000 年 3 月成立的保存元数据工作组负责实施。OCLC/RLG 保存元数据工作组借鉴了 Cedars、NLA、NEDLIB 和 OCLC 的元数据方案,于 2002 年 6 月发布了支持数字对象长期保存的保存元数据框架[②]。以此为基础,2003 年 OCLC 和 RLG 在听取相关领域其他专家的意见之后,正式发起了 PREMIS 项目。该项目的主要目标是:在保存元数据框架的基础之上,关注保存元数据在具体实践中的实施问题,提出在数字资源的长期保存过程中,实施

[①] PREMIS Website. http://www.loc.gov/standards/premis/.
[②] The OCLC/RLG Working Group on Preservation Metadata. Preservation Metadata and the OAIS Information Model:a Metadata Framework to Support the Preservation of Digital Objects (June 2002). [EB/OL]. [2014-04-15] http://www.oclc.org/content/dam/research/activities/pmwg/pm_framework.pdf?urlm=161391.

保存元数据的具体指导方案。2005 年 5 月，PREMIS 项目发布了保存元数据数据字典 *Data Dictionary for Preservation Metadata: Final Report of the PREMIS Working Group*。可见，该项目前期（2000～2002 年）成果主要是基于 OAIS 信息模型建立了数字保存元数据框架，而后期（2003～2005 年）成果是在保存元数据框架的基础上开发了具有操作性和实用性的数据字典①，定义了支持数字保存的核心元数据集，提出了实施方案。2005 年之后 PREMIS 项目由美国国会图书馆负责维护。PREMIS 的 2.0 版数据字典及元数据集发布于 2008 年 4 月，最新的 3.0 版 PREMIS 数据字典及元数据集已于 2012 年发布。

1. **PREMIS 的保存元数据框架**

OCLC/RLG 保存元数据工作组在 2002 年 6 月所提出的保存元数据框架以 OAIS 信息包的逻辑结构为参照，将整体框架划分为两大类信息：内容信息（Content Information）和保存描述信息（Preservation Description Information）。其他如"封装信息"和"描述信息"没有被采纳为保存元数据信息类型。因为"封装信息"描述的是数据对象与其相关的元数据的"捆绑"信息，而"描述信息"主要用于资源发现，所以都不被采用。具体如图 3-5 所示。

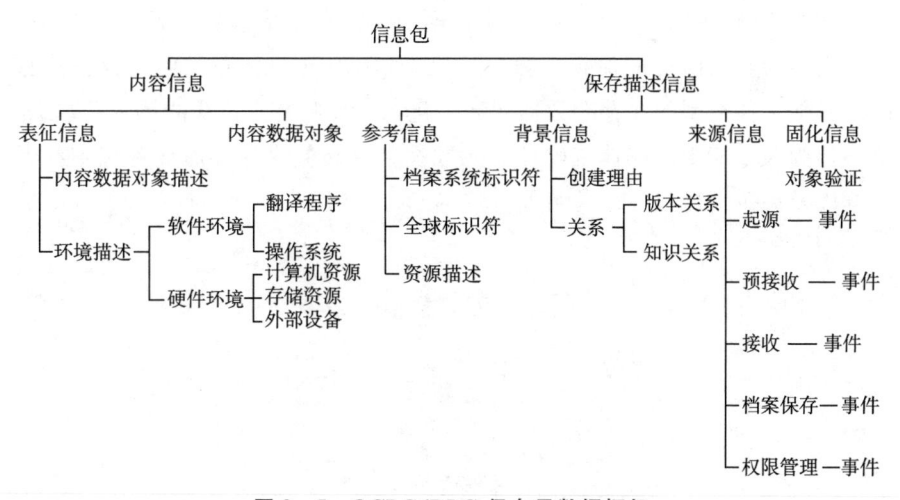

图 3-5　OCLC/RLG 保存元数据框架

---

① PREMIS Data Dictionary [EB/OL]. [2014-04-15]. http://www.loc.gov/premis/v2/premis-2-0.pdf.

从图 3-5 可以看出，OCLC/RLG 保存元数据框架对 OAIS 信息模型进行了延伸和扩展，突出了其中的"表征信息"和"来源信息"，而且对表征信息的分类和表述与 OAIS 有较大不同。在 OAIS 信息模型中，"表征信息"包括了"结构信息"和"语义信息"，但 OCLC/RLG 保存元数据工作组认为，结构信息是使内容数据对象被计算机系统所理解的信息，语义信息是用来使数据对象被人类所理解的信息，将表征信息划分为结构信息和语义信息的方法过于主观，所以没有采纳，而代之以"内容数据对象描述"和"环境描述"这两类相对客观的信息类型。

2. PREMIS 核心保存元数据：数据模型（Data Model）及数据字典（Data Dictionary）

如上所述，OCLC/RLG 保存元数据工作组的贡献是构造了保存元数据的基本框架和原型，在此基础之上，PREMIS 工作组着重进行了核心保存元数据元素集的开发，形成了核心保存元数据集数据字典。PREMIS 对"核心"元数据的理解是：这些元数据在任何保存环境下都是必需的，即：在任何类型的仓储系统中都是普遍适用的。这意味着，PREMIS 的数据字典不会采纳所有的保存元数据元素。为了使人们更清楚地理解核心保存元数据的范围和功能，Priscilla Caplan 将其描述为各类保存元数据的一个子集，如图 3-6 所示，这个子集对于任何数字保存系统都是必不可少的，同时，也不会收录所有的保存元数据元素。PREMIS 的核心保存元数据集排除了其他 4 种类型的保存元数据元素，包括：反映特定格式的技术元数据，描述行为人、权限、媒体或硬件的元数据，反映数字保存库业务规则的元数据以及用于资源描述的元数据。

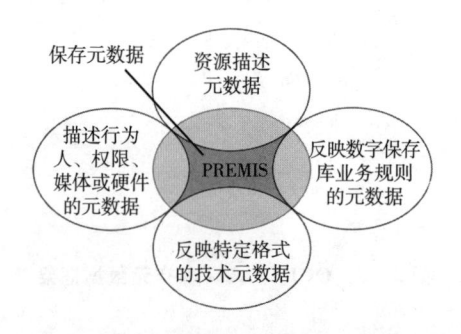

图 3-6　作为保存元数据集的 PREMIS

资料来源：Priscilla Caplan. Understanding PREMIS（1 Feb 2009）[EB/OL]. [2014-04-15]. http://www.loc.gov/standards/premis/understanding-premis.pdf.

此外，PREMIS 建立了核心保存元数据集的数据模型，如图 3-7 所示，该数据模型描述了 5 种功能实体及其关系。这 5 种功能实体是：知识实体（Intellectual Entities）、对象（Objects）实体、事件（Events）实体、行为人（Agents）实体和权限（Rights）实体。①知识实体。实际上可称之为"书目实体"，PREMIS 将其定义为"由单个的知识单元形成的内容系列"，如一本书、一幅地图、一张照片或一个数据库。②对象实体。对象实体是数字保存库中用以存储和管理的一系列不连贯的信息单元。数字对象实体包括 3 种子类：文件（File）、比特流（Bitstream）或其表现形式（Representation）。③事件实体。事件实体聚集了有关对数字保存库中的数字对象进行操作的信息。关于事件的确切而可靠的记录对于维护数字对象的来源非常关键，相应地，对证明数字对象的真实性也非常重要。④行为人实体。行为人是参与事件及权限声明的角色，可以是人、组织或软件程序，是对某一数字对象进行操作的人、组织或软件程序。⑤权限实体。聚合了有关数字保存活动的权利及版权许可声明，PREMIS 的每一个权限声明都包含了两项内容：数字保存库有权实施有关行为以及主张该权利的依据。

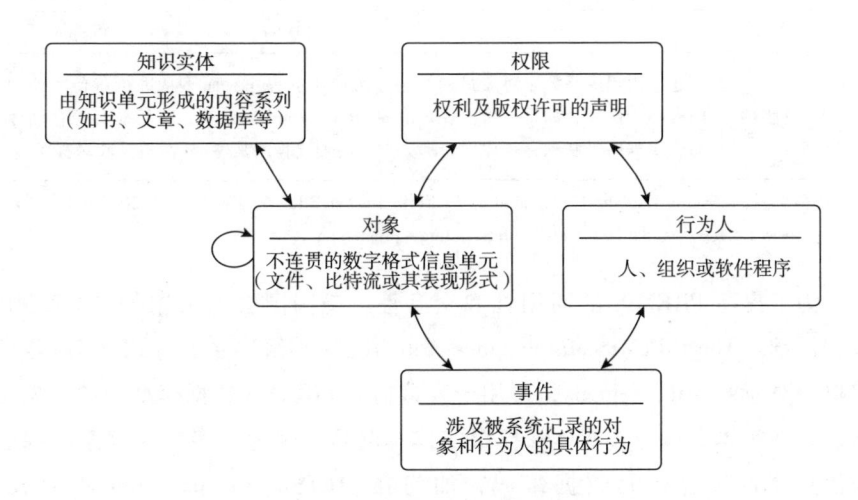

图 3-7 PREMIS 数据模型

资料来源：Priscilla Caplan. Understanding PREMIS (1 Feb 2009) [EB/OL]. [2014-04-15]. http://www.loc.gov/standards/premis/understanding-premis.pdf。

PREMIS 的数据字典通过对语义单元（Semantic Units）的定义来表示实体的属性。数据字典对实体所包含的元数据元素的语义进行了详细定义，说明了其被采纳为 PREMIS 核心保存元数据的理由、示例及如何获得和利用其属性值的说明，便于操作和实施。在 5 种实体里，PREMIS 数据字典中唯独没有定义知识实体的语义单元，因为 PREMIS 认为，现存的各种描述性元数据（如 DC、MODS、MARC）已经能够对知识实体进行很好的描述，对知识实体进行描述的元数据不在保存元数据的范围之内。[①] 表 3-1 节选自 PREMIS 的数据字典，这是一个简单的关于语义单元大小（Semantic Unit Size）的定义。

表 3-1 PREMIS 数据字典语义单元摘录

语义单元	1.5.5.1 创建应用程序名		
语义成分	无		
定义	为创建数字对象的软件程序指定名称		
数据限制	无		
对象类别	呈现（表征）	文件	比特流
适用性	不适用	适用	不适用
示例		MSWord	
可重复性		不可重复	不可重复
责任		可选的	可选的
使用注意事项	创建应用程序是数字对象最初被创建时使用的程序，而不是进行备份时使用的程序。比如，如果一份文件是由 Microsoft Word 创建的，随后被资源存储库的收录程序复制到存档库中，那么文件的创建程序是 Word 而不是收录程序		

资料来源：Priscilla Caplan. Understanding PREMIS (1 Feb 2009) [EB/OL]. [2014-04-15]. http://www.loc.gov/standards/premis/understanding-premis.pdf.

为了提高 PREMIS 的通用性和交互性，美国国会图书馆的"PREMIS 维护活动（The PREMIS Maintenance Activity）"小组建立了与 PREMIS 数据字典相对应的 XML Schema，可用于直接描述 PREMIS 数据模型中的对象实体、事件实体、行为人实体和权限实体。但是，因为大多数保存系统都已经使用 METS 进行元数据编码，如何在 METS（Metadata Encoding and Transmission Standard）的框架下使用 PREMIS、将 PREMIS 与 METS 的编码方式相结合，是国会图书馆"PREMIS 维护活动"小组需要进一步解决的问题。

---

① 高嵩、张智雄：《PREMIS 保存元数据体系分析》，《现代图书情报技术》2006 年第 4 期。

第四节 电子文件长期保存的格式标准

一 电子文件长期保存的格式需求

电子文件的格式是关系电子文件长期存取的一个关键因素。所谓文件格式，通常可理解为文件内数据的结构和组织方式。InterPARES-2 项目组认为，"文件格式是文件内数据的组织方式，通常是为了便于文件的存储、检索、处理、显示或者传输而应用软件所设计的"。[①] PREMIS 数据字典对文件格式的定义是"为了组织数字文件或者比特流而事先确定的文件结构"。[②] 为了存储、处理和利用文本、视频、音频等各种形式的内容数据，人们研制和使用了不同的文件格式，表3-2 仅列举了常见的电子文件格式，包括纯文本文件、格式化文本文件、版式文件、图像文件、音频文件、视频文件等不同类型电子文件的常见格式。所谓纯文本（plain text），是指没有任何文本修饰，没有任何粗体或斜体、图形、符号或特殊字符及特殊打印格式的文本，只保存文本，不保存其格式设置，如 TXT 就是最为常见的一种纯文本格式，XML 也是一种使用范围非常广泛的纯文本格式。格式化文本与纯文本相对，具有特定风格、排版等信息，如颜色、式样（黑体、斜体等）、字体尺寸、特性（如超链接）等，如 UOF、RTF、WPS、DOC 等都是常见的格式化文本格式。所谓版式文件格式，是指版面呈现效

表3-2 常见的电子文件格式

文件类型	格式	特征
纯文本文件	TXT 格式	格式透明、不含结构信息和加密、独立于软硬件平台、能用基本文本编辑工具阅读、数据占用字节数少
	XML 格式	遵循 XML 技术规范，格式开放、独立于软硬件平台、格式自描述、不包含加密、易于转换

[①] File format, The InterPARES 2 Project Dictionary, InterPARES 2 Web site [EB/OL]. [2014-04-15], http://www.interpares.org/ip2/displayfile.cfm?doc=ip2_dictionary.pdf.

[②] Preservation Metadata: Implementation Strategies (PREMIS), Data Dictionary for Preservation Metadata: Final Report of the PREMIS Working Group. United States: On-Line Computer Library Center and Research Libraries Group, May 2005, p.237. http://www.oclc.org/research/projects/pmwg/premis-final.pdf.

续表

文件类型	格式	特征
格式化文本文件	UOF 格式	遵循 GB/T 20916-2007《中文办公软件文档格式规范》，支持数字签名、格式开放、独立于软硬件平台、格式自描述、不包含加密。
	RTF 格式	格式开放、独立于软硬件平台、不包含加密、易于转换。
	WPS 格式	支持数字签名、可向其他文本格式转换。
版式文件	PDF/A 格式	遵循 ISO 19005《文件管理 电子文件长期保存格式 第 1 部分 PDF1.4 的使用（PDF/A-1）》，支持数字签名、格式开放、独立于软硬件平台、格式自包含、格式自描述、固定显示、不包含加密、可转换为其他文本格式。
	CEB 格式	支持数字签名、格式自描述、固定显示、可转换为其他文本格式。
	SEP 格式	支持数字签名、格式自描述、固定显示、可转换为其他文本格式。
图像文件	TIFF 格式	支持无损压缩、独立于软硬件平台、易于转换、聚合能力强。
	JPEG-2000 格式	遵循 ISO 15444-1:2004《信息技术 JPEG 2000 图像编码系统 核心编码系统》，格式透明、支持无损压缩、独立于软硬件平台、易于转换等。
	JPEG 格式	遵循相关标准规范，格式透明、独立于软硬件平台、易于转换。
	GIF 格式	支持无损压缩、格式透明、独立于软硬件平台、易于转换。
	PNG 格式	支持无损压缩、格式透明、易于转换。
	DjVu 格式	格式透明、压缩质量高、具有聚合能力、数据占用字节数少。
音频文件	WAV 格式	支持数字水印技术、支持无损或其他公开的压缩算法、易于转换等。
	MP3 格式	遵循 GB/T 17191-1997《信息技术 具有 1.5Mbit/s 数据传输率的数字存储媒体运动图像及其伴音的编码》，压缩算法公开、格式紧凑、数据占用字节数少、易于转换等。
	WMA 格式	内置版权保护技术、格式紧凑、数据占用字节数少、易于转换等。
	OGG Vorbis 格式	格式透明、格式紧凑、数据占用字节数少、易于转换。
视频文件	AVI 格式	支持数字水印技术、支持无损或其他公开的压缩算法、易于转换等。
	MOV 格式	格式紧凑、易于转换等。
	MPEG 格式	遵循 GB/T 17191-1997《信息技术 具有 1.5Mbit/s 数据传输率的数字存储媒体运动图像及其伴音的编码》或 GB/T 17975-2000《信息技术 运动图像及其伴音信息的通用编码》或 ISO/IEC 14496《信息技术 音视频对象编码》，压缩算法公开、独立于软硬件平台、易于转换。

资料来源：国家档案局：《电子文件管理细则 第二部分：电子文件长期保存格式需求（征求意见稿）》[2008-03-27]．http：//www.saac.gov.cn．

果固定的一种文件格式,版式文件的呈现与设备无关,版式文件在各种设备上阅读、打印或印刷时,版面的呈现结果都是一致的。版式文件主要应用于已成文文件的发布、传播和存档,常见的版式文件格式有 PDF/A、方正 CEB、书生 SEP 等。图像文件常用格式主要有 TIFF、JPEG、JPEG-2000、GIF、PNG 等,音频文件常用格式主要有 WAV、MP3、WMV 等,视频文件常用格式主要有 AVI、MOV、MPEG 等。

  文件格式的多样化虽然有利于满足不同的需求,但是给电子文件的长期保存带来了挑战:首先,文件格式一般都是应用软件系统生成的,与特定软件相互捆绑,软件一旦升级或淘汰,这类格式的文件就难以存取和利用。其次,对于不符合存档格式要求的电子文件,必须将其转换为适合存档的格式,而频繁的格式转换很有可能改变电子文件的表现形式或者结构,使电子文件的真实性、完整性和可靠性不能得到保障。再次,文件格式的多样化及其与特定软件的捆绑严重影响了人们对特定格式电子文件信息内容的长期使用,不利于人们对电子文件信息内容的共享和交流。为了应付文件格式泛滥对电子文件长期保存的挑战、减少维护电子文件长期保存及利用的成本,一个重要的途径是采用独立于软硬件环境,有利于电子文件长期可读、可用的存档格式。那么,电子文件长期保存格式需求主要表现在哪些方面呢?国际标准化组织 ISO/TC46 的技术报告《文件管理——电子文件的长期保存需求》(ISO/PDTR 26102.3)的研究结论是:电子文件的格式应当透明(Transparent)、自包含(Self contained)、独立于设备(Device independent)、自描述(Self describing)、显示一致(Consistence)和易存取(Accessibility)。① InterPARES 项目 2 期研究报告之一《电子文件长期保存格式选择》详细分析了"开放文件格式"、"标准文件格式"、"稳定文件格式"的含义及对电子文件长期保存的适用性,综合调查了包括美国国会图书馆、美国国家档案与文件管理署、英国国家档案馆、加拿大国家图书档案馆、澳大利亚国家档案馆、加利福利亚数字图书馆、康奈尔大学图书馆在内的 24 个欧美保存机构的电子文件存档格式要求,按照优先选择的顺序,依次列举了电子文件长期保存格式选择的 5 项核心标准:第一项,广泛应用(Widespread use);第二项,非专有起源(Non-proprietary origin);第三项,(标准)规范可获得性(Availability of specifications);第四项,平台

---

① 黄玉明:《电子文件存档格式需求分析与战略研究》,《档案学通讯》2010 年第 2 期。

独立（互操作性）（Platform independence，interoperability）；第五项，不允许压缩或只能用无损技术压缩（Compression）。①

中华人民共和国行业标准 DA/T 2009《版式电子文件长期保存格式需求》明确规定了版式电子文件长期保存格式应该满足的 11 项需求：①格式开放。有公开发表的相应标准和技术规范；格式标准和技术规范简洁明了；页面描述语言不应仅为少数厂商认知和掌握；没有专利和许可的限制；厂商中立；有与产品无关的专家组、标准化组织和产业联盟等维护和支持该格式。②不绑定软硬件（独立于软硬件平台）。被多种操作系统和硬件平台支持；文件的阅读不依赖于特定的阅读软件；使用与设备无关的颜色规范实现准确打印和再现。③文件自包含。④格式自描述。⑤显示一致性。⑥持续可解释。⑦稳健。⑧可转换。⑨利于存储。⑩支持技术认证机制。⑪易于利用。该标准的发布实施对于推动我国版式电子文件长期保存格式标准的研制和实施具有重要意义。

综合上述保存机构、数字保存项目及标准有关电子文件长期保存格式需求的规定，电子文件长期保存格式最主要的需求有两点：第一，具有开放性；第二，不依赖于软硬件平台的独立性（互操作性）。其他方面的格式需求还包括：稳健性、自我描述性和自我包含性、可转换性、显示一致性、易于存取等。

二 电子文件长期保存格式标准——ISO 19005 -1：2005 PDF1.4（PDF/A -1）及后续标准

PDF（Portable Document Format）即便携文件格式，最早由 Adobe 公司于 1993 年开发。PDF 文件是以 PostScript 页面描述语言为基础的一种版式文档格式，它可以跨平台、跨语言使用，其显示和打印与设备无关，也就意味着在任何打印机上都可实现精准打印，能够忠实地再现原文的字符、颜色及图像，因此，对于成文文件的发布和归档保存很有用。Adobe 公司为用户免费提供基于各种操作系统和不同语言版本的阅读器 Adobe Reader，其核心软件是 Acrobat，它被用于创建 PDF 文档。由于 PDF 跨语言、跨平

---

① The InterPARES 2 Project. General Study 11 Final Report：Selecting Digital File Formats for Long - Term Preservation [EB/OL]. [2014 - 04 - 15]. http：//www.interpares.org/display_ file.cfm? doc = ip2_ file_ formats（complete）. pdf.

台以及忠实再现原文的特点,它在产生后得到迅速推广,最终成为打印文件的事实标准。Adobe 公司在研究电子文档长期保存需求的基础上,对 PDF 进行了优化而研制了一种专门适用于电子文件长期保存的文档格式 PDF/A-1,并于 2005 年以国际标准 ISO 19005-1:2005(PDF/A-1)发布,它是对 PDF1.4"瘦身"而成,具有如下特点:嵌入字体、设备独立性,应用 XMP 元数据①,禁用 LZW 压缩②,禁止外部内容关联,禁止透明,禁止使用加密、图层、替代图像、嵌入 JavaScript 等。此后,2011 年、2012 年相继出台了 ISO 19005-1:2005(PDF/A-1)的后续标准——ISO 19005-2:2011(PDF/A-2)和 ISO 19005-2:2012(PDF/A-3)。PDF/A-2 是对 PDF/A 的进一步完善,它与 PDF/A-1 相比,有如下特点和变化:①ISO 19005-2:2011(PDF/A-2)是基于 PDF1.7,并由国际标准化组织 ISO/TC171/SC2 负责维护,不再是一个特定的 PDF 版本,其正式的国际标准号为 ISO 32000-1,而 ISO 19005-1:2005(PDF/A-1)是基于 PDF1.4。②支持 JPEG2000 压缩算法。JPEG2000 压缩算法有利于彩色文档的扫描。③允许创建"组合"文件。PDF/A-2 允许用户创建"组合"文件,即将多个 PDF/A 文档集合成一个文件(例如电子邮件的附件在归档时可转化为邮件正文的附件"组合")。PDF/A-2 组合中的单个文件可以独立使用电子签名,单个文件被删除后,不会影响组合中其他文件电子签名的有效性。④支持透明。透明在表格的阴影显示、图像的淡入淡出、标记的高亮显示等方面有许多应用。⑤可选内容(层)的支持。PDF/A-2 支持可选层,如制图应用程序中形成的图形可根据需求显示或隐藏某个图层,用户手册可以把不同的语言放置到不同的图层,并根据用户的需求显示不同的语言。⑥添加新的一致性级别 PDF/A-2u("U"为 Unicode)。PDF/A-2 统一使用 PDF/A-2u,方便了 Unicode 文本的搜索和复制。⑦增加对象级 XMP 元数据规范。PDF/A-2 规定了自定义 XMP 元数据的要求。此外,PDF/A-2 还新增了注释类型、完善了数字签名的规则、支持嵌入 OpenType 字体等功能。需要指出的是,PDF/A-2 是对 PDF/A-1 的进一步完善而不是替代,由 PDF/A-1 创建的文档是符合长期保存要求的 PDF/A 文档,如果一个机构认为 PDF/A-2 的某些特性对本机构有

---

① XMP 是 adobe 定义的扩展性元数据平台,其内部可包含标准元数据,如 IPTC、EXIF 等。
② LZW 是无损压缩算法,但由于设计版权问题,用 ZIP 压缩替代。

用，它可以将文档转存为 PDF/A-2 格式，倘若不需要，文档将被保存成 PDF/A-1 格式。① ISO 19005-3：2012（PDF/A-3）仍然以 FDF1.7 为基础，针对电子文件长期保存、静态可视化再现的格式需求，进一步增加了对其他类型的文件内容包括嵌入式文件或附件的格式的规范。我国已经将 ISO 19005-1：2005（PDF/A-1）采纳为国家标准，标准号为 GB/T 23286.1-2009/ISO 19005-1：2005《文献管理 长期保存的电子文档文件格式 第 1 部分：PDF1.4（PDF/A-1）的使用》，2009 年由中国标准出版社出版。

综上所述，与电子文件长期保存有关的标准：数字保存库系统设计标准 ISO 14721，文件管理标准 ISO 15489，电子文件元数据管理标准 ISO 23081，OCLC/RLG 核心保存元数据标准 PREMIS，电子文件长期保存格式标准 ISO 19005 等为制定电子文件长期保存策略提供了非常有用的标准参考和实施指南。此外，欧盟电子文件管理功能需求标准 Moreq（已升级为 Moreq2、Moreq2010）为电子文件管理系统的设计及元数据方案的设计提供了非常有用的参照。ISO 18492：2005《基于电子文档信息的长期保存》以技术中立为基本原则，提供了电子文件长期保存的方法指南。

第五节　电子文件长期保存相关标准的选择及使用问题

在信息与文件管理等领域，关于标准问题的讨论一直存在分歧。一方面，标准在交流和信息交换等领域的重要性不可忽视；另一方面，标准如果实施不当，未必能直接起效，反而会限制人们在文件管理领域的主动权。

从标准的来源来看，有如下几种：一种是大量非政府的标准化组织制定的标准。其中，国际标准化组织（ISO）是数量较多的非政府的标准化组织中的一员。ISO 由各国家标准化组织共同推动运作，主要负责国际标准（ISO 标准）的制定，也会制定国家标准，如英国的 BSI 标准、美国

---

① 黄新荣、刘颖：《从 ISO 32000 看电子文件长期保存格式的发展》，《档案学研究》2013 年第 2 期。

的 ANSI 标准和法国的 AFNOR 标准。此外，还有一些专门领域的国际标准化组织，诸如国际电工委员会（IEC）、国际电信联盟（ITU）等，都有其各自负责的领域，但彼此间关系密切。由这些国际标准化组织发布的标准，总是经由一定的正规流程建立，因此，可视作法定标准。另外，标准的另一重要来源是由开放标准机构制定，其典型代表是万维网联盟 W3C（www.w3.org）。之所以被称为开放标准，是因为每个人都能参与标准的制定，而且这些标准在大范围内有效且几乎免费。公众的普遍需求或某一机构的关注是这类标准产生的主要促动因素，例如网络上的互操作问题就会成为这样的契机。标准的第三种来源是许多法定工业标准，例如前文所述的 Adobe 公司的 PDF 格式。

这些标准各自的价值和意义何在？ISO 标准收费昂贵，常常因其偏理论化而未必能运用于实用和生产，但它们因国际一致认同而具有权威性。开放标准似乎同时解决了这两个问题：它们由国际性机构制定、在实际中应用普遍，因此既有权威性也被人们所熟知，就其本身而言它们也拥有权威性，这方面最为典型的例子如可扩展标记语言（XML）。而法定工业标准则是基于很多组织或个人对产品的使用出现的，因而具有良好的地位并被广泛认可，但它们通常是专利性的，意味着不会有对它们的公开定义，这样不仅造成理解上的困难，而且使得标准的利用需要依靠提供者来进行。

如上所述，电子文件长期保存的核心标准涉及电子文件保存系统设计、电子文件保存元数据方案的制定以及电子文件长期保存格式标准等领域。而对于大多数机构而言，一般都会混合使用多项标准，以便进行事务处理和对外交流。在信息领域，这些标准除了文件管理和数字保存之外，通常还会涉及信息安全、信息资源发现、地理空间数据、数据交换、扫描图像和技术资料等方面，而很多标准其实是从不同的角度出发解决相同或相关的问题。例如，在资源发现领域，专注于研究资源的可获取性和互操作性，由此产生的都柏林核心元数据标准就与文件管理元数据标准的范畴有所重叠。因此，为了真正实现电子文件长期保存，电子文件管理者必须了解其他相关领域如信息安全领域的标准化成果，并能准确把握这些标准化成果与文件管理利益相关者之间的相互关系，能对这些标准进行协调，在适用这些标准时做出正确的选择。一般情况下，标准应与它们所要解决的问题相一致。如果为了不同目的（如文件管理和信息安全）而提出的多项标准，那么它们应该相互补充而非相互抵触。在这种状况下，可以其中某一标准的要求为底线，然后将其他标准中的可行部分补充进来，而不是分别实施这些标准。简言之，电子文件管理标准并不是独立的，它们从属于、也应该被纳入更大范围的标准体系中来，它们与机构业务管理及信息管理领域的其他相关标准之间应该保持协调性和互补性。

第四章　电子文件长期保存的管理策略

电子文件长期保存的管理策略是指制定电子文件长期保存政策和规划，组织和实施电子文件长期保存项目，确认电子文件长期保存的责任体系，控制成本，进行风险评估，实现电子文件长期保存的基本目的。电子文件长期保存的基本目的是：确保重要电子文件的真实性、完整性、可靠性及长期可用性，服务于机构问责制及证据保留，保存数字遗产。从电子文件长期保存的层次范围来区分，可划分为三个层次：国家层次、机构层次和个人层次。

第一节　国家层面的电子文件管理战略

电子文件管理国家战略是指从国家层面和战略视角对电子文件管理全局性、长期性、基本性问题进行目标定位、统筹规划和基本制度安排，是一个国家对电子文件管理工作的基本态度和总体思路，其表现可以是法规、政策、标准、规划、项目等体现国家意志、带有全局性的关于电子文件管理的国家行为，其实质是用战略的眼光来研究和解决电子文件的管理问题。[1] 根据文献调研和统计分析，欧美发达国家虽然没有明确提出"电子文件管理国家战略"这一概念，但是，包括英、美、澳等在内的欧美发达国家已经于21世纪初从国家战略高度来审视和应对电子文件管理问题。2005年，美国国会同意投入3.08亿美元建设电子文件档案馆（ERA），标志着美国电子文件管理国家战略的全面实施；2005年，国际档案理事会出版了《电子文件管理工作手册》，明确提出要"从战略角度影响电子文件管理实践"；2006年，加拿大国家图书档案馆提出

---

[1] 冯惠玲：《尽快全面制定和实施电子文件管理国家战略》，《中国档案报》2006年10月5日第003版。安小米：《国际共识与借鉴——电子文件管理国家战略的调查与分析》，《中国档案》2010年第2期。

了"加拿大数字信息战略"[①]；英国、丹麦等欧美发达国家也先后制定了电子文件管理国家战略。俄罗斯于 2012 年制定的《2020 年前俄罗斯档案事业发展纲要》明确提出了建立电子文件全程管理机制，将电子文件标准化管理和全俄电子文件管理系统建设列为档案事业发展的首要战略任务。其共同特点是：管理级别由关注机构层面的电子文件管理上升到国家层面的电子文件管理框架、规划和政策，管理模式由分散式向集中式管理模式转型（如澳大利亚），管理环节由分段、分节管理向无缝式流程管理转变。电子文件管理注重顶层设计，通过制定和实施电子文件管理框架、规划和政策，积极推动电子文件立法、制度、标准、技术等领域的全面发展；发起和组织跨国、跨领域、跨学科的电子文件长期保存项目，加强电子文件长期保存的多层次合作。

相比之下，我国国家层面的电子文件管理战略起步较晚，长期以来以机构层面的、分散的、分阶段的管理模式为主，缺乏电子文件管理顶层设计和总体规划，低水平重复开发、资源浪费及信息孤岛等现象较为普遍，不仅使国家的数字记忆和重要凭证面临丢失、不可读、不可追溯的风险，而且也使国家信息资源和信息资产遭受损失。根据 2007 年的一项针对中央机关及直属企事业的调查结果显示，接受抽样调查的 55 家中央机关及其直属企事业单位生成的电子文件数量已经占其全部文件数量的 72.7%。其中，42.2% 的电子文件没有以任何方式有效留存，74.4% 的单位没有采用任何措施存留数据库文件、电子邮件、音频文件、视频文件、多媒体文件、超媒体文件、网页文件等类型的电子文件。73.6% 的中央单位承认，因为相关法规制度不健全、电子文件数据不完整等，其自身生成的电子文件无法独立发挥文件的功效。一些留存下来的电子文件因管理不善已无法读取，如 1990 年北京亚运会的电子文件已经完全无法读取，1982 年第三次全国人口普查的原始数据已经丢失 99%。另外，在接受抽样调查的 35 家省级、副省级城市国家综合档案馆中，86.2% 的档案馆保存的电子文件不具有证据效力。缺乏真实性保障的电子文件并不能行使文件的功能，无法成为人们处理各种事务的有效工具和可靠依据。[②]

[①] 杨安莲：《聚焦电子文件管理前沿——国际电子文件管理研究热点及启示》，《档案学通讯》2007 年第 6 期。

[②] 毛福民：《建议将电子文件管理纳入国家信息化发展战略》，《人民政协报》2008 年 11 月 10 日第 B01 版。

因此，制定和实施电子文件管理国家战略，建立健全电子文件法律法规体系，完善电子文件管理制度，提升国家机关、企事业单位的电子文件管理水平及保存意识，对于完整、有效地保存数字时代的国家记忆和社会记忆，保留电子证据及信息资产具有十分重要的意义。

一　美国、加拿大的电子文件管理战略

1. 美国联邦政府的电子文件管理战略

美国没有明确提出"电子文件管理国家战略"这个概念，但是，美国国家档案与文件署（NARA）在 21 世纪初组织实施了举世瞩目的电子文件档案馆项目，美国联邦政府将电子文件管理纳入其电子政府建设的基本内容。这意味着美国国家层面的电子文件管理战略的形成。

（1）美国联邦政府电子文件管理的发展及 ERA（Electronic Records Archives）的实施。美国联邦政府的电子文件管理可以追溯到 20 世纪 60、70 年代。20 世纪 50~60 年代，随着计算机技术在军事和科技领域的应用，记录于计算机磁带上的一类新型档案——机读档案由此而产生。20 世纪 60 年代初期，大多数档案工作者并没有认识到计算机磁带信息具有档案的记录性质，而 NARS（National Archives and Records Service）[1] 军事档案部的部长 Meyer Fishbein 则敏锐地意识到了机读档案的特殊性和重要性[2]。作为机读档案鉴定和保管的先行者，Meyer Fishbein 强调，形成于政府部门的计算机磁带信息是一类特殊的"record"，机读档案的长期保存对于联邦政府具有重要意义[3]。正是在 Meyer Fishbein 等人的促成之下，NARS 从 60 年代中期开始就启动了机读档案项目。1968 年成立了数据档案工作组（Data Archive Staff），专门针对机读档案开展鉴定、接收和保管工作。1970 年 4 月，美国国家档案馆经由 NARS 接收了第一批机读档案。1974 年 NARS 成立机读档案部（Machine-Readable Archives Division），1982 年易名为机读处（Machine-Readable Branch），1988 年成立电子文件中心（Center for E-

---

[1] NARS（National Archives and Records Service）为美国国家档案与文件局，是美国国家档案与文件署 NARA（National Archives and Records Administration）的前身。
[2] Roy C. Turnbaugh, "What Is an Electronic Record?", *Effective Approaches for Managing Electronic Records and Archives*, ed. Bruce W. Dearstyne（Lanham, Maryland: The Scarecrow Press, 2006），23-35.
[3] Meyer H. Fishbein, "Appraising Information in Machine Language Form", *American Archivist* 35 (1) (1972): 35-43.

lectronic Records)。

20 世纪 90 年代中后期开始，美国国家档案馆所接收的电子文件数量呈现爆炸式增长，为了应对电子文件激增所带来的挑战，NARA 做出了战略性的回应，于 1998 年开始启动电子文件档案馆项目（ERA，Electronic Records Archives）。ERA 是目前建设周期最长（1998~2011 年）、耗资最大（超过 3 亿美元）的电子文件管理项目，是在整合 NARA 原有的电子文件管理系统、硬件基础和数据资源的基础上，建设面向无纸化时代的档案馆，标志着档案工作由传统纸质环境向数字环境的全面转型，体现了美国联邦政府在 21 世纪的电子文件管理战略具有全局性和前瞻性。

ERA 专门负责接收、保管、长期保存联邦政府所产生的电子文件并提供利用，而不负责对纸质文件等其他传统介质文件的数字化工作。因此，这是一个面向未来的档案馆，它的业务对象主要是电子文件，业务目标非常明确，表现在如下三个方面：①支持联邦机构的业务需要；②维护公民的权利和利益，确保政府问责机制的有效实现；③通过对具有永久保存价值文件的识别、保存和提供利用记录国家经历。[①] NARA 负责人 John W. Carlin 对 ERA 做如下描述："电子文件档案馆将要真实地保管任何类型的电子文件并对其提供利用，摆脱对特定软硬件的依赖性，将使 NARA 能够在未来很好地履行其职责。"[②] ERA 系统建设的基本要求是：①真实性（Authentic），维护电子文件的原始性；②可持续性（Persistent），实现电子文件的长期存取；③可扩展性（Scalable），适应电子文件数量和类型的不断增长及对新技术的应用。[③]

ERA 的特点可归纳为如下五个方面：①注重前期论证和研究。ERA 在开始启动的头三年并未立即着手进行软、硬件的建设，而是进行了广泛深入的前期调查、论证和研究，旨在发现电子文件管理的现实问题，并提出可能的解决方案。在该阶段，ERA 与政府机关、计算机科研人员、研究机构、私人公司、其他档案机构等进行了广泛的合作，其中一个重要成果是

---

① （美）Pual Wester，朱莉（译），《美国联邦政府电子文件管理政策和标准发展》，《电子政务》2012 年第 1 期。
② （美）Dyung Le，张宁（编译），《美国电子文件档案馆项目——现状，挑战和教训》，《档案学通讯》2009 年第 5 期。
③ NARA ERA PMO. Electronic Records Archives Requirements Document（RD v4.0）. http://www.archives.gov/era/about/requirements.pdf（07/30/2010）.

OAIS 参考模型的研制，由此奠定了 ERA 的基本框架——以开放档案信息系统 OAIS 为参照建立了面向服务的系统架构。②注重顶层设计和功能需求分析。ERA 进行了详细的功能需求分析，制定了电子文件档案馆的功能需求文件，提出了覆盖整个文件生命周期的九大类功能需求：电子文件管理功能需求、电子文件接收功能需求、电子文件存储功能需求、电子文件利用功能需求、电子文件安全功能需求、电子文件保护功能需求、电子文件用户接口功能需求、电子文件系统管理功能需求和电子文件系统特殊服务功能需求，具体有 856 项功能需求，十分详细。③合作的广泛性。ERA 是 NARA 针对政府电子文件长久保管和利用需要而提出的面向未来的档案馆，其建设周期长，资金、技术等各项投入巨大，在技术开发和管理等方面不可能由档案部门单独承担，必须谋求与政府部门、科研机构、高校、企业等社会各方的合作。ERA 已有的 6 个核心项目：开放档案信息系统（OAIS）、永久保护真实的电子文件国际研究计划（InterPARES）、分布式目标测试平台（DOCT）、高级计算基础设施建设国际合作项目（NPACI）、总统电子文件操作系统（PERPOS）和档案工作平台（Archivist's Workbench project）都体现了国内外相关机构合作的广泛性。④内部的组织性和协作性。为了保证 ERA 的效率和质量，联邦政府建立了 ERA 项目管理办公室（PMO），并聘任了项目总监、副总监和执行干事。NARA 与 ERA 项目管理办公室（PMO）以及四个联邦政府机构——美国商务部专利商标局、海军部国家海洋厅、能源部国家核安全管理局、劳工部劳工统计局共同参与 ERA 系统的开发、测试和人员培训等工作，为 ERA 的实际运行奠定了组织基础。⑤项目设计的阶段性和灵活性。考虑到电子文件管理的未来需要、信息技术更新老化等特点，ERA 不可能在短期内提出针对电子文件管理的完美解决方案，而是规划了 5 个循序渐进的建设阶段。在第 1 个阶段，处理对象仅为 NARA 所接受的 7 类格式的电子文件，第 2~5 个阶段则逐步扩展 ERA 系统的容量，处理不断增加的电子文件，并为更多的用户提供服务。① 具体而言，ERA 项目采取了增量开发的方式，增量表示随着日程的进展而变化的特征和功能。在增量模型中，最先开发的增量是核心产品，即第一个增量实现其基本需求与功能，其他功能需要在后续开发阶

---

① 肖秋会、杨青：《数字档案馆、电子文件档案馆和电子文件中心辨析》，《档案学研究》2009 年第 2 期。

段中补充和完善。用户对增量的使用和评估都将为下一个增量的新特征和功能提供参考。在整个过程中,系统不断完善,直到生成最终产品。从 2005 年至 2011 年,ERA 经历了初始运营(Initial Operating Capability, IOC)和最终运营(Final Operating Capability, FOC),持续进行了五个增量开发过程。在初始阶段即设计与建设阶段实现 ERA 系统基本运营的增量,对其进行使用和评估;在后续的每一阶段中,逐步对前一增量的功能进行补充,使其不断完善,直至达到功能需求文件中定义的所有功能,实现最终运营能力(Final Operating Capability, FOC)。2005 年 NARA 与著名的军工企业洛克希德·马丁公司合作,于 2011 年完成了 ERA 基本的系统建设和数据准备。2011 年 9 月,ERA 与 IBM 合作,标志着 ERA 开发阶段的结束,以及运营和维护阶段的开始。①

当前,ERA 在提供公众服务方面,整合了 NARA 原有的档案研究目录系统(Archival Research Catalog, ARC)、档案数据库检索系统(Access to Archival Databases, AAD)以及 Archives.gov 网页等数字资源,于 2010 年正式启用一站式公共服务平台——OPA(Online Public Access)。OPA 目前能提供至少包括 HTML、XML、Shape、PDF、ASCII 文本等在内的 5 种格式的电子文件,公众通过 OPA 能够实现对 ERA 系统中超过 100 万条电子文件的检索。

(2)美国将电子文件管理纳入其电子政府建设基本内容。2002 年美国发布《电子政府战略》,将《电子文件管理动议》列为美国电子政府建设的 24 个动议之一。该动议主要包括 4 个领域的政策内容:①通信管理;②面向企业范围的电子文件管理;③电子信息管理标准;④向 NARA 移交永久保存的电子文件。

《电子文件管理动议》指出,在电子政务时代,联邦政府创建和妥善管理电子文件的能力已经变得越来越重要。记录公民与政府之间的互动、确保对政府官员的问责制、记录政府在国家历史中的作用是政府电子文件管理法定的职责,同时,电子文件也是维护电子政务交互中政府公信力必不可少的要素。不幸的是,美国联邦政府机构普遍采用了个性化解决方案,用以满足他们各自电子文件管理的即时需求,而忽视了对电子文件的长期保存和资源共享。在这样的情形之下,《电子文件管理动议》为联邦

---

① 肖秋会、沈茜:《美国电子文件档案馆研究进展》,《信息资源管理学报》2012 年第 2 期。

机构更好地管理电子文件提供了政策指南，其目的是使电子文件信息能够有效地支持决策、提高政府服务效率、确保问责制。意识到电子文件管理解决方案取决于政策、经验以及硬件和软件，该动议将提供各种工具，以满足联邦机构即时和长期的电子文件管理需求。该动议的构成要素如下：①修改适用于联邦政府机构范围的文件管理基本功能需求；②制定指南，协助联邦政府机构有效地使用面向企业的电子文件管理系统；③开设论坛或培训课程，满足不断发展变化的电子文件管理需求以及培养电子文件管理及相关的法律、信息技术等专业人员；④研究和提供各种手段和工具，确保将联邦机构永久保存的各种数据类型、各种格式的电子文件向美国国家档案馆移交，使这些电子文件能得到妥善保存，为未来的政府和公民所利用。最终，这一动议将提升政府对电子文件及相关信息的集成管理能力，满足机构对法律及内部业务的需求。坚持实行规范化的管理程序将更容易实现对电子文件的存取，使用跨部门的标准工具能节约电子文件管理支出、消除重复的电子文件、提高为公民提供服务的效率。①

综上所述，美国电子文件管理战略以支持美国电子政府建设为战略目标，将电子文件管理视为电子政务建设的基本内容，由联邦政府授权美国国家档案与文件署负责组织制定有关电子文件管理标准、规范和指南。在联邦政府范围内，修改并完善适用于联邦政府的电子文件管理功能；协助联邦政府机构有效地使用面向企业的电子文件管理系统；培养和培训电子文件管理专门人才及相关的技术、法律人才；研究各种技术及手段，确保联邦政府机构形成的具有永久保存价值的各类电子文件向国家档案馆移交，而 ERA 项目的启动、研发和实施就是为了解决这一重要问题。

值得关注的是，美国州级电子文件管理项目也于 2011 年开始启动。2011 年 7 月，美国州档案工作者委员会（Council of State Archivist，COSA）向全美各州档案馆发起了"州级电子文件动议"（State Electronic Records Initiative，SERI），旨在加强各州档案馆之间的合作，实施电子文件管理人才教育、电子文件管理标准制定，提高州级电子文件管理水平。在 SERI 的第一阶段，Charles Dollar 和 Lori Ashley 等开发了数字保存能力成熟度模型（Digital Preservation Capability Maturity Model，DPCMM），用于测评机构

---

① http://www.whitehouse.gov/sites/default/files/omb/assets/omb/egov/c-4-8-erecManage.html.

电子文件的长期保存能力。如图4-1所示，该模型总共设计了15个基本测评指标，从数字保存基础设施、可信数字资源库及数字保存过程三个方面评估一个机构的数字保存能力。按照该测评模型及由此形成的评价指标体系，2011年，SERI对美国48个州档案馆开展了一次大范围的电子文件保管及利用状况调查，从调查结果来看，美国大多数州档案馆并没有做好应对电子文件长期存取的人员、技术和组织准备，其中：①仅有15个州档案馆配置了电子文件管理人员。②35个州档案馆几乎没有制定电子文件管理计划。③19个州档案馆不能提供电子文件利用。④被调查的各州档案馆很少制定电子文件长期保存策略。⑤被调查的各州档案馆很少与当地的IT部门建立了联系。⑥大多数州档案馆没有参与对IT系统的选择及修改，以使其能对归档的电子文件进行查询。① 可见，美国州级档案馆的电子文

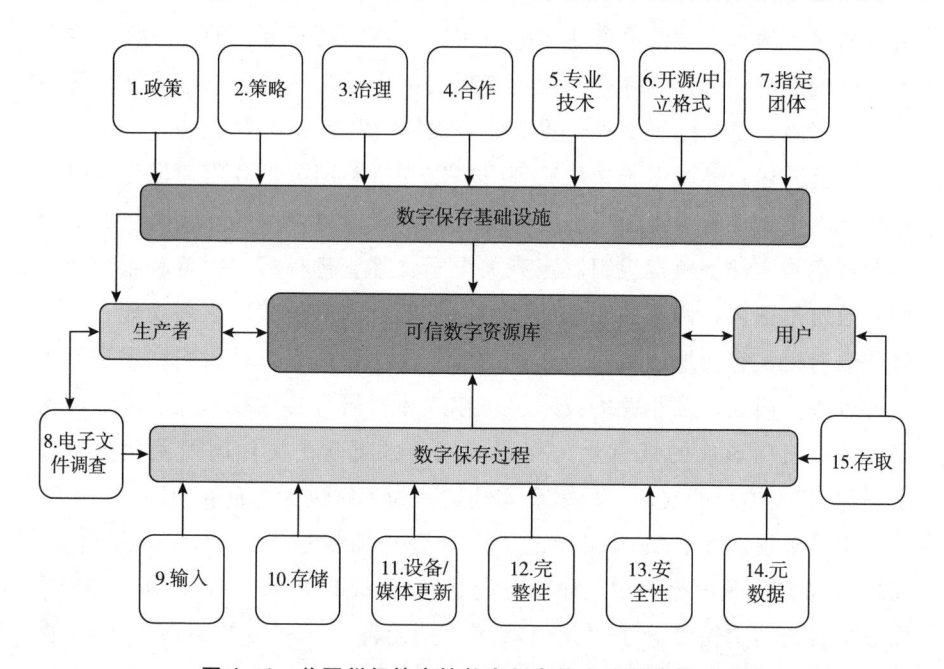

图4-1 美国州级档案馆数字保存能力成熟度模型图

资料来源：Council of State Archivists' State Electronic Records Initiative (SERI) Committee. State Electronic Records Initiative - phase 1 (2012). http://www.statearchivists.org/seri/SERI%20Phase%20One%20Report%20-%20final%20review%20draft%20-%202012-06.pdf.

---

① Corridan Jim, State Electronic Records Initiative: An Update. http://www.digitalpreservation.gov/meetings/documents/ndiipp12/Sessions/Preserving%20Electronic%20Records%20in%20the%20States/SERI%20NDIIPP%202012.pdf.

件管理总体水平较低，与联邦国家档案馆相比，在人员、技术和组织等方面都相去甚远。SERI 的实施将有利于加强美国各州档案馆之间在电子文件管理领域的合作，在州级层面推动电子文件管理人才的培养、标准制订以及电子文件管理技术工具的研发，提高美国各州电子文件管理总体水平。

2. 加拿大政府的电子文件管理战略

加拿大图书档案馆（LAC）在加拿大数字保存领域起到了引领作用。LAC 从 1994 年起开始收藏并长期保存各种数字文献遗产，至今已经拥有超过 23000 个政府及商业的电子期刊、著作及网站，它们具有多种存储媒体及格式，主要包括：数字出版物、网站、政府电子文件、私人文本电子文件、数字照片、数字艺术及视听材料、地理数据集、电子论文、离线电子材料（DVD、CD-ROM）、数字技术及建筑图纸。其中，数字文件（含文本文件、数据库、地图、照片等）超过了 7 terabytes，数字化以后的视听材料有 1700 terabytes，数字视频为 650 terabytes，从 2007 年起至今已经收集了 255 个网站。对于上述不同类型的数字文献，加拿大图书档案馆采用了各种灵活的接收和管理机制。

为了应对不断增长的海量数字信息的挑战，满足政府、组织及公民对在线数字信息的利用需求，2005～2006 年，加拿大图书档案馆组织召开了一系列研讨会，酝酿制定了加拿大的数字信息战略（Canadian Digital Information Strategy），并于 2006 年开始实施。

加拿大数字信息战略主要关注如下三个问题：①生产更多、更好的数字内容。②最大限度地为加拿大公民提供上述数字内容。③加强加拿大对具有重要价值的数字内容的长期保存能力。数字信息战略的成功实施有赖于广泛的社会合作和参与，包括私人机构及政府机构的共同努力和合作。数字信息战略的基本原则是：①实施大规模的数字化转换。②改进原生数字信息的生产实践。③建设正式而强大的数字保存网络。④提高数字信息管理技能及培训。⑤战略研究及发展。⑥改进对权利信息的管理和扩散。⑦支持对公共信息的开放存取。⑧加强司法领域、机构部门和学科之间的交流及互操作。⑨减少对数字信息获取和利用的系统障碍。

加拿大数字信息战略的核心是构建可信数字资源库（Trusted Digital Repository，TDR）并提供完善的数字信息服务。这需要相关的政策、标准及技术准备：①制定一系列新的数字信息政策，如 LAC 的数字收藏政策、网站收藏选择指南、网络信息发现政策、数字保存政策等。②重新关注加拿大政府数字文件的保管问题。③标准的制订及应用：包括文件格式标准、元数据标准、永久标识符标准等。④系统设计及功能实现：TDR 的总体模块功能及面向业务/收集的功能实现方法。⑤基于 OAIS 参考模型的系统框架。

数字保存是加拿大数字信息战略的关键内容。实现数字保存的技术、政策及机制保障是：①建立连续一致、强大的应用系统和技术基础设施。②制定前后连续的数字政策和指导方针。③有效管理出版者、政府部门和捐献者提交的数字信息。④形成高效的业务流程机制。⑤增强元数据捕获能力（含技术、保护、权利和资源发现元数据）。⑥数字文件的持久管理及其命名（Persistent and corporate naming of digital files）。⑦制定国家数字保存策略。⑧确定信息存储和基础设施建设的资助模式。

2006 ~ 2007 年为 TDR 实施的第一阶段，该阶段开发了"虚拟码头"系统——Virtual Loading Dock（VLD），其功能是接收电子出版物及政府移交的电子文件。其中，政府电子文件通过专门的安全通道向"虚拟码头"（VLD）移交。在开发和建设"虚拟码头"（VLD）的过程中，采用如下元数据标准：①METS（Metadata Encoding Transmission Schema）。②MODS（Metadata Object Description Schema）。③PREMIS（Preservation Metadata）。④Simple Rights Schema。⑤Government of Canada Records Management Metadata Standard。

LAC 在建设和实施 TDR 的过程中，专门开发了以下 3 种电子文件管理工具：①电子文件管理评估工具（E - Records Readiness Assessment Tool）。用于评估政府部门电子文件及其管理系统的准备和成熟度状况，评估电子文件管理的技术和政策框架。②业务需求支撑工具（Business Requirements Support Tool）。以电子文件标准、工具和指南的应用为基础，满足业务需求。③基于风险的遗产工具（Risk - based Legacy Tool）。对遗产系统中的电子文件风险/价值进行评估，并将其迁移到一个电子文件管理系统。LAC 除了收藏电子出版物（含网络电子出版物）和政府电子文件之外，依据加拿大《图书档案法》的规定和授权，也收藏加拿大政府及省级和地方政府的网页。这些不同来源、不同类型的数字文献构成了 TDR 的数字资源基础。①

---

① Bruce Peter, "Case Study: Canadian Digital Information Strategy and the Architecture of Trusted Digital Repositories". http://r.search.yahoo.com/_ ylt = A0SO8xlBl4pTqzYASUlXNyoA;_ ylu = X3oDMTEzcjkyY3RhBHNlYwNzcgRwb3MDMQRjb2xvA2dxMQRvdGlkA1NNRTM5OV8x/RV = 2/RE = 1401620418/RO = 10/RU = http% 3a% 2f% 2fwww.itsa.or.kr% 2fdown.asp% 3ff _ name% 3d04_ % 25B0% 25AD% 25BF% 25AC4_ Peter_ % 25BC% 25F6% 25C1% 25A4.pdf/.

值得关注的是，加拿大地方政府在 2007 年前后也开始了数字保存战略的研制和实施。例如，加拿大多伦多市的文件与信息管理局于 2007 年开始准备、2009 年正式启动该市的数字信息长期保存战略。多伦多市数字信息长期保存战略的研制分为三个阶段：第一阶段（2009.12~2010.2）：数字保存问题分析及数字保存最佳实践调查；第二阶段（2010.3~2010.5）：数字保存需求评估；第三阶段（2010.6~2010.7）：制定数字保存策略，并于 2011 年开始实施。Irina Melikhova 从多伦多市数字保存策略制定的动机、内容、研制阶段及每一阶段的任务等进行了详细阐述，并设计了数字保存能力成熟度模型。[①] 多伦多市的数字保存策略为区域层面的数字保存提供了可资借鉴的路径。

二 澳大利亚的电子文件管理战略

1. 20 世纪 90 年代：电子文件分布式管理模式的提出

澳大利亚是世界上电子文件管理最为发达的国家之一。20 世纪 70 年代，澳大利亚国家档案馆开始接收有关石油开发的机读档案，20 世纪 80 年代，国家档案馆仍然按照传统的纸质档案管理方法来管理机读档案。直到 20 世纪 90 年代，电子文件数量激增，类型和格式趋于多样化，而用于解码的计算机硬件和文件格式则面临过时，最早的石油开发机读档案的利用出现了困难，在这样的背景下，澳大利亚国家档案馆于 1992 年开始启动专门研究电子文件长期存取的重要科研项目，目标是制定电子文件管理指南。1992 年 10 月国家档案馆召开文件管理集体会议，并将此次会议研讨的成果以论文集（*Managing Electronic Records*）的形式出版，标志着电子文件档案化管理路径的转折。1994 年 11 月国家档案馆在堪培拉召开题为 Playing for Keeps 的电子文件管理会议，Stephen Ellis 和 Steve Stuckey 联合在此次会议上做了题为 "Australian Archives' Approach to Preserving Long - term Access to the Commonwealth's Electronic Records" 的发言，第一次正式提出了分布式保管模式。他们认为电子文件应该由其形成机构维护和保存，保存电子文件最好的方法是由澳大利亚政府机构高标准地管理其形成的电子文件，而国家档案馆则须负责制定标准和提出保存建议。澳大利亚国家档案馆提出了富有争议的电子文件分布式保管模式，与普遍认为的"具有档案价

[①] Melikhova Irina, "Long‐Term Preservation (LTP) of Digital Information: City of Toronto Case Study", http://www.verney.ca/assets/file/MIPS2010presentations/3A.pdf.

值的电子文件需要由国家档案馆保管"的集中式管理模式显然不同。

20世纪90年代中后期,澳大利亚国家档案馆发布了两个重要的电子文件管理政策性文件,用以帮助政府机构应对电子文件的挑战。其一是1995年3月发布的Managing Electronic Records: A Shared Responsibility,[①]它对文件的含义做出了新的解释,从强调文件是信息载体到进一步认识到文件是信息本身,它还阐述了机构和国家档案馆在电子文件分布式保管环境下各自的角色和作用。其二是1995年9月发布的Keeping Electronic Records: Policy for Electronic Recordkeeping in the Commonwealth Government,[②]为联邦政府机构的电子文件管理提供了实际的政策指引。

需要指出的是,Frank Upward等学者主张的文件连续体理论思想对澳大利亚电子文件管理政策及电子文件管理标准的制定及其内容产生了重要影响。

2. 21世纪初期:电子文件集中式保管模式及数字保存战略的实施

21世纪初期,澳大利亚国家档案馆的电子文件管理模式由分布式向集中式转变,对于联邦政府机构形成的具有重要价值的电子文件原则上要求接收进馆。2000年,由澳大利亚国家档案馆主导的数字保存项目e-permanence开始启动,这使澳大利亚国家档案馆重新审视其分布式电子文件保管模式,国家档案馆颁布的Custody Policy for Commonwealth Records传达了一个重要信息:国家档案馆原则上将承担起对所有具有档案价值的电子文件的保管责任,不管其形式如何。澳大利亚国家档案馆2001年发布了电子文件管理系统设计及实施指南——DIRKS: A Strategic Approach to Managing Business Information[③],DIRKS是根据澳大利亚国家标准AS 4390(ISO 15489的前身)制定的用于指导机构电子文件管理系统设计与实施的重要指导性文件,是e-permanence项目得以开展的重要基础,对于欧美国家电子文件管理系统的设计及应用产生了广泛影响。2002年,国家档案馆发布了数字保存方法绿皮书An Approach to the Preservation of Digital Records,[④] 该绿皮书是国家档

---

① Managing Electronic Records: A Shared Responsibility, revised 1997. http://www.aa.gov.au/AA_WWW/AA_Issues/ManagingER.html.
② Keeping Electronic Records: Policy for Electronic Recordkeeping in the Commonwealth Government. http://www.aa.gov.au/AA_WWW/AA_Issues/KeepingER.html.
③ http://citeseerx.ist.psu.edu/viewdoc/download;jsessionid=0C3A1180761281EDAA9626BA5D40A999?doi=10.1.1.178.6655&rep=rep1&type=pdf.
④ Helen Heslop, Simon Davis, Andrew Wilson. An Approach to the Preservation of Digital Records. http://www.naa.gov.au/Images/An-approach-Green-Paper_tcm16-47161.pdf.

案馆"机构－研究人员数字保存项目"（Agency to Researcher Digital Preservation Project）的成果之一，它解释了数字保存的基本概念，详细阐述了数字保存应遵循的 5 项基本原则，分析了数字保存最基本的技术策略（迁移和仿真），最后描述了澳大利亚国家档案馆基于 XML 的电子文件存储格式及格式转换过程，提出了澳大利亚国家档案馆实施数字保存的基本技术设想。2004 年，国家档案馆颁布了数字文件保存指南：Digital Recordkeeping: Guidelines for Creating, Managing and Preserving Digital Records 及配套文件 Digital Recordkeeping Self - Assessment Checklist，用以帮助机构评估文件管理绩效。

2000 年，澳大利亚国家档案馆开始实施数字保存战略，在制定数字保存指南和政策、提出数字保存技术设想的同时，积极组织研发数字文件长期保存系统软件平台[1]，建设数字档案馆。目前，澳大利亚国家档案馆的数字文件长期保存系统平台已经建成，主要包括如下 4 个主要的功能软件：①Manifest Maker，其功能是支持联邦机构数字文件向国家档案馆移交，并进行技术检验。②Xena（XML Electronic Normalising for Archives），该软件用于对数字文件进行格式识别并转换为适合长期保存的标准、开放格式，也可用于展示或导出 Xena 文件。③Digital Preservation Recorder（DPR）。该软件用于管理整个数字保存工作流，记录每一次向数字档案馆的移交审计信息，应用 Xena 软件执行数字文件的格式转换。④Checksum Checker。该软件对数字文件进行监控，防止数据丢失或损坏。上述电子文件保存系统的各项功能都采用开源工具进行开发，并获得了免费开源许可（GPL）。

3. "数字连续性计划"（Digital continuity Plan）的提出和实施

2012 年，澳大利亚国家档案馆开始实施"数字连续性计划"，"数字连续性计划"最先由英国国家档案馆提出。所谓"数字连续体"，是一种管理和保存数字信息的方式，以确保数字信息能够按需提供利用，从满足机构、政府和社区利用需求的角度，加强对原生性电子文件的管理和保存。对有需求的用户而言，数字连续体确保数字信息是完整的、可获取的、可利用的，而且数字信息的保管期限不能超过所需要保存的期限。可利用性是数字连续性计划的最终目的，所谓数字信息的可利用性，是指：

---

[1] National Archives of Australia. Dissecting the Digital Preservation Software Platform. http://naa.gov.au/Images/Digital - Preservation - Software - Platform - v1_ tcm16 - 47139.pdf.

①当你需要时能找到它。②当你需要时能打开它。③能够按照你需要的方式处理它。④能够理解它是什么，它要表达的是什么。⑤能够信任它所表达的内容。①

"数字连续性计划"规定了其特有的数字保存6项原则：

第一，数字信息的价值在于，它是可被理解的业务资源、证据资源和社区资源，应妥善管理数字信息。应该根据数字信息的价值对其采取资产管理。对于组织而言，应该准确评估其社区义务商业风险和法律义务，这是管理数字信息的基本目的。随着时间的推移，数字信息的价值因其相关性和背景的变化而发生变化。

第二，数字信息治理集成于政府机构治理，其角色和责任应清晰划分和分配。数字信息对于业务处理十分重要，必须对数字信息进行高效管理以满足政府和社区的需要。数字信息治理必须集成于机构治理，明确数字信息治理的职责要求，划分角色及其责任，制定资源战略。

第三，数字信息是真实的、可靠的。正确的决策取决于可信的信息（即数字信息是决策的重要依据），而问责制要求决策和行动的依据能够承受审查，因此，数字信息必须是完整的、可靠的，在特定的背景中，能证明是真实的、可信的、安全的，没有发生未经授权的修改和变更。

第四，数字信息是可发现的、可获取的、可利用的。为了实现企业的效益，满足政府和社区的需求，数字信息必须能被恰当地发现、获取和利用。当数字信息能容易地找到时，它是可发现的；当数字信息能容易地检索和阅读时，它是可获取的；当数字信息能容易地判断、理解、编辑、更新、分享及重复利用时，它是可利用的。

第五，对数字信息采用数字化的管理方式。如果将数字格式的信息打印到纸上，它就失去了有价值的背景信息，不能很容易地被再次利用，这种方式是低效的。因此，数字信息应该以数字化的方式保存于具有必要功能的业务系统中。具体到业务工作中，应该降低对纸质信息的依赖而重视对数字信息的利用，取消将信息"打印到纸上"的管理实践。

第六，对数字信息按照需要管理、保护和保存必要的时间期限，然后进行妥善处理。数字信息的保管期限应该以满足机构、政府和社区的需要

---

① National Archives of Australia. Digital Continuity Plan. http：//www.naa.gov.au/Images/12.02.05%20Digital%20Continuity%20Plan%20web_tcm16-52027.pdf.

为根本目的。某些情况下，数字信息的保管时间会超过其生成、捕获和管理系统的生命期限，应积极对数字信息进行全生命周期管理，包括改变数字信息原有的管理系统或者改变其原有的格式。此外，应根据需求对数字信息进行挑选、保存和处置。[1]

为了从宏观上直观、全面地揭示澳大利亚电子文件管理政策及相关法律情况，本文总结、梳理了澳大利亚从20世纪90年代至今在电子文件管理及保存领域的政策、计划及指南性文件以及相关法律，如表4-1所示。

表4-1 澳大利亚电子文件管理政策及相关法律

电子文件管理政策、计划及指南	电子文件管理：一个共同的责任（1995年）
	电子文件保存：联邦政府电子文件保存政策（1995年）
	联邦记录保管政策（2000年）
	DIRKS文件保管系统设计和执行手册：业务信息管理战略标准（2001年）
	网络资源归档：联邦政府基于网络活动的文件保管政策（2001年）
	网站归档：联邦政府基于网络活动的文件保管指南（2001年）
	数字文件保存方法（2002年）
	数字保存政策（2003年）
	数字信息存取（PADI）（2003年）
	数字文件保存：数字文件创建、管理和保存指南（2004年）
	数字文件保存自我评估表（2004年）
	数字保存政策：联邦机构的数字档案文件保存（2009年7月发布，2011年7月修订）
	数字连续性计划（2012年）
	政府数字转型政策（2014年2月修订）
电子文件管理相关法律法规	1983年档案法
	1982年信息自由法
	2010年信息专员法
	1988年隐私法
	1995年证据法
	1999年电子交易法
	1997年财务管理及责任法
	2013年公共治理、绩效及责任法（PGPA Act）
	1914年犯罪法

---

[1] National Archives of Australia. Digital Continuity Principles. http：//naa.gov.au/Images/12.02.04%20Digital%20Continuity%20Principles%20B5%20web_ tcm16 - 52025.pdf.

三 英国电子文件管理及数字保存政策

大英图书馆（BL）及英国国家保存办公室（NPO）、英国国家档案馆（TNA）及英国公共文件办公室（PRO）、联合信息系统委员会（JISC）和数字保存联盟（DPC）引领并推动了英国数字保存的发展。英国数字保存政策的制定和实施应依据英国《公共档案法》（1958）、《数据保护法》（1998）、《信息自由法》（2000）等相关法律的规定。

1. 英国国家档案馆的电子文件战略

英国是世界上电子文件管理最为发达的国家之一。20 世纪 90 年代，随着英国政府部门电子文件数量的激增，英国国家档案馆（TNA）的专家认识到，电子文件将逐步成为馆藏现代档案的主流成分。1996 年，英国公共文件办公室、国家档案馆开始启动电子文件管理计划，着手研究电子文件接收和利用的长期战略。

1996 年 1 月，英国国家档案馆（TNA）对各部委办公自动化的情况进行了一次大型调查。通过这次调查发现，英国政府各部委绝大多数使用了办公自动化系统，但相应的档案管理程序却很缺乏，这意味着电子文件数量猛增，而电子文件的归档、移交和长期存取机制却相对滞后。为此，英国公共文件办公室、国家档案馆于 1996 年制定了 Archives Direct 2001（AD2001），AD2001 计划跨度为 5 年（1996~2001 年），主要任务是：在研究接收进馆电子文件保管、检索等技术方法的基础上，至 2001 年建立覆盖所有馆藏的档案目录检索系统，并向公众提供 Internet 检索服务。第一批数字化上网的档案目录主要是英国国家档案馆馆藏中的"核心部门"档案，包括首相府、内阁、经济事务部、公务部、财政部、国防部、外交部等七个全宗，于 1998 年前后完成。[①] AD2001 计划的实施可以视为英国政府电子文件管理战略的初启。

进入 21 世纪之后，英国国家档案馆（TNA）致力于协助英国政府推行"现代政府"规划，加快政府信息化建设及电子政府功能的完善。根据英国"现代政府"规划，在 2004 年前政府各部门以电子形式存储、检索、移交其形成的文件，电子文件以电子方式管理，在电子文件管理系统中进行流转、存储，不再转化为纸质文件，届时电子文件成为英国国家档案馆

---

① 王良城：《英国公共档案馆的电子文件管理工作》，《中国档案》1998 年第 1 期。

馆藏的主流。为此，英国国家档案馆、公共文件办公室于1999年发布了《电子文件管理、鉴定及保存指南》以及《数字文件保管政策》，2002年修订了《电子文件管理系统功能需求》[1]，于2003年8月开始了对政府网站信息的归档项目——The UK Central Government Web Archive。英国国家档案馆在电子文件管理和保存过程中，开发了如下重要的用于电子文件长期保存的在线资源库：PRONOM[2] 和 NDAD[3] 等。在英国国家档案馆的建议和协助下，英国政府部门普遍采用规范的电子文件管理系统及其他信息系统，从电子文件产生的源头对其进行管理和控制。英国国家档案馆还在制定电子政府元数据标准（e-Government Metadata Standard, e-GMS）中负责保存元数据元素的确认工作。此外，英国政府于2009年发布的《面向21世纪的档案馆》[4] 及其行动计划[5]为英国公共档案馆系统加强馆藏数字化及全面提供数字档案资源的在线获取服务提供了积极的政策支持。

　　为了对中央政府部门所形成的关键业务电子文件进行更有效的保存，英国国家档案馆从2007年开始推行"数字连续体"项目（Digital Continuity project），旨在帮助中央政府部门认识、评估电子文件风险，使关键性业务电子文件能妥善保管和处置。目前已经有16个政府部门的电子文件管理纳入了"数字连续体"共享服务体系。"数字连续体"共享服务体系建设包括实施一系列指南、工具、服务和标准，以确保政府部门形成的重要电子文件的完整性、可获得性和可利用性。从长远来看，"数字连续体"计划的推行对于提高政府效率、确保"电子文件流"向国家档案馆的移交至关重要。

　　英国国家档案馆的数字保存政策在其2009年发布的《保存政策》*Preservation Policy* 中有集中体现，*Preservation Policy* 确认了国家档案馆数字保存的基本原则和数字保存的两种级别。*Preservation Policy* 指出，当前存在各种不同的数字文件保存范式，需要明确的是，在数字保存中必须将数

---

[1] Public Record Office, The National Archives. Requirements for Electronic Records Management Systems (Version 2002). http://www.pro.gov.uk/recordsmanagement/.
[2] PRONOM，英国国家档案馆开发的用于电子文件格式识别和注册的在线开放资源库。
[3] The National Digital Archive of Datasets，英国国家档案馆开发的提供英国中央政府有关统计数据和电子文件的在线数字资源库。
[4] Archives for the 21st Century, Government Policy on archives, 2009. http://www.nationalarchives.gov.uk/documents/information-management/archives-for-the-21st-century.pdf.
[5] Archives for the 21st Century in action: refreshed 2012-15. http://www.nationalarchives.gov.uk/documents/archives/archives21centuryrefreshed-final.pdf

字内容与其技术表现区分开来。由于技术更新与过时的周期越来越短,试图对数字文件特定的技术表现进行长期存取是不可行的,因此,英国国家档案馆数字保存政策关注的是对底层数字内容及相关证据价值获取方式的保存。国家档案馆数字保存分为两种级别:被动保存与主动保存。被动保存,是指对每一份电子文件进行安全存储并维护其完整性;主动保存,是指定期将文件迁移至新的技术环境中。在迁移过程中,英国国家档案馆始终保存电子文件的原有形式及随后所产生的新的表现形式。[1] 英国国家档案馆的灾备策略体现在其"业务连续体计划"(Business Continuity Plan)[2]中,该计划旨在保护公共机构工作人员的安全、保护国家档案馆馆藏文献和文件的安全,在发生突发事件时使损失减少到最小。

2011年英国国家档案馆面向英国公共档案馆系统发布了《数字保存政策指南》[3],为致力于数字保存的公共档案馆提供了制定数字保存政策的原则性建议,具有很强的导向作用。

总之,英国国家档案馆的电子文件管理政策具有如下特色:通过实施业务连续体计划(Business Continuity Plan),为各种文献包括电子文件的安全保存提供了灾备策略;推行数字连续体项目(Digital Continuity Project),对政府部门的电子文件保管提供有效指导和风险识别,确保重要政府信息的完整性、可获得性及长期可用;建设英国中央政府Web档案馆(The UK Central Government Web Archive),保存政府网站信息,为网址不再存在时的文件利用提供了检索导航工具,确保政府网络信息可持续利用。

2. 大英图书馆的数字保存政策及策略

大英图书馆的数字保存政策引人关注。大英图书馆联合英国政府部门致力于国家信息化基础设施的建设,其中之一是建设国家数字图书馆(National Digital Library)——覆盖馆藏所有电子出版物和数字文献的可信数字资源库。其他由大英图书馆发起或主导的数字保存政策、指南主要有:①2002年制定了"数字保存政策"(Digital Preservation Policy),2012

---

[1] The National Archives. Preservation Policy. http://www.nationalarchives.gov.uk/documents/tna-corporate-preservation-policy-2009-website-version.pdf.

[2] The National Archives. Business Recovery Plan. http://www.nationalarchives.gov.uk/documents/business_recovery_plan.pdf.

[3] The National Archives. Digital Preservation Policies: Guidance for archives (2011). http://www.nationalarchives.gov.uk/documents/information-management/digital-preservation-policies-guidance-draft-v4.2.pdf.

年制定了"大英图书馆数字保存策略"（2013~2016）（"British Library Digital Preservation Strategy"，2013-2016），该数字保存策略内容充实，对大英图书馆数字保存的背景、目的、策略、风险、效果等进行了清晰的阐述。②《数字保存管理手册》(Preservation Management of Digital Materials Handbook)，主要由英国数字保存联盟 DPC（The Digital Preservation Coalition）负责维护，大英图书馆、澳大利亚图书馆和 JISC（The Joint Information Systems Committee）共同支持和使用，该手册对于数字保存的含义、动因、对象、技术与组织策略等进行了详细的分析和阐述，对于制定机构层面的数字保存政策具有重要的参考价值。③数字保存战略框架（The Digital Preservation Strategy Framework）。该战略框架阐述了大英国家图书馆的数字保存战略及其实施措施。

表 4-2 英国电子文件保存项目及相关数字保存政策

英国国家档案馆的电子文件保存项目、政策	档案管理 2001（1996~2001 年）
	英国国家数据集数字档案馆（NDAD）（1997~2010 年）
	办公系统电子文件项目（1998 年）
	办公系统电子文件管理指南（1998 年）
	电子文件管理系统功能需求（1999 年、2002 年版）
	电子文件管理、鉴定及保存指南（1999 年）
	电子文件管理：信息时代政府框架（2000 年、2004 年版）
	英国中央政府网站档案（2003 年）
	数字文件保管政策（2004 年）
	数字连续体项目（2007 年）
	业务连续体计划（2007 年）
	保存政策（2009 年）
	数字保存政策指南（2011 年）
大英图书馆的数字保存政策、指南	数字保存政策（2002 年）
	数字资源保存管理手册（2002 年，数字保存委员会 DPC 负责维护）
	数字保存战略框架（2002 年）
	大英图书馆数字保存战略（2013-2016 年）
其他数字保存政策、策略	文物保护研究所：专业指南（2002 年）
	伦敦市档案馆：档案保护及保存政策（2006 年 4 月）
	Wellcome 图书馆：馆藏资源保存政策（2007 年）
	国会档案馆：国会数字保存政策（2009 年 3 月）
	英国数据集档案馆：保存政策（2010 年）

四 欧盟的数字保存项目及政策

欧盟委员会倡议并资助实施了一系列数字保存项目，包括 e – Europe、eContentplus、ERPANET (the Electronic Resource Preservation and Access Network)① 等著名的数字保存项目。e – Europe② 项目旨在建设覆盖欧盟成员国的统一的数字平台。为此，欧盟委员会要求各成员国须制定本国的数字信息保存政策，其中，法国、瑞典、丹麦、荷兰等国家已由国家图书馆和档案馆制定了本国的数字信息保存政策。eContentplus③ 项目于 2005 年启动，其目的是使欧洲的数字内容更具有可获得性和可利用性。2005～2008 年欧盟委员会在该项目中投入了 1.49 亿欧元，致力于在欧盟多语言环境中加强对各类数字材料的可获得性和可利用性。数字内容所覆盖的主要领域包括：地理内容、教育内容、文化内容、科学内容和学术内容。该项目还资助欧盟范围内的图书馆、博物馆和档案馆对其数字馆藏的长期保存。ERPANET 项目支持对数字文化遗产和数字科学遗产的长期保存，旨在建立一个虚拟的知识交流和获取中心，实现个人及机构之间的知识转移。此外，欧盟委员会支持的数字保存项目还包括：PRESTOSPACE (Preservation Towards Storage and Access：Standardized Practices for Audio – Visual Content in Europe)，MINERVA (Ministerial Network for Valorizing Activities in Digitization)，BRICKS (Building Resources for Integrated Cultural Knowledge Services)，DELOS Network of Excellence for Digital Libraries (DL's) 等。

德国联邦教育及研究部于 2003 年起资助实施了 NESTOR (Network of Expertise in Long – term Storage of Digital Resources) 项目。④ 该项目由德国国家图书馆负责，其他 5 个州立图书馆、档案馆和高校图书馆合作完成。该项目旨在建立德国数字资源长期保存的专业网络平台，通过该专业网络平台，探讨和研究数字保存的专业问题和实践活动。具体任务包括：①建立德国数字资源归档保存及长期存取的网络论坛。②创建可信数字资源库建设标准的信息交流平台。③探讨和制定可信数字资源库的认证程序。④制定归档数字资源的收集、鉴定标准。⑤制定数字资源长期保存的方针

---

① http：//www.erpanet.org.
② http：//europa.eu.int/information_society/eeurope/2005/index_en.htm.
③ http：//europa.eu.int/information_society/activities/econtentplus/index_en.htm.
④ http：//www.dlib.org/dlib/april04/dobratz/04dobratz.html.

及政策。

北欧诸国在数字保存领域的主要项目及特色：①瑞典国家图书馆针对电子期刊等数字出版物的收集、管理及长期存储问题与 IBM 公司合作，从 2003 年起成功实施了 e – Depot 项目。国家图书馆与 Elsevier 等多家出版商达成协议，独立开展数字资源长期保存活动，出版商可直接向国家图书馆的数字保存系统送缴其出版的数字内容。②瑞士皇家图书馆自 1996 年起实施 Kulturarw3 项目，用于收集瑞士网站资源。③丹麦国家档案馆制定了电子文件管理战略及要求。④丹麦皇家图书馆和国家档案馆合作，共同制定和实施了数字保存政策框架，对网站资源进行收集和保存。⑤挪威国家档案馆早在 1984 年就研制了用于公共行政机构的电子保存系统 Noark，随后不断升级，1999 年推出了 Noark 4，明确规定了电子文件管理系统功能需求标准，成为挪威公共部门必须执行遵守的电子文件管理系统及归档标准。Noark 5 则进一步规范了电子文件的结构、元数据及功能。当前，挪威国家档案馆已经建成数字档案馆，为公众提供馆藏数字档案信息的在线查询和浏览服务。

欧盟委员会制定了对内和对外的档案政策。内部政策主要是落实欧盟在档案管理及档案开放等领域的法律、策略和程序；对外政策主要是协调和加强欧盟国家档案馆之间以及与国际档案界的合作与交流，成立由欧盟成员国和机构高水平专家组成的欧洲档案工作组（European Archives Group），保持与 DLM Forum 的密切联系，并支持其对 Moreq 的维护和推广应用。

五 俄罗斯的电子文件管理政策

20 世纪 70 年代，随着计算机技术在国民经济重要部门的应用，"机读档案"这一术语在苏联开始出现，而在 1980 年苏联颁布的《国家档案全宗条例》中首次规定，机读档案是国家档案全宗的组成部分，从而确认了机读档案的法律地位以及对其的归档保存要求。20 世纪 90 年代以来，俄罗斯没有专门出台《电子文件法》，但是颁布了与电子文件有关的重要法律，如《俄罗斯档案事业法》、《电子签名法》、《个人数据法》、《政府信息公开法》等。1994 年的《俄联邦档案全宗条例》和 2002 年的《俄联邦国家档案馆工作基本规则》中都明确规定，机读档案在形成机关的临时保管期限为 5 年。而且，俄罗斯等同采用了文件及数字保存的重要国际标准如 ISO 15489、ISO 23081 等，对欧盟电子文件管理系统需求标准 Moreq 积极执行，为俄罗斯电子文件管理与国际接轨奠定了基础。俄罗斯国家档案局下属的全俄文书学与档案事业研究所在俄罗斯电子文件理论研究及实践指导方面发挥了重要作用，是俄罗斯国家档案局制定电子文件管理政策、方针及标准的重要"智库"。从20世纪90年代至今，全俄文书学与档案事业研究所定期发布电子文件管理研究报告或研究成果，如1999年从文书学和档案学角度对电子文件的特性进行了理论探索，[①] 2000年发布了电子文件科研项目（2001~2010年）规划，[②] 2003年发布了联邦国家机关电子文件实践进展的研究报告，[③] 2009年发布了《电子文件管理要求》。

2010年以来，俄罗斯的电子文件管理政策在俄罗斯国家档案局2012年12月发布的《2020年前俄罗斯档案事业发展纲要》中得到充分体现。该纲要是对俄罗斯近年来制定的社会中长期发展战略《2020年前俄罗斯社会经济发展长期规划》、《俄罗斯信息社会发展战略》和《2020年前俄罗斯创新发展战略》在档案事业领域给予的回应，总结了俄罗斯档案事业取得的成就，着重分析了档案事业面临的困境，提出了2020年前俄罗斯档案事业的目标、任务和发展方向。

《2020年前俄罗斯档案事业发展纲要》肯定了档案事业信息化建设已经取得的成就：截至2012年，俄罗斯已编目档案全宗占全部联邦档案全宗的比例达到了85%，20%的档案全宗实现了文件级著录，3%的档案全宗实现了数字化。俄罗斯档案事业的总体水平，无论是在档案标准化、档案科技、档案事业组织管理，还是在档案基础设施方面，都同步或超过了独联体的绝大多数国家。但是，与世界上档案事业最为发达的国家如美国、英国、澳大利亚和德国相比，俄罗斯在档案技术设备、所能提供的潜在档案库的大小以及档案信息化基础设施方面还存在明显差距，而且，上述发达国家强大的档案信息检索系统和海量数字档案信息的在线服务能力也是俄罗斯无法比拟的。信息技术的广泛应用及电子文件的大量产生使俄罗斯

[①] Документоведческие и архивоведческие проблемы электронных документов: Аналитический обзор / Росархив, ВНИИДАД. М., 1999. 212 с. СИФ ОЦНТИ ВНИИДАД, № 10438.

[②] Электронные документы: Программа научных исследований (2001—2010 гг.) / Росархив, ВНИИДАД. М., 2000. 35 с. СИФ ОЦНТИ ВНИИДАД, № 10595.

[③] Исследование практики работы с электронными документами в делопроизводстве федеральных органов исполнительной власти Российской Федерации: Аналит. обзор / ВНИИДАД. М., 2003. Деп. в ОЦНТИ ВНИИДАД, № 228 – 2004.

档案事业面临严峻的挑战。

《2020年前俄罗斯档案事业发展纲要》目标的确定充分参照了《俄罗斯信息社会发展战略》所提出的信息化目标：到2015年，俄罗斯跻身世界信息化发达国家前20名之列；应用现代信息技术和通信技术，建立覆盖全俄罗斯的国家服务体系；100%的政府采购都通过电子商务平台运行；国家机关之间电子文件流转量占总文件量的75%；电子化的档案全宗数量不少于馆藏总量的20%。① 俄罗斯将以电子政府建设为重点，全面推进现代信息技术在国民经济和社会生活主要领域的普遍应用，而对电子文件的高效管理是电子政府建设不可或缺的内容。为此，《2020年前俄罗斯档案事业发展纲要》的基本目标是：档案事业的发展水平能够满足现代信息社会发展的基本需求。

但是，俄罗斯现有的文件管理体制制约了档案事业信息化发展，导致档案管理和文件管理领域的立法缺乏协调，档案管理与文件管理相互脱节。而且，国家档案馆和机关档案室在文件管理方面沟通不畅，出现了电子文件和纸质文件平行管理的情况。为此，《2020年前俄罗斯档案事业发展纲要》提出的两项主要任务是：改进和完善国家的文件管理政策，将档案馆纳入电子政府系统。改革的具体思路如下。

第一，推行文件管理改革，建立电子文件全程管理机制。

文件流转是政府管理的重要手段和工具，国家应该成为文件流转过程的积极调控者。文件管理改革的宏观思路是：首先，从国家层面建立文件管理、档案管理和文书流转的标准规范，建立统一的电子文件管理系统。在向无纸化过渡中，以最小的成本消耗实现最优化和合理化的文件流转。其次，赋予国家档案局实施文件管理改革的职能：通过立法和标准化手段，实现部门之间文件流转的标准化，监督文件产生的过程和规模，在全俄国家机关（未来将向市级扩展）建立统一的电子文件流转系统，从而在根本上减少每个国家机关为研发电子文件管理系统而付出的成本，出台统一的文件生成标准和电子文件移交进馆标准。通过对政府文件的控制和规范，消减文件的形式、文种和数量，降低文件鉴定、保管和利用成本，提高政府管理的灵活性和质量，增强决策的公开性和透明度。

---

① 《俄罗斯信息社会发展战略》，http://www.rg.ru/2008/02/16/informacia - strategia - dok.html，2014 - 02 - 01。

建立国家机关统一的电子文件流转系统是俄罗斯电子政府建设的一项基本任务。《2010 年前俄罗斯电子政府发展战略》明确提出了电子政府建设的目标：提高国家面向组织和公民的服务质量，简化行政环节和手续，缩短行政业务时间；提升国家机关活动信息的公开性和透明度，为公民和社会组织直接参与各级国家行政管理决策过程和评价创造条件等。为此，俄罗斯电子政府建设应完成 5 项基本任务，其中一项任务就是建立部门间的电子文件流转系统。① 2009 年俄罗斯联邦政府发布了《部门间电子文件流转系统行政条例》，明确提出了确立联邦国家机关统一的电子文件流转系统的要求及保障条件。②

第二，将档案馆纳入电子政府系统，建立联邦"电子文件集中保管中心"。

俄罗斯政府的大部分文件都以电子形式产生，因此，有效地实施电子文件的收集、保管和利用对于国家管理极为重要。为了实现联邦国家机关电子文件数量达到全部文件数量75%的政府目标，须加强电子文件管理的标准化，建设电子文件管理系统。具体措施包括：（1）制订面向文书处理领域、国家机关档案室、地方自治机关档案室的电子文件形成、整理及保管标准。（2）研制统一的电子文件归档、移交进馆的格式和标准，以及电子文件长期保存和利用服务的相关技术和标准，密切关注电子文件在不断完善的信息技术环境中的发展变化。（3）建立国家机关、地方自治机关、科研教育机构和私人组织在电子文件领域的合作机制。（4）建立联邦"电子文件集中保管中心"。可选择一个具有良好基础设施的联邦档案馆作为基地来建设。该中心与接入 МЭДО（部门电子文件流转系统）和 СМЭВ（部门统一的电子交互系统）的各联邦机构保持业务联系，具备对电子文件集中接收、永久保管和提供利用服务的功能。同时，它也集中保管联邦档案馆所保存的联邦档案全宗的数字副本。在地方层面，可在各联邦主体建立类似的电子文件集中保管中心。

综上所述，美、英、澳、欧盟等发达国家和地区在 20 世纪末或 21 世纪初期开始研制和启动国家层面的电子文件管理战略，对我国的电子文件管理有如下借鉴和启示：第一，国家档案局（馆）等公共文化机构是引领实施国家层面的电子文件管理战略、政策、项目的主体。国家档

---

① 《至 2010 年俄罗斯电子政府发展战略》，http：//www.ifap.ru/ofdocs/rus/egovconc.pdf，2010 - 4 - 23。

② http：//www.rg.ru/2009/09/30/elektr - dok.html。

案局（馆）应立足本国电子文件管理实际，与政府部门密切沟通，不失时机地制定本国的电子文件管理宏观战略，确保政府部门及国家公共管理部门形成的重要电子文件能够妥善地归档保存及可长期存取。如上所述，美国、英国、澳大利亚、加拿大、德国等国的一个共同特点是：国家档案局（馆）、国家图书馆等国家文化遗产机构与政府部门密切沟通合作，从电子文件的设计与形成阶段就开始进行控制，制定既能保障机构业务效率又能确保电子文件长期保存的整体战略，如英国和澳大利亚的"数字连续性计划"，或启动实施重要的电子文件管理项目，如美国的 ERA 项目。第二，电子文件管理应该成为电子政府建设的一项基本内容。电子文件是重要的信息资源和数字资产，电子文件管理是政府信息公开、问责、管理决策、绩效评估和审计的基本工具，任何电子事务（业务）活动都离不开电子文件。电子文件管理对提高政府服务质量和效率、加强治理、确保政府问责制、节约管理成本、增强公共服务能力具有重要的支持作用。因此，电子文件管理是电子政府建设的有机组成。第三，与政府无纸化办公相适应，大量产生的电子文件适用于数字化的管理方式，而不适用于传统模拟信息（纸质文件）的管理方式，用传统方式管理和保存电子文件低效而且存在风险。如果将电子文件的内容打印到纸上保存，就很容易失去有价值的背景信息而无法被再次利用。因此电子文件应该以数字化的方式保存于专门的业务系统或可信数字资源库中，尽量减少或取消将电子文件信息内容"打印到纸上"的传统做法。英国、澳大利亚、美国等发达国家电子文件管理都遵循了这一基本的原则。第四，应通过立法确认和保障电子文件管理国家战略的制定和实施。研究制定电子文件管理法律法规，如《电子文件法》或者《电子文件管理条例》，并将其纳入国家法规体系。同时，制定和完善与电子文件管理相关的法律法规，如《电子证据法》、《政府信息公开法》、《个人数据保护法》等。第五，电子文件管理国家战略的实施应该被纳入国家信息化工程基础设施建设。电子文件的产生、维护和利用离不开其业务活动系统和信息管理系统，对具有永久保存价值的电子文件提供长期保护和利用离不开数字档案馆系统。电子文件管理是国家信息化基础设施建设的内容之一。[1]

---

[1] 安小米：《国外电子文件管理国家战略研究》，《档案学通讯》2009 年第 1 期。

第二节　组织机构电子文件长期保存政策和策略

电子文件管理及长期保存政策往往由国家档案（局）馆、国家图书馆等文化遗产机构率先研究和制定，它们拥有明显优势：馆藏电子文件资源历史悠久、数量庞大、类型多样，技术力量强，组织结构完善；而且实施电子文件管理的财政预算有一定保障；另外，它们作为公共文化遗产机构，电子文件长期保存的责任和压力也更为突出，因此，电子文件长期保存政策往往由国家档案（局）馆或国家图书馆率先制定。而一般的组织机构在应对电子文件有效管理和长期保存问题时有所不同，它们不承担长期保存数字文化遗产的责任，它们对电子文件的长期保存主要对自己"负责"，从自身业务需求和维护自身利益出发，意识到电子文件的有效管理对于提高机构业务效率至关重要，真实、完整、可靠的电子文件对于审计、问责、取证必不可少。它们在意识到电子文件是重要的信息资产，电子文件的妥善管理能确保机构权益、维护合法利益时，才会系统考虑电子文件长期保存问题。而如果不及时制定和实施电子文件管理政策，机构将蒙受巨大的损失。一般机构的电子文件长期保存政策会受到财力不足、技术及人员实力较为薄弱等不利因素的影响。因此，有必要从机构的实际需要和固有实力出发，研制符合机构需要的电子文件长期保存政策。

不少数字保存机构和联盟组织有针对性地提出了机构数字保存政策，影响较大的包括：①英国数字保存联盟 DPC（Digital Preservation Coalition）[1] 负责维护的《数字保存手册》（The Digital Preservation Handbook[2]）。该手册最初由 Neil Beagrie 和 Maggie Jones 撰写并于 2009 年首次发布，此后由 DPC 负责维护。2014 年 DPC 准备对其进行修订，英国国家档案馆、大英图书馆与包括澳大利亚国家图书馆和 JISC[3] 等在内的利益相关者共同支持 DPC 对《数字保存手册》的更新和维护。②OCLC《数字档

---

[1] DPC（Digital Preservation Coalition）即"数字保存联盟"，是 2001 年成立于英国的非营利性会员组织。该组织主要致力于解决英联邦数字资源的安全性及长期保存问题，并与其他国际组织合作，共同保护全球数字记忆和知识库。

[2] Neil Beagrie, Maggie Jones. The Preservation Management of Digital Material Handbook. http://www.dpconline.org/graphics/handbook/.

[3] JISC（Joint Information Systems Committee）即"联合信息系统委员会"，是英国数字技术领域的教育研究组织。

案馆保存政策》(The OCLC Digital Archive Preservation Policy)。① OCLC 从 2001 年起开始关注数字保存问题,为了满足图书馆、博物馆、档案馆及教育机构对数字资料的长期存储、管理和保存的需要,OCLC 于 2006 年制定了《数字档案馆保存政策》,该政策着重参考了两个标准文献:OCLC/RLG 制定的《可信数字资源库:特征及责任》②和国际标准 OAIS 参考模型。③由 JISC 资助,Neil Beagrie,Najla Semple,Peter Williams 和 Richard Wright 共同撰写,Charles Beagrie 公司 2008 年发布的研究报告——《数字保存政策研究》(Digital Preservation Policy Study. Part 1: Final Report)③ 构建了机构数字保存政策模型及实施框架,而且进行了相关案例分析,具有较强的可操作性。④英国国家档案馆于 2011 年面向英国公共档案馆系统发布了《数字保存政策指南》④,为英国各级公共档案馆制定和实施数字保存政策指明了基本方向。此外,很多大学图书馆(如康奈尔大学图书馆、牛津大学图书馆、利兹大学图书馆、耶鲁大学图书馆、伯克利数字图书馆、哥伦比亚大学图书馆等)、公共图书馆、大学档案馆或地方档案馆、学会或协会(如美国明尼苏达州历史协会)都发布了自己的数字保存政策。⑤加拿大电子文件长期保存国际合作项目 InterPARES-2 发布的研究报告《数字文件保存政策、策略、标准原则框架》⑤ 从数字文件形成者和数字文件保存者角度,分别提出了应当遵循的 13 条基本原则。⑥欧盟 ERPANET 项目于 2003 年发布了简单而可操作的《数字保存政策工具》。⑥ ⑦英国"国际文件管理信任(International Records Management Trust,IRMT)"组

---

① OCLC Digital Archive Preservation Policy and Supporting Documentation. http://wiki.lib.sun.ac.za/images/e/e5/Oclc-digital-preservation-policy.pdf.
② Trusted Digital Repositories: Attributes and Responsibilities. http://www.rlg.org/en/pdfs/repositories.pdf.
③ Neil Beagrie, Najla Semple, Peter Williams, Richard Wright. Digital Preservation Policy Study. Part 1: Final Report. http://www.jisc.ac.uk/media/documents/programmes/preservation/jiscpolicy_p1finalreport.pdf.
④ The National Archives. Digital Preservation Policies: Guidance for Archives (2011). http://www.nationalarchives.gov.uk/documents/information-management/digital-preservation-policies-guidance-draft-v4.2.pdf.
⑤ Luciana Duranti, Jim Suderman, Malcolm Todd. A Framework of Principles for the Development of Policies, Strategies and Standards for the Long-term Preservation of Digital Records. http://www.interpares.org/display_file.cfm?doc=ip2(pub)policy_framework_document.pdf.
⑥ Digital Preservation Policy Tool - Erpanet. http://www.erpanet.org/guidance/docs/ERPANETPolicyTool.pdf.

织所提供的《电子文件长期保存》培训材料对于机构制定电子文件长期保存政策具有一定参考价值。[①] ⑧欧洲数字生命周期管理论坛 DLM Forum 1997 年发布，2008 年更新的《电子信息利用最佳实践指南》[②] 对于电子文件长期保存实践具有较强的指导意义。此外，联合国教科文组织 2003 年发布的《数字遗产保存指南》对于各类数字保存活动则具有广泛的指导意义。

一 DPC《数字保存手册》

DPC《数字保存手册》（The Preservation Management of Digital Material Handbook）兼具系统性和实用性。它定义了数字保存的基本术语，厘清了数字保存的基本认识和理论问题，不仅从数字保存所涉及的技术、组织和法律这三个基本维度分析和阐述了数字保存方案，而且从微观上分析了机构数字保存的具体策略，提供了欧美数字保存领域丰富翔实的典型案例和最佳实践。

该手册指出，机构在制定数字保存政策时，必须明确如下五个基本问题：第一，为什么要制定和实施数字保存政策；第二，数字材料有何特点？第三，机构所产生的数字材料的类型和范围？第四，哪些人应该参与到数字保存活动中？第五，数字保存的成本如何？该手册一一对上述问题进行了分析，给出了准确而客观的结论。该手册认为，数字材料从其形成的途径来看包括两种类型：原生性的和数字化以后形成的。二者在长期保存过程中都面临技术过时和媒体老化等类似的问题，但是，原生性的数字材料更为脆弱，因为它们一旦丢失则没有模拟信息留存。而且，数字材料越复杂，对其长期存取及保持其原有功能的难度就越大。机构对其形成的有价值的数字材料进行长期保存，有可能为其当初创建数字材料时的投入带来最大的回报。该手册特别推荐数字保存过程中相关利益各方之间的合作。手册认同大英图书馆国家保存办公室的意见，认为数字材料具有与传统介质材料不同的特性，因此，能否成功实现对数字材料的长期存取取决于相关利益各方共同参与的广度，而数字材料的创建者（形成者）和数字

[①] International Records Management Trust. Module 4: Preserving Electronic Records. http://www.irmt.org/documents/educ_training/term%20modules/IRMT%20TERM%20Module%204.pdf.

[②] DLM Forum. Guidelines on Best Practice for Using Electronic Information. http://dlmforum.typepad.com/gdlines.pdf.

材料的保存者（图书馆、档案馆、博物馆等文化遗产机构）是两类最为重要的利益相关者，它们之间必须保持持久密切的沟通和合作。这一认识对于我国数字保存活动具有重要的借鉴价值。关于数字保存的成本问题，手册认为数字环境中的保存成本一般要高出传统纸质环境下的保存成本，这主要受到如下四个要素的影响：第一，需要积极应对技术领域不可避免的变化。第二，数字资源本身及其与出版商和其他生产者之间的许可协议都缺乏标准，使得数字归档保存难以实现规模效益。第三，还缺乏完善的解决手段，使某些种类的数字对象在技术变更之后不失去关键信息，并维护其可靠性和准确性。第四，对于既需要保存数字馆藏又需要保存传统馆藏的机构而言，数字保存的成本问题非常严峻，因为它们要应对两种不同性质的保存需求而保持资源分配的平衡。这类机构更趋向于优先考虑数字资源的长期保存而不是短期存取服务。需要明确的是，重建数字资源的成本远远高于数字保存的成本。而如果不制定和实行数字保存政策，数字资源一旦丧失或遭受破坏，往往是不可逆的，再也没有重新恢复的机会。

二 OCLC《数字档案馆保存政策》

OCLC数字档案馆建于2002年，主要为OCLC成员提供数字资源的长期存取服务，是OCLC数字保存计划的一个组成部分。OCLC《数字档案馆保存政策》（The OCLC Digital Archive Preservation Policy）概述了OCLC数字档案馆对数字内容对象及相关元数据的保存方式：首先，采用比特流保存。存储于OCLC数字档案馆的数字内容对象和元数据按照其原有格式进行保存。数字档案馆要对摄取的内容对象及相关元数据之间的关联性进行检验，同时进行病毒检测。数据内容对象及相关的管理元数据和技术元数据按照METS格式标准进行封装，形成分发信息包。对数字内容对象及相关元数据采用在线和离线两种备份方式。其次，本地保存。数字档案馆对于所收集和加工的数字内容对象及元数据加以封装以后，以分发信息包的方式发送给本地数字保存库保存。一般在数字档案馆加工处理结束后的90天内发送给本地数字保存库。再次，OCLC数字档案馆的目标是确保对数字内容对象的长期存取（即完全保存"full preservation"）。OCLC《数字档案馆保存政策》认为，数字保存社区（digital preservation community）制定保存策略时需要关注如下内容：对因技术变化（如常用的专有文件格式和应用软件的变化）而可能引起的内容丢失风险进行评估；对数字内容对象进行评价，确定格式转换的类型、层次或者采取其他保存行动；对每一类数据对象确定恰当的元数据，并保持与数字对象之间的关联；提供对数字内容的存取。总体上，OCLC《数字档案馆保存政策》着重强调的是如何制定数字保存技术策略及实现它，包括：数据管理策略（含元数据管理策略）、备份策略、存储设施及安全性、灾难预防和恢复，以及数字档案馆风险评估（含组织风险、保存行动计划风险、文件格式及软硬件风险）。

三　JISC《数字保存政策研究》

《数字保存政策研究》由联合信息系统委员会（JISC）资助，主要针对英国高等教育机构的数字资产保存问题，为其制定数字保存策略模型，分析数字保存在支持高等教育机构发展战略中所发挥的作用。虽然该研究集中于英国高等教育部门，但它所研究的数字保存政策能够广泛应用到其他行业和其他国家，为希望制定数字保存策略的机构提供参考。

1. 关于什么是数字保存及为什么要实施数字保存

JISC《数字保存政策研究》认为，数字保存是确保数字对象在未来能被获取的主动管理过程。而数字保存所要应对的难题是：技术更新频繁、存储介质的脆弱性。由于电子文件对技术环境的依赖性及其存储载体的脆弱性，需要对其实施持续、主动的管理。一方面，电子文件赖以形成、识读和处理的软硬件技术的更新周期越来越短；另一方面，相对于纸质文件，电子文件存储媒体更加脆弱，其老化变质比纸质文件更易发生且难以发现，一旦发生可能已经无法恢复，所以，为了确保重要的电子文件能在未来被访问利用，机构须尽早开始数字保存活动。而机构的数字保存政策是实施数字保存的整体规划和部署，对于明确数字保存的目标、范围和责任，采取合适的数字保存技术策略，最终实现数字保存的目标十分重要。

2. JISC《数字保存政策研究》的背景分析

机构的数字保存政策普遍缺失，没有对可持续的数字资产保存方法的成本和收益问题进行深入研究，由此导致机构的核心发展战略很少考虑数字保存问题。在许多领域，机构没有或只是分散零星地制定了数字保存政策，数字保存没有被纳入机构的核心发展战略，JISC《数字保存政策研究》正是针对这一问题而开展其研究活动的。为了使这一情形得到改观，必须使组织机构认识到数字保存对于机构的成功运行至关重要。数字保存依赖于数字保存环境和组织目标及程序的相互作用，这综合体现在财务管理、人员配备、费用管理、法律责任和审计需求等各个方面。

3. JISC《数字保存政策研究》的目标

主要目标是帮助英国高等教育机构了解、制定和实施相关的数字保存政策，为高等教育机构制定数字保存策略提供指南。该研究报告不是为机构的数字保存提供具体的策略，而是进行顶层政策设计，具体的策略则需要机构结合自身的需求来制定。该研究报告采用模块化的方法提供了数字保存政策模型，允许机构根据自身不同需求对模块的功能和要素进行选择和调整。除此之外，还挑选和推荐了数字保存的典型案例，帮助机构应用具体的策略和工具制定自己的数字保存政策。该研究报告指出了机构在制定数字保存政策时应该遵循的一条最重要的原则，即：机构的数字保存政策只有与机构核心业务驱动相联系时，才能最有效地发挥其作用。反之，如果数字保存政策与业务驱动没有关系，在孤立状态下则往往无效。因此，JISC 投入大量精力研究了高校的其他核心政策，包括：科研政策、教学政策、学习政策、信息政策、图书馆政策、文件管理政策，并分别与机构（高校）数字保存政策之间的联系建立了"映射"。

JISC《数字保存政策研究》的特色在于，为机构提供了一个可供选择和调整的数字保存政策模型，并特别强调数字保存政策必须基于机构的业务需求、在业务驱动下制定和实施，而且深入分析了机构的数字保存政策与机构其他核心政策之间的关联性。这使其数字保存政策模型能够融入机构（高校）的关键业务活动，如教学活动、科研活动、图书馆工作与服务活动、文件管理等业务活动，不至于孤立无依而无法真正得以实施。

4. 关于数字保存政策制定之前的准备活动

如果一个机构打算制定自己的数字保存政策，JISC《数字保存政策研究》给出了如下建议。

第一，与机构业务驱动关联。首先需要考虑的是机构的业务需求以及对数字保存政策的影响。一项政策在开始时往往很难实施，但一旦机构认识到这项政策能够克服所有障碍，与其他业务政策协调发展，这项政策就会得以轻松实施。数字保存政策必须与机构的业务驱动、业务活动及其功能相集成，可尝试将这些映射到数字保存的效益上。第二，分析现有的策略和政策，揭示数字保存政策与它们之间的关联性。首要任务是分析和识别机构已有的高层策略和制度，如财务政策、人事管理政策和风险评估政策，重点关注与数字保存相关的政策和条款。同时，也要关注其他部门的具体流程管理文件。识别了这些信息之后，再根据本研究报告中给出的"映射"发现数字保存政策与机构其他顶层政策内在的关联性。第三，循序渐进。机构制定和实施数字保存策略是一项十分艰巨的任务，需要分阶段、循序渐进地开展。首先，在制定数字保存政策阶段，须仔细分析该研究报告关于政策模型（表 4-3）的 5 个高层次条款：原则声明、背景联系、保存目标、内容识别和程序问责。其次，在政策实施阶段，须参照该研究报告关于政策的实施条款，如：财务和员工问责、知识产权问题、分布式服务、标准遵从、更新数字对象的格式、应用、存储及媒体策略、评价和认证、审计和风险管理、利益相关者、术语表，具有更多的技术细节（表 4-4）。第四，增强数字保存的意识。做一个风险分析报告或许会提高人们对数字保存政策重要性的认识。应让人们都意识到，数字保存是一种能确保长期访问及获取数据的方式。例如，哥伦比亚大学的 eSpida 项目运用计算方法评估数字资产的价值，为数字保存政策制定者提供了计量化的工具。第五，开展对机构员工有关数字保存知识的调查，分析其影响。第六，考察和评价数字保存的支持条件。考察机构是否有充足的资源进行数字保存，是否得到机构高层的支持；考察机构的限制条件，是否有相应的专家开展这些工作，还要考察数字保存政策是不是由机构高层人员签署。第七，分析所要收集和保存的电子文件类型，深入研究数字保存政策和电子文件收集政策各自的独立特点及其相互之间的联系。分析机构数字保存的任务、机构的数字保存能力和专家水平，以及数字保存政策的范围及其相应的实施计划。第八，技术问题。机构是否已有文件管理系统或数字资产管理系统？已有的系统是否嵌入了数字保存功能，或者是否能通过改进而实现数字保存功能？需要注意的是，数字保存政策应独立于技术而存在，不能将数字保存政策与技术捆绑。不过，在实施和应用数字保存政策时，充分考虑现有的系统及其外购计划是十分重要的。第九，数字文件生命周期管理。数字保存必须考虑数字对象的生命周期。以一个高等教育机构为例，某个数字对象由一研究机构创建，而该数字对象的一些信息可能归属、存储于另一个机构，作者信息可能存储在某个文件管理部门，数字对象可能被很多学生和员工使用，其复制件可能被传送至图书馆或档案馆保存，使用者可能了解也可能不了解该文件的背景信息。该数字对象有漫长且复杂的生命运动历史，其中大部分信息对归档者来说都是未知的。但是，如果在数字文件管理中引入文件生命周期连续体的概念，上述相关的信息都会被记录下来，机构内部的所有部门和单位都应负起相应的责任，那么，该数字对象可能得以长久保存和再次利用。

5. 机构数字保存政策模型及应用条款

如表4-3所示，JISC《数字保存政策研究》给出了机构数字保存政策模型，该模型共有8项顶层条款，而不是具体的实用指南。表4-4描述了该数字保存政策模型的应用条款，更注重数字保存政策在实施过程中的细节问题。

表4-3 JISC：机构数字保存政策模型

条款	描述
原则声明	阐明数字保存政策满足机构需求及能给机构带来的效益
背景联系	强调该政策如何融入机构，与机构其他高层战略和政策的联系
保存目标	关于保存目标及其实现该目标的支撑条件
内容识别	从保存内容方面概述政策的范围及与馆藏发展的关系
程序问责	确定数字保存政策的高层责任，以及对机构关键数字资源保存的重要义务
指导和实施	提供实施数字保存政策的具体指导，或者单独发布有关的指导性文件
术语表	如果需要的话，列举该政策所涉及的概念术语定义列表
版本控制	政策版本历史及书目信息，政策发布日期、政策持续周期和政策复查程序

表4-4 JISC：机构数字保存政策模型（应用条款）

条款	描述
财务和员工问责	在机构内部由谁对数字保存负责，以及财务支持的可持续性，将数字保存纳入机构财务计划
知识产权	关注版权问题，机构如何认识和解决这个重要问题
分布式服务	在某些情况下，通过外包方式实施部分或全部的保存活动可能更为方便和经济有效
标准遵从	列举档案部门需要遵循的相关标准
审查和认证	确定数字保存政策的审查周期，如每年两次、每年一次或每两年一次
审计和风险管理	确定标准化审计的程序及数字保存政策面临的风险
利益相关者	确认参与数字保存政策的各方利益相关者，以及其实施程序
数字保存策略	实施数字保存政策的技术方法和途径

资料来源：编译自 Neil Beagrie, Najla Semple, Peter Williams, Richard Wright. Digital Preservation Policy Study. Part 1：Final Report. http：//www.jisc.ac.uk/media/documents/programmes/preservation/jiscpolicy_p1finalreport.pdf。

JISC《数字保存政策研究》反复地强调，数字保存应当被视为一种达到目的的方法，而不是目的本身。任何数字保存政策在构建时都应认真考察机构的业务驱动和机构核心战略，机构的数字保存政策必须融入机构的业务活动，机构的关键业务系统应该嵌入数字保存功能。其实，不仅在高等教育机构领域，政府、企业及其他类型组织和团体的业务活动都已经部分或全部地利用了数字内容和电子服务，数字保存对于越来越多的组织机构成为一个迫切的需要，数字保存必须以满足机构业务需求为目的和动机，主要为机构保留重要的电子证据、数字资产及机构问责服务。机构越来越多地认识到，数字保存能为其带来很多益处，任何对数字信息的长期访问和未来效益都在很大程度上取决于数字保存政策是否到位。反之，忽视数字保存则可能给机构造成极大的损失。因此，JISC《数字保存政策研究》虽然面向的是英国高等教育机构，但是，该研究报告关于数字保存政策的准确认识和基本观点，所提供的数字保存政策模型及其实施条款，以及对高校数字保存政策与高校其他核心政策之间所做的一系列映射分析对于政府机构、企业及其他社会组织都具有积极的借鉴意义。

四　英国国家档案馆《数字保存政策指南》

英国国家档案馆发布的《数字保存政策指南》（Digital Preservation Policies: Guidance for Archives）指出，组织机构越来越多地只创建、利用和存储数字形式的文件，而越早对其加以干预越有利于数字文件的长期保存，这为识别、收集、管理这些数字文件的内容以确保其真实性和可长期存取的公共档案馆带来了巨大的挑战。《数字保存政策指南》授予了各级公共档案馆监督数字文件管理过程及从事数字保存的权利。该指南从数字保存的目的、数字保存参与者和数字保存的对象范围（即数字保存的主体和客体）、数字保存政策与数字保存策略之间的关系、数字保存政策与其他支撑文件（如可接受的文件格式清单、法律、标准等）的关系、数字保存政策与其他政策之间的关系、数字保存的角色和责任关系、区分主动保存与被动保存、数字保存政策的评估和监督8个方面为英国各级公共档案馆制定其数字保存政策提出了建议和指导。

1. 数字保存的目的

数字保存具有两个首要目的，第一个目的，数字保存机构要明确为什么进行数字保存，包括：①保存数字文件的目标和动机。②数字保存如何能使档案馆实现其核心目标。③数字保存如何才能支持所隶属政府机构（如一个地方行政机构内部的档案馆）的战略目标。④数字保存对于数据可长期再利用的益处，反之，数字保存失败所带来的经济、声誉和文化风险。第二个目的，档案行政管理机构在制定数字保存政策时应注意：①明确组织机构内部和外部各方（数字文件的承包方、存储方或捐赠方）之间的角色和责任关系。②定义一套简洁、可衡量的成功标准。③定义数字保存活动所覆盖的对象范围，包括定义数字文件的类型。④确定一个档案馆何时、如何对数字文件进行鉴定，根据其历史价值及技术特征进行归档。⑤识别已有的数字保存策略。⑥指出与数字保存策略有关的任何标准。需要强调的是，明确数字保存的角色及责任关系有助于更直接地解决数字保存中出现的问题和冲突。

2. 数字保存的参与者和数字保存的对象范围（数字保存的主体和客体）

首先，关于数字保存的主体。数字保存政策应该反映和代表所有参与数字保存的各方利益，阐明他们各自的责任。该政策应该书面通知有意参与数字保存的各方应该做什么及为什么这样做。应该避免过度使用技术语言以便参与数字保存的各方能广泛理解。数字保存政策的"知名度"是很重要的，建议以可访问的格式在线发布或者通过局域网在机构内部发布。

其次，关于数字保存的对象范围。公共档案馆所接收的数字文件的来源十分广泛，这需要明确数字保存的对象范围，包括：拟长期保存的数字文件类型（含内容、结构和格式）；数字文件接收的一般来源机构或组织；数字文件的位置（含存储位置和系统）。划定了明确的保存范围，档案馆可以拒绝接收超出其保存范围、超出其接收和保存能力的数字文件，或者仅保留该数字文件的部分属性，或者建议由其他档案馆负责保存。

3. 数字保存政策与数字保存策略之间的关系

数字保存策略（digital preservation strategy）是一个组织机构所采用的确保数字文件的内容可长期存取的各种方法。数字保存策略的工作机制是通过特定的触发机制决定何时实施数字保存活动。例如：迁移策略是当文件格式濒临过时的时候将其迁移到另一可持续的格式。小型机构可以根据数字保存的规模和复杂程度在其数字保存政策中包含数字保存策略。数字保存政策必须阐明数字保存策略及其实施者，这将强化数字保存策略及与之对应的数字保存活动，同时，使数字保存政策具有独立性，在数字保存策略变化时，数字保存政策不必改变。表4-5列出了数字保存政策和数字保存策略的不同之处。

表4-5 数字保存政策与数字保存策略的区别

功　能	数字保存政策 （digital preservation policy）	数字保存策略 （digital preservation strategy）
关于数字保存的所有权	✓	
关于数字保存的战略方向	✓	
数字保存的对象范围	✓	
数字保存角色及责任关系	✓	
与其他政策的关系	✓	
与其他文件（法律、标准）的关系	✓	
数字文件存储的类型		✓
可接收/首选文件格式		✓
迁移触发器		✓
迁移类型		✓
标准化的触发机制		✓
标准化的类型		✓

资料来源：编译自 The National Archives. Digital Preservation Policies：Guidance for Archives (2011). http://www.nationalarchives.gov.uk/documents/information-management/digital-preservation-policies-guidance-draft-v4.2.pdf.

4. 数字保存政策与其他支撑文件之间的关系

数字保存政策应得到相关支撑文件的支持，这些文件可能已经制定，反映了组织机构的业务过程、业务关系及业务需求。表4-6列举了相关的支撑文件及其与数字保存政策的关系。

表4-6 相关支撑文件与数字保存政策的关系

支撑文件	与数字保存政策的关系
可接收/首选的文件格式列表	列举了档案馆可接收文件格式的类型范围。该表不是固定不变的，而应定期复查、更新，反映技术的变化及档案馆对新的文件格式的保存需求
国家/国际标准	数字保存政策须确认任何相关的国家/国际标准，为数字保存活动提供权威的方法

续表

支撑文件	与数字保存政策的关系
法律文件	数字保存政策应该根据相关的法律规定确认数字文件何时及如何利用/再利用。如英国1998年数据保护法，1988年版权、外观设计及专利法
标准作业程序（SOPs）	标准作业程序能以标准化方式执行数字保存任务，以确保数字文件的完整性
服务级别协议（SLAs）	服务级别协议确认了数字保存策略内所有或部分流程的服务等级及范围
系统开发文件	新系统或新软件的开发源于新的数字文件类型的出现。数字保存政策应该授予早期参与数字保存责任方相应的任务。档案馆越早对数字文件进行评估（如在创建阶段），越有利于为数字文件的最佳保存做好准备
正式合同	已有的正式合同加强了服务提供方的责任，可为数字保存政策提供建立合作伙伴关系的依据

资料来源：编译自 The National Archives. Digital Preservation Policies：Guidance for Archives (2011). http：//www. nationalarchives. gov. uk/documents/information - management/digital - preservation - policies - guidance - draft - v4. 2. pdf。

5. 数字保存政策与其他政策之间的关系

机构在制定和实施数字保存政策时，还需要综合考虑现有的哪些政策能对数字保存活动产生影响。表4-7列举了其他政策及其与数字保存政策之间的关系。

表4-7 数字保存政策与其他政策之间的关系

其他政策	与数字保存政策的关系
采集/收集政策	档案馆须以采集/收集政策为依据，对没有档案价值或在其收集范围之外的数字文件做出决定，表明该数字文件在档案馆及其用户的兴趣之外
模拟文件（传统文件）的保存政策	强调对模拟文件提供适当的长期保存措施，由此需要长期保存所有馆藏档案文件（与格式无关）
文件管理政策	文件管理政策表明了机构对数字文件的聚集和处置方式
数字连续性和信息保障政策	数字连续性确保信息对于机构的可利用性、完整性和可获得性，可在组织机构所拥有的IT系统中采用同样的流程对归档数字文件进行连续的管理
信息自由/数据保护政策	2000年信息自由法和1998年数据保护法对于数字保存具有重要影响，数字保存政策必须明确机构在实施上述法律时对信息请求做出回应而采取的政策

续表

其他政策	与数字保存政策的关系
信息安全政策	为了保护机构的信息资产须在信息安全政策中制定专门的规则,这些规则须在数字保存政策中得到体现,防止出现信息安全漏洞
版权政策	根据现有英国版权法的规定,除了某些限制条款一般不得对数字文件制作复制件。档案馆对馆藏非版权作品进行数字保存时须考虑版权法的有关规定

资料来源：编译自 The National Archives. Digital Preservation Policies：Guidance for Archives (2011)。http：//www.nationalarchives.gov.uk/documents/information-management/digital-preservation-policies-guidance-draft-v4.2.pdf。

关于联合保存政策。对于某些机构而言,制定一个联合的保存政策对于综合反映活动或业务单元可能更为切合其实际需要。英国国家档案馆的保存政策就是一个联合保存政策的典型,它将模拟馆藏和数字馆藏的保存政策结合在一起,视二者同等重要,实施一致的管理。① 其他的联合保存政策还包括：①文件管理和数字保存联合政策。即将文件的创建、选择和数字保存作为一个统一的管理流程。②数字连续性和数字保存联合政策。该联合政策确保所有的数字文件按照同样的方式进行管理。

6. 关于角色和责任关系

确定数字保存的角色和责任关系非常重要,因为它明确了在整个组织机构中由谁对数字文件的管理和保存负有责任。数字保存政策必须确认数字保存的责任方及其责任内容,如果赋予其不合实际的责任内容将使数字保存面临失败的风险。为此,机构在制定数字保存政策的过程中,须对有关责任人进行咨询,以确保对他们做出准确的评价,确认其能真正承担数字保存的责任。首先,确认数字保存的所有权。数字保存政策必须明确指出,由谁负责领导机构的数字保存活动。其次,服务提供者和承包者的责任。一个组织机构或许需要他人的协助实施数字保存活动,这种关系需要明确,须通过正式的书面协议确立服务的级别,确认双方的责任。再次,数字文件存储者/捐赠者的责任。数字文件存储者/捐赠者应该在适宜的条件下向档案馆提交数字文件,数字保存政策应该明确

---

① The National Archives. Preservation Policy. http：//www.nationalarchives.gov.uk/documents/tna-corporate-preservation-policy-2009-website-version.pdf。

说明档案馆接收数字文件存储/捐赠的具体要求。这包括下列支撑文件：可接收/首选的文件格式列表、最基本的描述元数据和技术元数据规定，以及所有与采集/接收有关的文件规定，确保提交的数字文件能满足档案馆的接收标准。

7. 区分主动保存和被动保存

数字保存政策应该确定在何种程度上实施主动保存和被动保存。所谓主动保存是指任何积极主动的保存方式，如：将具有风险的文件格式迁移至一种稳定的文件格式。所谓被动保存是指任何支持数字保存但不直接涉及数字文件本身的保存方式，如：管理和备份服务器上存储的数字文件。机构应该事先制定数字连续性和信息保障政策，这样才能在一定程度上支持被动保存活动。

8. 数字保存政策的评估和监督

对数字保存政策应该定期（不少于3年）进行复查，以确保它能持续体现机构的数字保存能力并与机构业务目标的扩展保持一致。因此，需要采取一定的监督和评价机制发现数字保存政策的不足或需要改变的数字保存方法。在数字保存政策实施过程中应保持对其的定期复查，以确保其相关性和有效性。

数字保存政策成功的关键标准是：数字保存政策应可以依据公认的检测标准对其有效性进行确认。无论成功的标准是什么，都应该是现实可行的。数字保存政策如果不能满足关键标准，将面临极大的风险，会导致相应的数字保存策略不够充分，反过来会使人们对所保存的数字文件的真实性产生怀疑。总之，一项成功的数字保存政策必须包含如下6个方面的关键性内容：①制定和实施数字保存政策的重要性，反之，不制定和实施数字保存政策的风险。②指定一名高级管理人员专门负责机构的数字保存政策。③确认机构中与数字保存相关的责任人员。④对档案馆与其他数字保存业务领域的合作协议关系加以清晰说明。⑤确认优先采用的数字保存策略及其触发因素。⑥机构的数字保存政策必须以书面方式公之于众。

五　InterPARES-2 的《数字文件保存政策、策略、标准原则框架》

InterPARES-2 的《数字文件保存政策、策略、标准原则框架》（A

Framework of Principles for the Development of Policies, Strategies and Standards for the Long – term Preservation of Digital Records）从维护数字文件的可靠性、准确性和真实性目的出发，对于数字文件创建者（形成者）和数字文件保存者，分别提出了13条原则性建议，用于指导这两个对于数字文件保存最重要的责任者科学合理地制定其数字保存政策、策略和标准。

第一方面，对于数字文件创建者的13条基本原则：

①数字对象应该具有稳定的内容和固定的记录格式，以便于归档管理和长期保存。

②数字文件的创建程序应确保构成该文件的数字组件能长期单独维护并能重新组合。

③数字文件保存政策应基于机构的业务需求，而不是基于文件的制作和保存技术。机构的数字保存政策应主要因机构业务需求的变化而变化，而不应因技术的变化而改变。

④有关数字文件创建及维护的政策、策略和标准应该就确保文件的可靠性、准确性和真实性问题分别进行明确的阐述。

⑤一个可信的数字文件形成系统所生成的数字文件可假定其是可靠的。

⑥一个可信的数字文件管理系统所管理的数字文件可假定其是准确、真实的。

⑦如果一个数字文件创建者希望保存超出其经营业务需要之外的准确、可靠的数字文件，那么，在文件的创建及维护的全部活动中都要考虑文件长期保存问题。对于数字文件长期保存的决定必须尽量在其创建阶段就做出，数字保存活动贯穿于文件生命运动全过程。

⑧应该指定一个值得信赖的保管者对机构所创建的数字文件进行保存。该保管者是负责数字文件保护及可长期存取的责任实体，可以来自机构外部，也可以是某一内部单元。作为"可信的数字保管者"，它必须：作为一个中立的第三方机构行使保管职责；拥有数字保存所必需的知识和技术条件；建立一个可信的数字保存系统。

⑨所有有助于创建和/或使用相同数字文件的业务流程都应该明确记录下来。

⑩在数字文件形成系统和管理系统中应该对所涉及的第三方知识产权加以识别和管理。

⑪在数字文件形成系统和管理系统中应该对有关的隐私权利和义务进行识别和保护。

⑫在不同的司法管辖区域共享数字文件的程序问题应该在数字文件创建时纳入其法律需求。数字文件在某一司法管辖区可免费获取，但不一定意味着在其他司法辖区能用相同的方式获取，因此，数字文件创建者须对此问题进行调查并在其政策中加以阐明。

⑬数字文件创建者在其日常业务活动中对所创建数字文件的复制件，被认为具有与初次创建时的数字文件相同的效力。

第二方面，对于数字文件保存者的13条基本原则：

①被指定的数字文件保管者应该履行可信的保管人的责任。

②数字文件保存政策、策略和标准应该就确保文件的准确性和真实性问题分别进行明确的阐述。

③可信的保管者为了保存目的而制作的数字文件复制件视为原数字文件的真实副本。

④数字文件的保存程序应确保构成该文件的数字组件能长期单独维护并能重新组合。

⑤只能在原数字文件基础上制作真实副本，即数字副本来源于具有稳定内容及固定记录形式的数字对象。

⑥应该从保存目的或可期待的保存收益出发来确定数字保存需求，而不是从特定的技术出发确定数字保存需求。

⑦如果想长期保持数字文件的真实性，那么，在文件生命周期活动的每一阶段都要考虑其长期保存问题。

⑧在数字文件长期保存系统中应该对所涉及的第三方知识产权加以识别和管理。

⑨在数字文件长期保存系统中应该对有关的隐私权利及义务进行识别和保护。

⑩档案鉴定应识别和分析与同一数字文件的创建和利用有关的所有业务过程。一份电子文件最初一般因某一个目的而产生，而此后却往往能被不同的人用于不同的目的，因此，档案鉴定必须分析同一电子文件的所有用途及背后的业务过程。这样有利于对需要长期保存的数字文件做出明智的决定，同时，也能高效处置那些不需要长期保存的数字副本。

⑪档案鉴定应该评估数字文件的真实性。

⑫档案著录应用于对一个档案全宗所有档案的集体认证。

⑬某一司法管辖区所形成的数字文件向其他司法管辖区的利用者提供利用的手续应以形成该文件管辖区的法律环境为基础。

六　ERPANET 的《数字保存政策工具》(Digital Preservation Policy Tool – ERPANET)

ERPANET 的《数字保存政策工具》(Digital Preservation Policy Tool – ERPANET) 于 2003 年发布，它分析了一般组织尤其是私人组织制定其数字保存政策的迫切性和存在的困难，为其提供了清晰而易操作的数字保存政策模型。它指出，无论是在地方层面还是在国家层面，确保数字材料长期存储、维护、迁移和获取的政策，往往没有同时涵盖私人领域和公共领域。能够在网上公共获取的数字保存政策大多是由文化遗产机构制定，面向公共文化机构，而不一定普遍适用于所有组织尤其是私人组织。一般组织机构在制定其数字保存政策时常遇到以下障碍：难以选择最合适的方案、难以达成一致的意见、难以从数字保存领域获得利润，以及优质模型的匮乏等。而随着一般组织机构所形成和积累的数字资源不断增加，数字保存政策的制定迫在眉睫。数字保存政策的首要目的是为数字材料的保存提供指南，确保数字材料的真实性、可靠性和长期可存取性。此外，数字保存政策需要阐明数字保存是如何为组织机构的主要需求服务的，以及政策实施的原则和规范。

《数字保存政策工具》确定和描述了组织机构制定数字保存政策的动因、制定数字保存政策所能带来的益处、数字保存政策所覆盖的范围、所关注的最重要的问题等。《数字保存政策工具》在构建数字保存政策模型之前，提出了组织机构制定数字保存政策应遵循的基本原则：①数字保存政策应传达出该组织机构关于数字保存的特有理念；应引导组织的成员就如下问题达成共识：数字保存的目标，是否应对每一件馆藏尽最大努力并采用多种途径进行保存，是否应采用特定的实用主义方法等。②数字保存策略应促进组织机构当前及未来数字馆藏的可持续性发展。③数字保存政策应该说明其能为组织机构带来的益处及效益。④数字保存政策须结合并集成风险评估内容。⑤每一个数字保存政策都是实用的，能够在实施中满足组织机构处理各类数字资源的需要。此外，数字保存政策应该能灵活应对管理和技术环境的变化而进行自我调整。⑥任何数字保存政策都应该是清晰、充分、透明、有效的，内容组织具有逻辑性。⑦任何数字保存政策都应该由简单、恰当的语言表述，既不能有冗余，也不能降低所述内容的质量。⑧数字保存策略一旦开始实施，就需要对它进行定期复查，根据组织、法律或技术环境的变化及时对其更新，还需要使模棱两可的表述更为精准、明确。⑨数字保存政策应提供可行的解决方案，提供管理培训，并对其长期维护。

ERPANET 的《数字保存政策工具》为组织机构构建了一个重要的数字保存政策模型，该模型揭示了数字保存政策的 9 项核心内容：数字保存给机构带来的益处、数字保存的目标、数字保存的需求、数字保存中的角色分配及责任关系、数字保存的背景（或环境）、数字保存的领域、数字保存的费用、数字保存政策的监督和评价、数字保存政策的实施。如表 4-8 所示。

表 4-8 ERPANET：数字保存政策模型

数字保存的益处	有利于制定数字保存策略
	有利于计划前后一致的数字保存项目
	有利于确认及加强机构的问责制
	有利于证明用于数字保存的资金能够得到负责而前后一贯的使用
	确保数字材料在当前及未来的可用性
	定义需要保存的特定数字资源的属性
	帮助机构设计数字化方案
	提供一个关于数字保存的全面声明
	为数字材料在利用中的保护提供安全保障措施
数字保存的目标	数字材料的长期保存及获取，包括：原生性的和数字化以后形成的数字材料
	确保所保存的数字材料是真实的
	通过对环境的控制而避免物理载体受损和变质
	如果可能的话，尽可能逆转对物理载体的损伤
	在必要的情形下，更改文件的格式而保存其知识内容
数字保存的需求	法律需求
	财务需求
	业务需求
	技术需求（维护程序、保存技术策略及技术预测）
	历史价值

续表

数字保存角色及责任分配	在数字材料的采集或创建阶段就做出保留、利用和长期保存的决定，不得延迟		
	在监控过程中建立对数字材料的维护程序及质量控制		
	建立并实施数字保存策略，如迁移、仿真或其他的技术保存策略		
	制定灾难恢复计划		
	确保对数字材料获取的安全性		
数字保存的背景	国家（区域）层次：须遵守并适用于国家或区域有关数字保存的规则、章程、标准和指南		
	机构层次：须解决机构自身的数字保存问题，与机构的业务流程集成并与机构其他政策整合		
数字保存的领域	数字保存的权力和责任		
	转换及格式更新		
	鉴定、选择和采集		
	存储和维护		
	存取和分发		
	数字保存政策实施		
	数字保存标准		
	数字保存的程序（步骤）		
	数字保存质量控制、认证及标杆管理		
	数字保存合作		
	数字保存的技术基础设施		
数字保存的费用	技术基础设施费用	设备购置、维护、更新	
		软/硬件老化情况监测/评价	
		网络连接	
	财务计划费用	策略和方法	
		长期资金投入的保障	
	人员配置费用	入职培训	
		在职培训	
	外包费用		
数字保存政策的监督和评价	技术更新		
	新标准的出现		
	在常规监测的基础上及时应对外部或内部的刺激		

续表

数字保存政策实施	实施数字保存政策的机构必须进行财务评价，在数字信息生命周期的每一阶段进行主动管理
	机构的数字保存计划必须纳入该机构的工作流程
	数字保存政策能够自我调整以适应新技术的发展

资料来源：编译自 Digital Preservation Policy Tool – Erpanet. http：//www.erpanet.org/guidance/docs/ERPANETPolicyTool.pdf。

七 组织机构数字保存政策的特点及基本内容

1. 组织机构数字保存政策的特点

综上所述，随着组织机构越来越多地只产生数字文件，数字保存政策的重要性日益突出。机构及时制定合适的数字保存政策，有利于确保数字文件的真实性、完整性和对其的可长期利用，对于机构电子证据保留、确保问责及法律遵从具有十分重要的意义。此外，数字保存政策能够保护机构的重要信息资源和数字资产，对于机构各项业务的进一步拓展非常重要。因此，当机构打算对其产生和拥有的数字文件进行长期保存时，必须首先制定面向整个机构的数字保存政策。

机构数字保存政策（含机构电子文件长期保存政策）不同于国家层面的数字保存政策（含国家电子文件长期保存战略）。从数字保存政策制定的主体来看，机构不同于公共遗产机构，不承担对公共文化遗产的长期保存职责，机构数字保存政策是一个机构根据自己的业务需要而制定，为实现机构的利益、保障机构的权益服务的，国家层面的数字保存政策往往是由国家档案馆、国家图书馆等公共遗产机构领头发起、制定和推广实施。从数字保存政策制定的动机来看，前者用于解决某一普通机构层面的数字保存问题，为机构保留重要电子证据、数字资产及确保机构问责制，与机构业务活动、机构效益、风险评估等密切联系。后者则用于解决国家级文化遗产机构的数字保存问题，这些机构本身担负保护国家遗产的基本职责，它们制定的数字保存政策具有示范性和宏观指导性，以政策、指南、动议、计划等各种政策性文件形式公开发布，对于国家公共文化系统（公共图书馆系统和公共档案馆系统等）的数字保存产生广泛影响，具有全局性和宏观战略性。从数字保存政策的对象（客体）来看，一般机构所形成的电子文件数量和类型相对于国家级文化遗产机构所收藏的电子文件数量和类型是十分有限的，因此数字保存的规模和范围也小很多。从数字保存政策的资金保障来看，一般机构的资金主要为自筹，受到机构自身经济状况的影响，国家文化遗产机构的资金主要为国家公共财政拨款。可见，一般机构的数字保存政策具有个性和特殊性，必须基于本机构的业务需求、数字资源状况和经济实力，与本机构的文件管理政策、信息管理政策、风险评估政策、信息安全政策等密切相关。而由国家文化遗产机构牵头制定的数字保存政策具有宏观性，主要基于文化遗产机构的馆藏数字资源状况，同时，与国家文化教育发展政策、国家信息化发展规划、国家数字记忆工程等政策规划协调一致。

2. 组织机构数字保存政策的基本内容

机构数字保存政策虽然有其个性和特殊性，但我们参照上述6个在数字保存领域具有重要影响力的组织、数字保存项目所制定的数字保存政策模型、政策原则、政策工具及具体的数字保存政策内容，可将机构数字保存政策的基本内容归纳为如下十个方面。

第一，分析数字保存政策的业务需求及背景。将数字保存融入机构的业务驱动和业务活动，分析数字保存政策与机构核心业务领域政策之间的联系及相互影响。因为机构的数字保存政策在很大程度上是为机构的业务活动服务的。

第二，阐明制定和实施数字保存政策给机构所带来的益处。包括在证据保留、问责、审计等方面的重要作用，以及确保具有重要价值的数字资源的真实性、完整性、可靠性及在未来能够再利用。

第三，明确机构数字保存的目标。从低到高的保存目标：比特流保存、内容及元数据保存、服务保存。

第四，明确机构数字保存的对象范围（含电子文件的类型和存储格式）和数字保存活动的领域。

第五，明确机构数字保存的责任人及相关责任体系。即：机构内部责任人、机构内部责任体系及与第三方合作的责任关系。

第六，明确数字保存对于法律、财务、业务、技术等方面的需求。

第七，确定数字保存策略（主动及被动策略）及其触发机制。比如：迁移、仿真策略及其触发因素和时机。

第八，全面分析数字保存的成本费用，制定财务支持计划。

第九，建立数字保存风险评估机制。风险评估实施数字保存必须涉及的内容。

第十，建立对数字保存政策的监测、评估机制，确保其能根据机构的业务需求及内外部环境的变化而动态更新。

此外，机构的数字保存政策须以简洁明了的语言阐述，并予以公开，让所有员工及利益相关者都知晓、明白政策的基本内容和要求，明确各自在数字保存中的权利、责任和义务。

笔者认为，由 Luciana Duranti，Jim Suderman 和 Malcolm Todd 针对 InterPARES 项目第二阶段研究所撰写的《数字文件保存政策、策略、标准原则框架》（A Framework of Principles for the Development of Policies, Strategies and Standards for the Long–term Preservation of Digital Records）关于数字文件形成者的 13 条原则性建议，对于机构制定其数字保存政策具有十分重要的借鉴意义。其中一条重要原则"数字文件保存政策应基于机构的业务需求，而不是基于文件的制作和保存技术，机构的数字保存政策应因机构业务需求的变化而变化，而不应因技术的变化而改变"，与 JISC《数字保存政策研究》、ERPANET《数字保存政策工具》等所制作的数字保存政策模型和工具相似，反映了一个极为重要的共识，即：数字保存政策应该保持对技术的独立性，应主要因机构业务需求的变化而变化，而不应随着技术的变化而改变。这也使我们进一步对数字保存政策（digital preservation policy）及数字保存策略（digital preservation strategy）之间的区别有了更加清晰的认识：数字保存政策体现了机构在数字保存领域的组织与规划，数字保存策略是数字保存政策的技术实现方案。

值得关注的是，一种开源、支持透明决策的数字保存计划工具 Plato 可以为机构确定合适的数字保存计划提供客观、透明的决策服务。Plato 的任务是，以透明的方式寻找一种正确的数字保存行动，确保数字内容在未来的可获取性。数字保存的任务是确保数字对象能以被特定用户群体可以利用的形式持续、真实地长期利用，这需要当数字对象所赖以存在的原有环境不可用时采取数字保存行动。现有的数字保存行动很多，但每一种都有其特点，而且存在其他各种影响数字保存决策的因素。因此，对于特定的数字对象而言，数字保存计划的正确决策十分重要。Plato 的基本理念首先在欧盟数字保存项目 DELOS 中提出，此后在 PLANET 项目中得到充分论证。使用 Plato 工具可以呈现一个完整的长期保存计划，以及可靠的数字保存过程，在面向服务的架构中，对内容特征、保存行动和自动化测试提供集成化服务，为保存计划提供最大的支持。① 通过执行相应程序可实现知识库的集成、自动化测试以及原始对象迁移前后的比较，同时还可对保存计划进行监测。② 目前，数字保存计划工具 Plato 已经在大英图书馆、丹麦国家图书馆、巴伐利亚州图书馆得到应用。③

第三节 组织机构电子文件长期保存成熟度模型及评价指标体系

一 组织机构电子文件长期保存成熟度模型分析

组织机构电子文件长期保存政策的制定和有效实施有赖于对机构数字保存状况和能力的客观评估，因此，有必要采用定量方法对组织机构的电子文件长期保存的能力进行测度，而采用能力成熟度模型集成——CMMI（Capability Maturity Model Integration）进行量化测试，是一种可以尝试采用的方法。20 世纪 80 年代，在"软件工业浪潮"和"软件过程运动"背景下，卡耐基·梅隆大学的软件工程研究所（SEI）在美国国防部资助和 Mitre 公司的协助下，于 1987 年研制、发布了改善软件流程的流程成熟度框架（Process Maturity Framework），并于 1991 年发表了软件过程成熟度模型 CMM（Capability Maturity Model for Software）。它是对于软件组织在定义、实施、度量、控制和改善其软件过程的各个发展阶段的描述。CMM 的核心是把软件开发视为一个过程，根据这一原则对软件开发和维护进行过程监控、管理和研究，使其更加科学化、标准化，以更好地实现商业目标。CMM 的基本思想是，新的软件技术应用不会自动提高生产率和利润，而需要不断对管理软件过程的方法进行改进，经过改进的过程将会生产出质量更好的软件，从而节省开支和时间成本。CMM 已成为国际上最流行、最实用的软件生产过程标准和软件企业成熟度等级认证标准，而且在不同领域得到了广泛的应用，如系统工程成熟度模型（SE - CMM）、软件工程成熟

---

① http://www.ifs.tuwien.ac.at/dp/plato/intro/.
② 郭红梅、张智雄：《欧盟数字化长期保存研究态势分析》，《中国图书馆学报》2014 年第 2 期。
③ Becker Christoph, Rauber Andreas, "Four Cases, Three Solutions: Preservation Plans for Images", http://www.ifs.tuwien.ac.at/~becker/pubs/becker - four2011.pdf.

度模型（SW-CMM）、集成产品群组成熟度模型（IPT-CMM）、软件采购成熟度模型（SA-CMM）、人力资源管理成熟度模型（P-CMM），它们的区别在于所应用的领域、表示方法、成熟能力的定义方式有所不同，共同之处是采用过程管理方式，对某一专业（行业）或组织由最低初始级向最高的优化级持续发展的过程及对应的成熟度水平进行监控，逐步完善、提高该专业（行业）和组织的发展水平。CMMI 是对 CMM 的进一步发展，它是一个强大而通用的业务过程管理改进模型，有助于整合传统的、独立的组织功能，设置过程改进目标和优先事项，提供高质量的过程指导及对当前过程评估的参考。CMMI 的 1.0 版最初发布于 2002 年，最新版本为 2010 年发布的 CMMI 1.3 版，CMMI 1.3 已经由卡耐基·梅隆大学在美国专利与商标局注册。CMMI 将业务过程的成熟度划分为 5 个等级，依次是：①初始级（Initial）→②已管理级（Managed）→③已定义级（Defined）→已量化管理级（Quantitatively Managed）→④优化级（Optimizing）。图 4-1 采用阶段式方法，描述了 CMMI 成熟度模型由低到高的 5 个发展等级及每一等级的特征。

这 5 个等级的基本特征是：①初始级（Initial）：过程不可预知，几乎没有控制。管理无章法，缺乏健全的管理制度，项目成功主要依靠项目负责人的经验和能力。②已管理级（Managed）。管理制度化，建立了基本的管理制度和规程，管理工作有章可循，初步实现标准化。能在以往成功经验的基础上计划和管理新项目，具有重复以前成功项目的环境和条件。③已定义级（Defined）。技术工作和管理工作都已实现标准化和制度化，技术活动过程和管理活动过程均可根据组织的标准加以控制。建立了完善

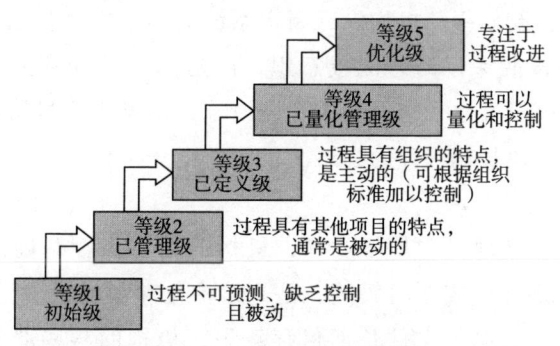

图 4-2　CMMI 成熟度模型

资料来源：Carnegie Mellon University Software Engineering Institute. CMMI for Development, Version 1.3. *CMMI-DEV* (*Version* 1.3, *November* 2010)。

的培训制度和专家评审制度。④已量化管理级（Quantitatively Managed）。技术活动过程是可以量化和控制的，建立了定量的质量目标，已实现对产品和过程的控制。⑤优化级（Optimizing）。采用新技术和新方法，集中精力对过程加以改进。此外，CMMI成熟度模型对于每一个等级都定义了关键域，对该等级的主要特征进行描述。

为了客观评价机构电子文件长期保存能力，可以尝试借鉴CMMI成熟度模型建立机构电子文件长期保存成熟度评价体系，欧美的一些电子文件管理项目已经将成熟度模型成功地引入了文件管理或信息管理领域。如前文所述，美国州档案工作者委员会发起的"州级电子文件动议"（State Electronic Records Initiative，SERI）开发了一个数字保存能力成熟度模型DPCMM（Digital Preservation Capability Maturity Model，DPCMM），该数字保存模型总共设置了15个基本测评指标，SERI运用该模型及评估指标体系于2011年首次对美国48个州档案馆开展了一次大范围的电子文件保管及利用状况评估，基本掌握了美国州级档案馆的数字保存能力水平和存在的诸多不足，为进一步制定美国州级电子文件管理政策、提升州级电子文件管理水平提供了重要依据。此外，加拿大多伦多市文件与信息管理局也依据CMMI构建了数字保存成熟度模型，对多伦多市的数字保存能力进行了综合调查和评估，为制定该市的数字保存政策奠定了基础。

依据CMM/CMMI对组织成熟度5阶段的划分方式及对每一阶段水平的界定，参照美国州级电子文件动议（SERI）提出的数字保存成熟度模型和加拿大多伦多市的数字保存成熟度模型，我们可以对电子文件长期保存成熟度模型的5个等级做如下划分。

第一等级：初始级。机构没有制定系统的电子文件长期保存方案。或许有电子文件长期保存的想法或意识，但是，并没有将其制度化或流程化，没有建立电子文件长期保存的基础设施，不排除在机构的个别工作站实施了对数字对象长期保存的尝试。机构的电子文件长期保存面临巨大的风险。

第二等级：基础级。其特点是，机构的数字保存基础设施或者流程化管理限于个别部门或专门领域、是非结构化和制度化的、不可预测的。仅有少数员工具有电子文件长期保存意识，机构的某些部门各自单独实施了对数字对象的长期保存但其水平都很低。某一电子文件长期保存项目获得成功或失败与其他电子文件长期保存项目的成功与失败甚少关联，即机构还没有建立可重复借鉴的机制。电子文件长期保存项目的成功取决于特定的有经验的个人或某个团队，这种成功的知识或经验没有在机构内部形成共享机制或制度化。许多应该长期保存的数字对象仍然面临风险。

第三等级：中级。机构的电子文件长期保存基本实现了制度化和流程化，从而为机构电子文件长期保存能力的不断增强奠定了基础，体现为：可重复获得和利用电子文件长期保存的成功经验，建立了机构内部及外部电子文件长期保存的合作机制及资源的共享机制。在这样的环境中，可能还有部分数字对象面临风险。

第四等级：高级。机构具备高水平的电子文件长期保存综合能力。其特点是，具有强大的电子文件长期保存基础和有据可查的数字保存过程。在这个阶段，电子文件长期保存方案完全在一个由多个参与者组成的合作框架内实施，在该合作框架内获得的失败教训可作为提高机构电子文件长期保存能力的重要基础。在高级阶段只有极少数的数字对象存在风险。

第五等级：优化级。优化级是机构所能达到的电子文件长期保存能力成熟度的最高级别。该阶段的战略重点是通过采用新的技术方法和管理手段，不断提高机构的电子文件长期保存能力。这包括：采用标杆管理方式，借鉴和参考电子文件长期保存最佳实践，加强机构电子文件长期保存的基础和过程管理；对于能显著改进和提高电子文件长期保存性能的技术突破实施主动监测，等等。在该阶段，没有任何数字对象存在风险。

二 组织机构电子文件长期保存能力指标体系构建

机构电子文件长期保存能力成熟度模型给出了由低到高的等级划分，为机构电子文件长期保存能力成熟度的自我评估和等级认证提供了一个重要依据。在此基础上，还需要构建电子文件长期保存能力指标体系，对某一机构的综合指标水平进行考核，并在综合指标计分与成熟度模型的各个级别之间建立映射，从而确定该机构的电子文件长期保存能力成熟度等级。机构电子文件长期保存能力主要体现在两个方面：数字保存基础和数字保存过程。

数字保存基础的核心指标为如下7项：数字保存政策、数字保存策略、数字保存管理、数字保存合作、数字保存专业技术知识、格式中立开放、指定用户群，数字保存过程的核心指标为如下 8 项：数字资产调查、收集、存储、设备媒体更新、完整性、安全性、保存元数据、存取，一共是 15 个核心指标。根据每一个核心指标的优劣状况划分为 0、1、2、3、4 总共 5 个分值段，并对每一个分值段的特点进行描述。具体见"附录一 机构数字保存能力评估指标体系"。根据评价机构电子文件长期保存能力的 15 个指标及所对应的 5 阶段的分值，机构电子文件长期保存成熟度每一个阶段所对应的指标值如下：（1）初始级：0 分，（2）基础级：0~15 分，（3）中级：16~30 分，（4）高级：31~45 分，（5）优化级：46~60 分。

第五章 电子文件长期保存的技术策略

电子文件长期保存技术策略是电子文件长期保存政策的技术实施方案,是影响电子文件长期保存的关键因素。

第一节 电子文件长期保存的层次

电子文件长期保存按照由易及难、由简单到复杂的程度可分为如下三个层次:比特流保存、内容保存和服务保存。①

一 比特流保存

即保存纯粹的数据。只存储原始数字对象,维护原始比特流的完整性和长期可存取性,不考虑数字对象的外观、感知和相关功能。一般是利用复制技术,采用多重备份、异地备份方式,提供一种简单的数据备份存储能力,通常不能直接为用户提供访问服务,在需要时将备份数据上载到一定系统上提供服务,这种保存有时也被称为隐暗存储(Dark Archive)。

二 内容保存

内容保存是指保存内容数据的同时,还保存与内容数据存储和使用相关的元数据。由于数字资源的利用依赖于对其格式和处理方式的理解,因此仅保留纯粹的内容数据不能够保证数字对象在未来的可用性和可靠性,为了避免"死数据"的出现,除了对内容数据进行备份存储外,还必须保存相关的元数据,并对内容数据进行定期上载、确认、使用检验,以保证

---

① 宛玲、张晓林:《数字资源长期保存过程中的知识产权问题分析》,《中国图书馆学报》2005年第3期;吴振新、张智雄、郭家义:《数字信息资源长期保存技术策略分析》,《现代图书情报技术》2006年第4期。

数据及其相关功能的完整性和可使用性，实现对数字对象外观、感觉、语义等方面的完整保存。

三　服务保存

服务保存指除了保存内容数据及其相关的元数据之外，还保存数据的支撑运行环境，以确保能重现原有的信息服务，实现对数字资源的再利用。数字资源与相应的服务系统已经很难区分开来，知识组织、链接机制、交互处理机制等信息服务功能能够使数字资源得到实质性利用，只有"复原"原始系统提供的信息服务功能，才能真正实现数字资源可持续使用。与前两种数字保存层次相比，保存"支撑运行环境"更为彻底，难度也最大。

数字保存的上述3个层次由保存对象的类型及技术特性、保存目标等因素决定。实现不同层次的数字保存技术需要采用不同的技术策略。如采用复制或更新技术策略可实现对数字对象的比特流保存，而采用仿真、迁移策略一般能实现对数字对象的内容保存。

第二节　电子文件长期保存技术策略及其选择

按照数字保存方式的不同，总体上可分为被动保存和主动保存两种。被动保存是指持续维护数字对象及相关元数据的完整性及可获取性的过程，本质上是在不改变原有存储和处理技术的情况下"保持"原始数字对象的原貌，一般通过更新、复制或仿真等技术手段来实现。主动保存强调电子文件的长期可存取性，通过对电子文件存储和管理的积极干预，确保电子文件随时间推移仍能实现持续的存取。主动保存将数字对象"移植"到一个新的存储环境中，须采用不同于数字对象初始创建所使用的新技术，通常依靠迁移来实现。

无论是被动保存还是主动保存，都要求对原始数字对象的完整性进行保护。要实现对数字对象的完整性保护，既可以保存创建时的原始数字对象本身，也可以应用不同于初始创建时的新技术来重建数字对象的本质。正如英国国家档案馆在2006年的《电子信息长期维护的一般要求》中所述，"真实性并不意味着一定要保存初始创建时的原始数字对象"，"如果电子文件所表达的信息能够满足（符合）其要达到的目的，则可认为该电子文件在本质上是完整的和未损坏的"。①

一 更新

更新是将数据从一种媒介复制到另一种媒介而不改变其数据类型的过程。在此过程中,数据比特流并没有发生改变。由于数据存储媒介会退化变质,获取和利用数据的硬件也可能改变,这意味着不能一直依赖于某一存储媒介来读取数据,因此数据更新十分必要。更新的目的是用完全相同的副本替代某一媒介上的数据,从而维护对其的持续存取。例如,人们以前用3.5英寸的软盘来储存文件,然而,当配置了这种磁盘驱动器的计算机停止制造时,人们不得不将数据复制到光盘或硬盘驱动器等其他介质上。

这种周期性的、将电子文件更新至新媒介的需求,在一定程度上不可避免地导致了存储媒介的不断改变。而高品质和稳定的存储介质能在较长时间内保持可用性,因此,有效地选择最佳存储介质能降低数据更新的频率。在新的媒介技术出现时,文件管理人员不宜为了"赶时髦"而迅速更新数据,因为这种媒介也许并不能维持数字资源的长期可用。例如,20世纪90年代中期,"zip驱动器"开始流行,它比当时常用的软盘能够提供更大的存储容量。然而到了2004年,其销量已经大幅下降,因为越来越多的人开始使用CD-ROM和DVD(数字多功能光盘)来存储数字资源。电脑制造商也因此停止制造配置有zip驱动器的计算机,这使得人们对这种存储介质进行访问变得日益困难。CD光盘和DVD光盘在很长时期内都是常用的存储设备,然而,它们随时可能被新的媒介所替代,到那个时候,就又需要对数据进行更新,将其转移到新的存储媒介中去。1997年大英图书馆研究与创新中心发布了由John C Bennett撰写的研究报告《数据类型、格式及数字资源长期保存框架》②,2008年,英国国家档案馆发布了研究

---

① The National Archives. The Generic Requirements for Sustaining Electronic Information over Time (2003) [EB/OL]. [2014-06-03]. http://www.nationalarchives.gov.uk/archives/reqs_sustain.htm.

② Bennett, J. C. *A Framework of Data Types and Formats, and Issues Affecting the Long-term Preservation of Digital Material*; JISC/NPO Studies on the Preservation of Electronic Materials. British Library Research and Innovation Paper, 50. London: British Library Research and Innovation Centre, 1997. http://opus.bath.ac.uk/35445/1/rept011.pdf. Brown, A. Digital Preservation Guidance Note 2: Selecting Storage Media for Long-term Preservation [EB/OL]. [2014-06-03].

报告《数字保存指南关注 2：选择存储媒介以实现数字资源长期保存》[①]，这两份研究报告都对数字保存的数据类型、格式及各种不同存储媒介的寿命进行了详细分析和阐述。数据每被更新一次，就应该对被移动的文件进行校验或通过其他验证方法在位级层面进行核实，以确保复制的内容没有损坏或丢失。更新并不会改变读取数据所用的软件，通常情况下，要实现数字资源的长期保存，不仅需要对数据进行更新，也应将数据迁移到新的系统中，从而能用新的计算机程序来获取数据，这就需要采用迁移的方式来维持对数据的长期存取。

二 复制

复制的过程类似于更新，其目的也是不改变数据的比特流。但与更新不同的是，文件复制所产生的副本通常会存储在几个不同的位置，以确保数据的再生。文件如果仅存储在一个位置，很容易损坏或丢失，例如，支持文件运行的软件或者硬件可能失效，文件可能遭到无意或有意的更改、删除，数据可能在火灾、水灾或其他自然灾害中丢失。因此，复制后的电子文件副本通常被存储在不同的地方。复制也不同于数据备份，因为复制只可能涉及具体的电子文件本身，而备份则通常是对包括软件和数据在内的整个系统进行拷贝。

电子文件在复制过程中应避免副本过多问题。如果电子文件存在过多副本，对其进行版本控制、迁移、获取等的管理维护会变得很困难。哪些文件被复制、副本存储在何地等的详细信息都需要进行保存，机构还需要决定最新副本替换当前副本的周期。因此，在具体工作中，并非对副本进行保存就可以了，机构相关部门和数字保存人员应准确掌握存储在办公环境内部或外部不同地点的电子文件副本情况，周密考虑副本更换和替代的时间周期等问题。

三 仿真

仿真是用一台电脑设备或软件程序对另一个设备或程序的行为进行模仿的过程。仿真技术借助于仿真软件或硬件——仿真机，在现有的计算机

---

① http：//www.nationalarchives.gov.uk/documents/information-management/selecting-storage-media.pdf.

软硬件平台上重建以往过时技术环境下的功能，从而实现对原始文件的获取，即在新的系统环境下建立一个兼容原始数据、设备及其管理系统的运行环境，使得原来的数据、设备和系统能运行在现行的软硬件系统上。[①]仿真的最大优点是能保持数据对象的原有外观，但是，仿真技术较为复杂，开发和维护仿真工具需要很高的成本。在仿真过程中，数据的比特流得到复制，但并非与初始状态时完全一样。长期以来，人们对于仿真技术对数字保存的适用性问题存有一定争议。支持仿真技术的人认为，仿真实现了对数字对象最真实可信的复制。而反对仿真技术的人担心和忧虑的是：第一，仿真技术本身的开发面临重大技术挑战；第二，用户最终能否获得完整可靠的数字对象。在实践中，要想对一个旧系统的精确行为进行仿真和模拟是十分困难的。

仿真的类型包括三种：软件仿真、操作系统仿真和硬件仿真。（1）软件仿真。是指为某一类型的软件单独开发其所需的仿真器，通过对软件包的仿真而利用该软件读取数字对象。例如，通过对微软的 Windows 2001 系统进行模拟，有可能打开几年前由该软件创建的文档。软件仿真要求对每一个软件包所需的仿真器进行单独开发，这往往是耗时耗资而又复杂的。（2）操作系统仿真。为一个特定的过时不用的操作系统开发仿真器，从而使得所有通过该操作系统运行的原始软件仍能继续使用。模拟整个操作系统不需要开发大量单独的仿真器，因此有着显著的优势。然而，对整个操作系统进行仿真十分复杂，代价也很高。（3）硬件仿真。操作系统需要特定的硬件平台，即构成计算机本身的硬件组件。因此从逻辑上来讲，也可对支持任何操作系统或软件程序的硬件进行仿真。例如，目前 PC 硬件可能支持多种操作系统，包括各种版本的 Windows、UNIX 和 Linux。通过模拟特定的硬件平台，使得安装和运行该硬件支持的任何原始操作系统成为可能。硬件仿真进一步减少了所需仿真器的数量，但其技术难度也大大增加，这是一个更大的挑战。图 5-1 以微软为例，描述了三种仿真方式的特点。

仿真对仿真器本身有着很强的技术依赖。为保持对仿真对象的获取，要么必须保存仿真器本身，要么需要定期创造新的仿真器，从而适应最新的计算机平台、操作系统和软件。要更好地进行仿真，还要求在相关问题

[①] 程雪梅：《数字资源长期保存技术之探讨》，《图书馆理论与实践》2005 年第 5 期。

软件仿真

开发一个复制Microsoft Word XP功能的软件程序，用户可利用程序读取用Microsoft Word XP创建的文档，而不需借助原有的字处理软件

操作系统仿真

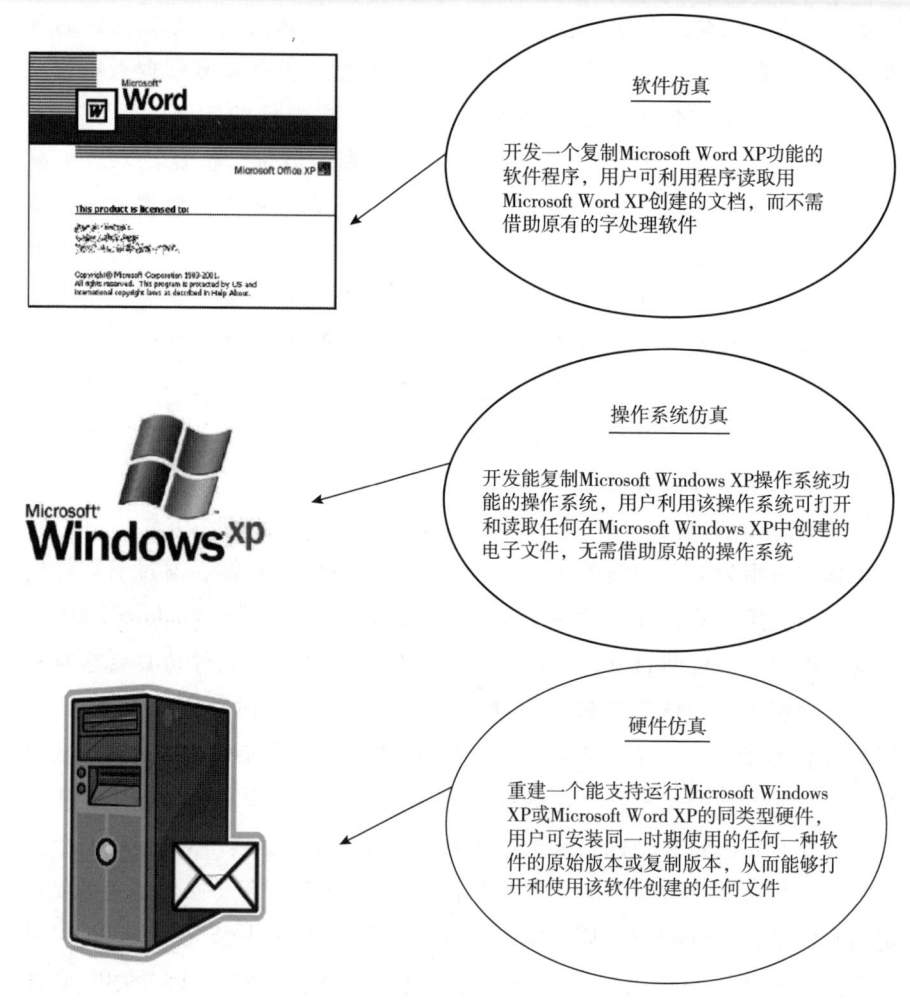

开发能复制Microsoft Windows XP操作系统功能的操作系统，用户利用该操作系统可打开和读取任何在Microsoft Windows XP中创建的电子文件，无需借助原始的操作系统

硬件仿真

重建一个能支持运行Microsoft Windows XP或Microsoft Word XP的同类型硬件，用户可安装同一时期使用的任何一种软件的原始版本或复制版本，从而能够打开和使用该软件创建的任何文件

图 5-1　能够仿真的计算机环境

资料来源：International Records Management Trust. Training in Electronic Records Management Module 4：Preserving Electronic Records［EB/OL］.［2014-06-04］. http：//www.irmt.org/documents/educ_training/term%20modules/IRMT%20TERM%20Module%204.pdf。

被诊断出来之前就准备好解决方案，这意味着在研发和实验阶段可能需要更高的初始成本投入。

四　迁移

迁移是指随着技术的变化定期地转换数字资源的一种处理过程。具体来说，迁移将数字对象从一种格式、类型定期地转换为另一种格式、类

型，或者将数字对象从一个软硬件系统转移至另一个软硬件系统，其目的是确保用户能利用新技术对数字对象进行长期存取。迁移是数字保存领域应用得最为普遍且相对成熟的技术策略，也是将文件移交到数字资源保存库的一种通用方法。图 5-2 描述了迁移的几个关键步骤。

识别待迁移的原始数据或文件 ⇨ 导入不同的格式或新的软件 ⇨ 验证数据的真实性和完整性 ⇨ 维护新的软件或系统并提供存取 ⇨ 如果可以，将文件从原系统中删除

图 5-2 数据迁移的关键步骤

资料来源：International Records Management Trust. Training in Electronic Records Management Module 4：Preserving Electronic Records ［EB/OL］. ［2014-06-04］. http：//www.irmt.org/documents/educ_ training/term%20modules/IRMT%20TERM%20Module%204.pdf.

需要注意的是，迁移看似简单，其具体实践却面临着重大挑战。电子文件创建和使用的格式具有很大差异性，即使是某种特定类型的数字对象如字处理文档，也会因具体功能不同而存在多种格式。从某种程度上说，这种差异性是技术发展和进步的结果，也体现出软件开发商的努力，他们开发具有独特属性的特定产品，并定期发布具有不同功能的、改进后的新版产品，以此来保持市场份额。这种格式差异性导致的结果是，在迁移过程中，很少能实现原始资源特征和目标文件格式的完全精确匹配，信息和功能的丢失极易发生。另外，数据的比特流在迁移过程中可能会改变，这可能影响到数据的完整性。

目前，有各种不同的迁移方法可供选择，包括标准化迁移、过时迁移（或称适时迁移）和按需迁移，它们之间的差异在于迁移的时机和依据有所不同。

1. 标准化迁移（Migration by Normalisation）

标准化迁移有时可称为"摄取时的迁移"。所谓"摄取"，是将文件归档移交到数字资源保存库的过程。标准化迁移是指将数字对象从原始格式转换为一个开源的、标准化的格式，使其不借助创建它的原始软件（有时甚至可能是专有软件）系统就能获取和使用。理想状态下，开源格式的文件能实现长期的存取和利用。标准化迁移试图通过直接生成这种格式，使文件不再保存于商业软件系统而以公认的标准格式进行存储，从而使未来迁移的频率和复杂度最小化。人们普遍认为，标准化能让数字对象保存更长时间。借助原有技术实现对数字对象的长期保存的代价十分昂贵,标准化迁移的目标就是在不借助原有技术的同时,使标准化的数字对象尽可能地像原始对象一样"运行"。标准化的优势是避免了与版权及专有软件使用等相关的问题,能利用更少的资金及其他资源来实现电子文件的长久维护和保存。然而,一个标准化的文件并不是原始文件,原始文件的部分信息有可能在标准化的过程中丢失。

目前,文件标准化软件主要有如下三个:澳大利亚国家档案馆开发并投入实际应用的 XENA,Adobe Systems 公司开发且已经成为国际标准的 PDF/A,在欧盟范围内用于元数据封装的 METS。XENA(Xml Electronic Normalizing for Archives)是澳大利亚国家档案馆为实现澳大利亚政府电子文件的长期保存而开发的一种格式转换工具,它将不同格式的文件转换为.xml 格式,便于其能够在 XENA 阅览器中被查阅。但声音文件、数据库及动态模型、交互式或体验式的文件不能通过 XENA 进行标准化处理。PDF/A 是以 Adobe Systems 公司于 1993 年开发的 PDF 格式为基础,针对文件长期保存需要而开发的。PDF/A 格式保留了原始文件在视觉上的外观特征,不允许文件被更改。PDF/A 仅能用于可视文档,音频、视频文件以及复杂格式的动态影像等不支持这种格式。对于更复杂的、不能通过 XENA 或 PDF/A 进行处理的文件如数据库等,可以将其标准化处理为 METS 文件。METS(Metadata Encoding and Transmission Standard)是元数据编码和传输标准,METS 系统将复杂的文件分解为各个组成部分,并借助必要的.xml 元数据对其进行"封装",能使数字对象以其原始形式得以再生。

2. **过时迁移**(Migration at Obsolescence)**或适时迁移**("just in time" migration)

过时迁移与标准化迁移的时机不同,仅在技术格式即将过时的时候才对数字对象进行迁移,即在文件将要无法获取的时候实施迁移,有时也可称之为"适时迁移"。文件通过适时迁移可以被转换为新的格式,或是旧格式的当前版本,也可以通过标准化的方法转换为开源格式。然而,在技术格式即将过时才对文件进行迁移是一种不安全的做法,因为文件在计算机存储系统里存在较长时间,可能已经受损,这会导致原始文件的质量和完整性大大降低。

3. **按需迁移**(Migration on Request)

按需迁移策略介于标准化迁移和适时迁移之间。它主张将数字对象按原始格式进行保存，只在"需要"的时候才将其转换为通用格式，比如当用户对特定的数字对象有需求时。按需迁移对于什么应该迁移、什么不需迁移等并没有具体的规定和计划。从满足用户需要的角度来看，或许用户出于特定的参考目的需要查看一些文件，而其他一些具有重要法律或行政价值的文件并不是用户所需求的。这种情况下，用户需要的文件会被优先迁移，被转换为通用格式，其他同样重要或是更加重要的文件则仍然处于原有状态，只有在被需要的时候才被迁移。

传统的迁移模式沿着"转换—过时—转换"的循环路径不断转换数字对象的格式，以维持对数字对象的长期可存取性，但是，在格式转换过程中可能会发生信息丢失或错误，如果在迁移的某一步骤存在错误、遗漏或其他情况，就会影响以后的迁移，从而产生不同程度的失真，使原有数字对象的完整性和真实性难以得到保证。CAMiLEON 项目[①]所设计的按需迁移策略及软件工具对传统的迁移方式进行了改进，可以减轻数字保存的负担，延长软件寿命，随时还原原始数字对象。按需迁移策略在保存过程中只需保存数字对象的原始格式，当以前支持的格式过时的时候，只需添加可以解读新格式的输出模块即可，同时也需要返回原始的数据格式。因此，每一次迁移都是在原始格式的数字对象基础上进行，而不必像传统迁移策略那样，在上一次迁移之后的数字对象基础上进行，从而能避免因多次格式转换而产生的信息丢失、遗漏或者错误。也就是说，从原始版本向新版本转换永远只需一步，无论在何种情况下，需要迁移的都是原始格式的数字对象。因此，与传统迁移相比，按需迁移具有如下优势：①解释或读取特定文件格式的编码只需执行一次；②使用一步迁移策略能够保证迁移的准确性；③数字对象以其原始格式保存，这使真实性问题变得简单许多；④迁移工具模块的设计使得执行可逆的迁移试验变得简单、经济；⑤迁移工具只是按需使用，因此在保存大量数字对象时可以节省大量成本。[②] 图 5-3 和图 5-4 分别描述了传统迁移和按需迁移策略的工作原理，图 5-5 描述了按需迁移的工作过程。

除了上述更新、复制、仿真和迁移等技术策略之外，常用的数字保存

---

① CAMiLEON (Creative Archiving at Michigan & Leeds: Emulating the Old on the New) 项目由美国密歇根大学和英国利兹大学合作承担，主要研究仿真和迁移用于数字保存的可行性。
② 吴振新、张智雄、郭家义：《数字信息资源长期保存技术策略分析》，《现代图书情报技术》2006 年第 4 期。

技术策略还有技术保存策略（technology preservation strategy）、通用虚拟计算机技术（UVC）、风干（Dessication）、数字图形输入板（Digital Tablet）、环境封装（Environmental Encapsulation）、标准化（Normalisation）和数据再造（Data Reconstruction）等。每一种技术策略都有其特定的功能、优点及缺陷，表 5-1 列举了常用数字保存技术策略的特点、功能及主要优缺点。

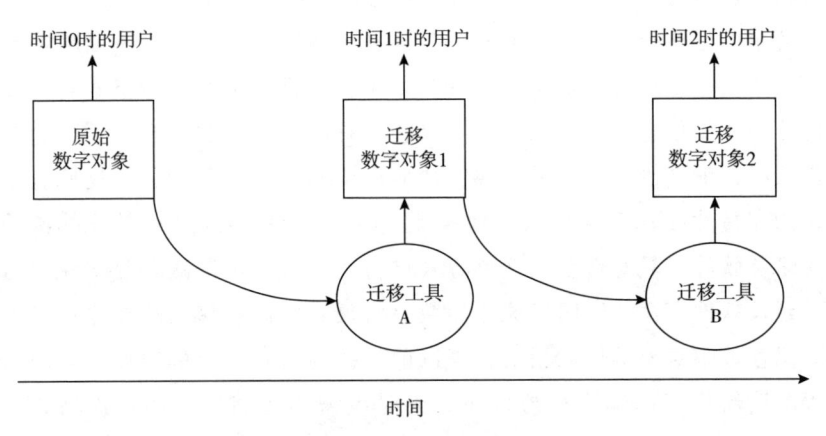

图 5-3 使用传统迁移策略保存数字对象

资料来源：Mellor, P., Wheatley, P., Sergeant, D. *Migration on Request, a Practical Technique for Preservation*, Research and Advanced Technology for Digital Libraries. Springer Berlin Heidelberg, 2002: 516-526。

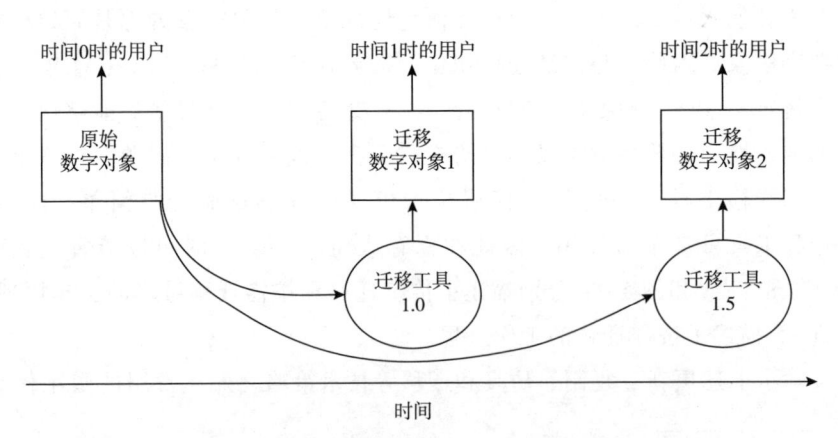

图 5-4 根据时间推移使用按需迁移工具

资料来源：Mellor, P., Wheatley, P., Sergeant, D. *Migration on Request, a Practical Technique for Preservation*, Research and Advanced Technology for Digital Libraries. Springer Berlin Heidelberg, 2002: 516-526。

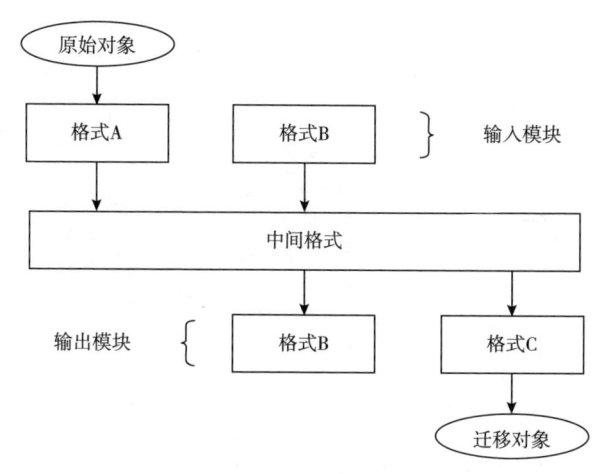

```
                    ┌─────────┐
                    │ 原始对象 │
                    └────┬────┘
          ┌──────────────┴──────────────┐
          ↓                             ↓
     ┌─────────┐                  ┌─────────┐  ⎫
     │ 格式A   │                  │ 格式B   │  ⎬  输入模块
     └────┬────┘                  └────┬────┘  ⎭
          └──────────────┬──────────────┘
                         ↓
              ┌──────────────────────┐
              │      中间格式        │
              └──────────┬───────────┘
          ┌──────────────┴──────────────┐
          ↓                             ↓
  ⎫  ┌─────────┐                  ┌─────────┐
输出模块│ 格式B   │                  │ 格式C   │
  ⎭  └─────────┘                  └────┬────┘
                                       ↓
                                  ┌─────────┐
                                  │ 迁移对象 │
                                  └─────────┘
```

图 5-5　按需迁移过程

资料来源：Mellor, P., Wheatley, P., Sergeant, D. *Migration on Request*, *a Practical Technique for Preservation*, Research and Advanced Technology for Digital Libraries. Springer Berlin Heidelberg, 2002: 516-526。

表 5-1　数字保存技术策略及优缺点

数字保存技术策略	特点及功能描述	优缺点
更新（Refreshing）	将数据从一种媒介复制到另一种媒介而保持数据类型不变	优点：防止存储媒介技术过时的一种方法。缺点：周期性的媒介转换容易导致数据丢失
复制（Copy）	在原有技术环境下对信息、数据的实时拷贝，防止由于存储介质退化变质而导致的信息丢失。复制技术是容灾方案的重要组成部分	优点：常规性文件操作，确保紧急情况发生时有多份文件副本可获取。缺点：要保证文件的各个副本被清楚地识别和跟踪；不能解决数字资源长期存取问题
仿真（Emulation）	利用仿真工具（仿真软件）在现有的软硬件环境下重建、模拟过时技术环境中的功能，确保能读取原始数字对象。适用于复杂系统中的复杂数字信息如超文件、多媒体信息，以及其他对特定软硬件依赖性强的数字信息	优点：最大程度保持数字对象的原貌。缺点：兼容性及可靠性问题存有争议；初期投入成本高，技术难度大

续表

数字保存技术策略	特点及功能描述	优缺点
迁移（Migration）	周期性地将数字对象从一种系统转移到另一种系统，或者从一种类型、格式转换为另一种类型、格式。迁移策略分为：（1）标准化迁移。将各种不同格式的数字对象导入标准化开源格式。（2）适时迁移。将数字对象及时从将要过时的存储介质迁移到新的介质上。（3）按需迁移	优点：普遍采用的数字保存技术策略，能有效对抗技术过时。缺点：迁移可能使数字对象失去原有表现形式和固有的特性；迁移时机难以准确把握；对复杂系统中的复杂对象如超文本、多媒体文件的迁移可能会使其丧失原有的某些功能；大量数字对象的周期性迁移会导致成本持续走高
技术保存策略（Technology preservation strategy）	保存原有的操作系统和计算机硬件。通过保存技术过时的计算机软硬件，读取过时的技术设备所存储的信息	代价高昂，难以长期维持
通用虚拟计算机技术（UVC）	IBM公司基于OAIS设计的虚拟计算机系统，通过在不断改变的软件和硬件上生成一个格外的层，为UVC程序提供一个稳定的平台*	优点：与平台无关、技术独立；不受时间限制，节省保存费用。缺点：受到资源类型限制，不能还原数字对象的所有功能
风干（Dessication）	保存数字对象原始版本的同时，派生一个简单、低技术含量、经过干燥处理的数据版本，即生成一个原始文件的精简版。只保留基本的文件属性和有价值的信息	优点：用简单的技术保存数字信息的"精华"，降低对技术的依赖性，便于未来用最简单的操作识读保存的信息。缺点：不能有效地保存有价值的所有信息；只可作为一种补充保存策略
数字图形输入板（Digital tablet）	同时保存软件和硬件，能将所保存的信息直接显示在自含屏幕上，可根据用户对原文献的要求实时显示有关信息**	优点：适用于文献和数据库的长期存取，能够在一定程度上克服迁移时机难以把握的缺点。缺点：研究与开发的成本较高
环境封装（Environmental Encapsulation）	将数字资源运行所需的硬件和软件环境一起打包，以实现在任何环境下都能运行该程序包	优点：文件及相关元数据、软硬件环境能通过封装独立于外部技术平台，有利于数字信息长期保存。缺点：元数据刷新存在困难，封装对有关软件存在依赖性
标准化（Normalisation）	将非主流格式的数字对象转换成主流格式或标准开放格式	优点：标准化格式的维护相对容易、经济。缺点：降低了灵活性

续表

数字保存技术策略	特点及功能描述	优缺点
数据再造（Data Reconstruction）	从原始的比特流中恢复数字对象的原貌，并保证数据对象的可读性和可用性****	优点：能够恢复、再现数字对象的原貌，有利于对其的长期存取。缺点：技术难度大。如果无法获取数字对象的原貌，就无法评估数据恢复的结果

资料来源：* 吴振新、张智雄、郭家义：《数字信息资源长期保存技术策略分析》，《现代图书情报技术》2006年第4期。

** 司莉：《数字文献长期存取技术策略比较研究》，《大学图书馆学报》1999年第5期。

*** 宛玲、吴振新、郭家义：《数字资源长期战略保存的管理与技术策略——中欧数字资源长期保存国际研讨会综述》，《现代图书情报技术》2005年第1期。

**** 王小林：《数字资源长期保存技术综述》，《数字与缩微影像》2011年第3期。

五　选择最佳数字保存策略

如上所述，每一种数字保存技术策略都有其特定的功能，但没有一种数字保存技术策略是万能的，应根据保存和访问需求，数字对象的技术特性、类型及范围，保存技术环境等选择最佳的保存策略。通常情况下，更新和复制被认为是暂时性的保存策略，它们能够产生短期收益，但对于数字资源的长期保存并不是十分有效。当存储介质正在衰退或面临淘汰风险时，采用数据更新策略很有必要。复制策略的价值在于能确保紧急情况发生时有多份文件副本可获取，只要保证文件的各个副本能清楚地识别和跟踪即可。因此，更新和复制往往被作为短期的策略，对组织正在使用的电子文件进行保存。

迁移和仿真都是可用于数字信息长期保存的技术策略，它们各自用于不同的目的，分别适用于不同的情形。迁移是数字保存普遍采用的技术策略，是保存数字对象知识内容的可信途径，尤其适合于页面文件，在数字保存中某些格式转换软件非常适用。在正式的数字保存项目中，迁移是实现数字资源长期保存的通用方法。仿真关注的是软硬件环境的变化及对数字对象初建时环境的模拟，而迁移则关注数字对象本身，为了对抗技术过时，迁移必须是周期性的，仅从这一点来看，迁移面临比仿真更大的信息丢失和出错风险。另外，从数字保存的成本来看，对大量数字对象的周期性迁移成本很高，而针对大量数字对象仿真的成本可能要低些，仿真的初期投入很大，而后期的投入比迁移低。但是，仿真的兼容性和可靠性受到质疑，因此仿真虽然是最早尝试的保存策略，却一直存有争议。迁移和仿真可以被同一个组织所用，这取决于文件创建时的类型、使用的技术以及对数字信息的获取和保存需求。并不是每一种方法都适用于所有类型的文件，很多情况下，同时使用多种方法可能会得到更好的成效。

第三节　电子文件长期保存的元数据策略

一　元数据标准及选择

元数据是电子文件长期保存必不可少的技术要素。元数据伴随着电子文件的创建、捕获、维护及长期保存而产生、增加、变化和更新，是确保电子文件真实性、完整性、可靠性及长期可用性的关键要素。因此，数据内容及其相关的元数据一起都是电子文件长期保存的对象。有关档案及文件管理的元数据标准较多，大体可分为如下几种：（1）档案及文件管理描述元数据标准，如：ISAD（G）、EAD、Moreq（Moreq2、Moreq2010）、DoD 5012.02 - STD、ISO 15489、ISO 16175、ISO 23081。（2）数字保存技术元数据标准，如 PREMIS。（3）元数据封装标准，如 METS、MPEG - 21、VERS 等。其中，ISAD（G）即《国际档案著录标准通则》是由 ICA（国际档案理事会）开发及维护的国际档案著录通用标准，它规定了档案著录的基本规则以及 26 个基本元数据元素，主要适用于传统档案文献，对电子文件描述与著录也具有重要参考价值。ISAD（G）是国际上第一部通用的档案著录规则，因此它关于档案著录格式、著录项目、著录规则的规定及确定的基本元数据元素对此后各类文档描述元数据标准都有重要影响。EAD 即《编码档案描述》是基于 XML 的档案编码描述标准，可用于描述档案检索工具体系的多层结构，适用于数字档案信息的远程存取，总共有 146 个基本元数据元素。Moreq（Moreq2、Moreq2010）即《文件管理系统通用需求》由欧盟委员会于 2001 年发布，详细规定了电子文档管理系统（EDRMS）的功能需求，是欧盟各成员国制定本国电子文件管理政策的主要依据，Moreq2010 的元数据元素减少到了 107 个（Moreq2 为 345 个）。DoD5012.02 - STD（简称 DoD）即《电子文件管理软件应用设计标准》由美国国防部开发，最初用于美国国防部的电子文件管理，后得到广泛应用，成为美国电子文件管理系统设计的通用标准，2007年发布的第三版是其最新版本。DoD定义了一系列管理元数据，许多商业性的电子文档管理系统都支持该标准。ISO系列的文件管理标准如ISO 15489、ISO 16175和ISO 23081具有国际通用性，关于ISO 15489和ISO 23081本书在第3章有详细阐述，在此不再赘述。ISO 16175是在ICA（国际档案理事会）2008年发布的ICA-Req《电子办公环境中的文件管理原则及功能需求》基础上发展的一项国际标准，它规定了电子文档管理系统的功能需求规范，并进一步规定了业务系统中的文件管理功能需求和基本规则，其中涉及电子文件元数据的管理问题。PREMIS以OAIS的信息模型作为基础，选择了Cedars、NLA（澳大利亚国家图书馆）、NEDLIB和OCLC这4个保存元数据方案作为参考，在此基础上进行细化和扩展，构建了一个核心保存元数据框架，它成为数字保存元数据公认的技术标准。PREMIS定义了数字保存活动中涉及的五种实体：对象（Objects）、知识实体（Intellectual Entities）、事件（Events）、行为者（Agents）和权利（Rights），并为每个实体（知识实体除外）定义了数据字典，见本文第3章对PREMIS的知识实体和数据字典的阐述。METS（Metadata Encoding and Transmission Standard）《元数据编码及传输标准》由美国国会图书馆开发及维护，该标准以OAIS信息包模型为参照，建立了元数据的编码和传输标准，适用于元数据封装。METS文档是基于XML的结构化文档，主要由以下几个部分组成：①METS头标，关于METS文档本身的基本信息。②描述元数据，包括：内容信息、背景信息和结构信息。③管理元数据，包括文件的创建和存储信息、知识产权信息、出处信息等。④文件集合。构成数字对象的一系列数字文件的集合。⑤结构地图。定义了数字对象的层级结构，并建立了该结构与相关的内容文档和元数据之间的关联示意图。⑥结构链接。使METS文档能记录结构地图各元素之间的关联，这对描述归档保存的网页内容很有用。⑦行为。它可将行动或应用与数字对象的内容关联起来，每一次行动或"行为"都与某种形式的可执行编码相关联，从而为数字对象完成一项特定"行为"提供指示。METS文档能嵌入描述元数据和管理元数据，或者与外部存储的元数据建立关联，已经成为广泛认同和应用的元数据编码及传输标准，通常被数字档案馆等数字保存资源库用于元数据封装，以符合OAIS信息包的概念模型。MPEG-21是由MPEG（Moving Picture Experts Group）即"活动图像专家组"研制的多媒体框架系列标准（ISO/

IEC 21000），实质上是对一些关键技术的集成，这些技术可以通过访问全球网络及设备实现对多媒体资源的透明使用。MPEG – 21 为多媒体资源提供了一种复杂而精密的封装格式。VERS（The Victorian Electronic Records Strategy）即澳大利亚维多利亚电子文件策略。VERS 有四个特点：一是在电子文件形成之后尽可能将其转换为合适的长期保存格式；二是捕获相应的元数据；三是基于 XML 将长期保存格式文件与元数据封装为一个扩展名为 EEO 的文件，提交给档案馆；四是对封装对象进行数字签名，以防被篡改。① VERS 按照文件聚合层次将封装对象区分为案卷型封装包和文件型封装包，按照信息包的修订状态还有一种修改型封装包。

如上所述，元数据标准种类很多，功能各异，机构应根据需要选择合适的元数据标准，明确可接受的元数据的范围以及必不可少的元数据类型。描述元数据和技术元数据记录和描述了每一个数字对象的内容特征和技术特征，对于数字对象的长期保存都是必不可少的，元数据封装标准则适用于数字对象与其相关元数据的打包保存。传统档案文献的著录标准如 ISAD（G）对于描述电子文件的内容、背景和结构等仍然具有参考价值。与传统文献所不同的是，数字对象的媒体和格式等技术特征可能与其逻辑对象相互分离，因此在应用 ISAD（G）等传统著录标准描述数字对象时，应确保所描述的重点是逻辑对象，而不仅仅是其技术特征（存储媒体和格式）。此外，技术元数据是必不可少的，PREMIS 是公认的数字保存技术元数据标准。而在采用数字保存技术元数据时应考虑资源的特殊类型，例如，一个档案机构需要保存大量的图像文件，则可结合采用 PREMIS 和 ANSI/NISOZ39.87（数字图像长期保存技术标准）这两种技术元数据标准。最后，在选择适当的元数据标准时，还必须考虑元数据管理的成本和收益问题。

二　电子文件元数据的来源及采集

电子文件元数据来源于如下五个方面：①来源于原始创作或管理系统。内容创建或管理系统是元数据的重要来源之一。例如内容管理系统、电子文档管理系统（EDRMS）或者个案管理系统都能产生大量的元数据。②来源于数字对象本身。数字对象可能内嵌某些元数据，内嵌元数据的属

---

① Waugh A,"The Design of the VERS Encapsulated Object Experience with an Archival Information Package," *International Journal on Digital Libraries* 6（2）2006：184 – 191.

性因数字对象的内容及文件格式类型的不同而变化多样。③来源于现有的描述记录，如目录等描述性工具。④来源于其他的文献。如来源于系统的参考文献、手稿、数据字典等，也可能来源于纸质文献。⑤来源于口述历史。档案馆（资源库）管理人员、原始用户或最终用户往往能提供有关数字对象的重要信息，但是人们很少有机会能收集这些信息。

电子文件元数据的采集或创建方式包括人工方式和自动捕获方式。技术型元数据一般都应自动生成或捕获。管理型元数据则不同，某些类型的高层描述型元数据，如有关全宗管理及发展历史的描述元数据难以自动提取或捕获，需要人工创建，而一些较低层次的描述元数据则可从数字对象中自动提取。元数据自动捕获工具较多，如：新西兰国家图书馆开发的"Metadata Extraction Tool"，美国国家档案与文件署的文件分析和元数据收割工具"NARA File Analyzer and Metadata Harvester"，OPF（Open Planets Foundation）开发的用于 JPEG 2000 图像分析及元数据提取工具 Jpylyzer，以及由阿帕奇软件基金会（Apache Software Foundation）开发的 Tika，等等。

三 存储和管理元数据——元数据封装策略

总体上，电子文件元数据的存储方式有如下两种，嵌入式和外部存储。嵌入式是指元数据内嵌在文件内部，如表征文件结构及语义特征的技术元数据往往以嵌入方式包含在文件内部。如果将数字对象迁移为另一种格式保存，必须把有价值的元数据提取出来。元数据外部存储又可采取三种方式：第一，将元数据作为一个独立的对象保存，这可能是一个文本文档、电子表格或者一个 XML 文档。第二，通过封装方式将元数据与文件打包在一个"容器"中保存。第三，单独存放在一个系统中。如存放在一个结构化数据库或者一个 XML 资源库中，通过系统与文件关联。其中，第二种外部存储方式即通过封装方式将元数据与文件打包在一起保存是实现数字保存的有效手段。电子文件与相关元数据的封装策略既保障了文件与其元数据间紧密的联系，同时又保证了数字对象和元数据的各自独立性，有利于它们的个性化、动态管理和利用，是电子文件交换、长期保存和利用的最佳形式。①

OAIS 的信息模型为制定电子文件元数据方案及元数据封装机制提供了

---

① 黄玉明：《电子文件封装策略研究》，《中国档案》2010 年第 4 期。

重要的概念框架。OAIS 的信息模型定义了 3 种信息包，即提交信息包（SIP）、档案信息包（AIP）和分发信息包（DIP），其中档案信息包（AIP）模型已经成为数字资源封装的经典模型，如图 5-6 所示。在 OAIS 中，信息包是由"内容信息"和"保存描述信息"这两种信息对象构成的容器，而内容信息又由数据对象和表征信息构成。信息包还与另外两种信息对象——"封装信息"和"信息包的描述"联系在一起，因此，对某一数据对象而言，与之相关的元数据就包括如下四个层次：表征信息、保存描述信息、封装信息及关于信息包的描述信息。其中，第一层次为表征信息，由结构信息和语义信息构成，描述了数据对象的格式特征和内容特征，往往作为数字对象的内嵌元数据。第二层次为保存描述信息，由参考信息、背景信息、来源信息、固化信息和存取权利信息构成，是保证数字对象长期可读、可用及可靠性的重要依据，也是保存元数据的重要来源。第三层次为封装信息，是一种实际存在或逻辑存在的信息，用于记录封装背景和 AIP 自描述。它将封装对象"内容信息"和"保存描述信息"捆绑或联系在一起，形成一个可识别的实体。另外，每个档案信息包都与一个结构化的描述信息联系在一起，这一描述信息被称之为"包的描述"，主要为检索查找该信息对象提供线索，这是第四层即最外层的一种元数据。可见，元数据封装策略将数字对象与其相关的元数据捆绑或关联在一起，能够有力地保证其可靠性和可识读性，适用于数字信息的长期存取。OAIS 的档案信息包（AIP）属于高层抽象的概念模型，在数字保存实践中，须结合保存资源的类型、保存目标及系统功能，定义相应的逻辑模型，如前所述，国际知名的数字保存项目如 CEDARS、NEDLIB 等都以 OAIS 的档案信息包（AIP）模型构建了自己的保存元数据方案。此外，VERS 的元数据封装策略及我国 2009 年发布的档案行业标准《基于 XML 的电子文件封装规范》（DA/T48-2009）都遵循了 OAIS 的 AIP 概念模型，基于 XML 用封装的办法把数据和元数据打成信息包，[①] 便于维护数字对象与其元数据之间的关联，通过对元数据保存和操作实现对数字对象的长期保存和有效利用。

对于一个数字资源库而言，元数据存储和管理最基本的要求是：该数字资源库有能力保存所有必要的元数据类型；能够将这些必要的元数据以

[①] 黄玉明：《电子文件和相关数字资源封装案例比较》，《档案学研究》2012 年第 5 期。

可再用的格式从该数字资源库中导出。可采用成熟度模型来描述一个数字资源库的元数据管理水平,如表 5-2 所示,对元数据管理由低到高的 4 个发展阶段:初始级、基础级、已管理级和优化级及对应的成熟度水平进行了简单的描述。

表 5-2 元数据管理成熟度水平

等级（阶段）	元数据管理成熟度水平描述
初 始 级	记录了所要求的最基本（最少）的元数据
基 础 级	元数据以电子表格、文本文档或简单的数据库等各种不同形式存储在不同的位置；能够维护数字对象与元数据之间的关联；对所有数字对象分配了永久唯一标识符
已管理级	利用电子表格、文本文档或简单的数据库等统一的格式管理元数据；维护数字对象与元数据之间的关联；对所有数字对象分配了永久唯一标识符并进行维护
优 化 级	利用复杂、可再利用的格式如 XML、链接开放数据（Linked Open Data）或者复杂数据库对元数据进行管理

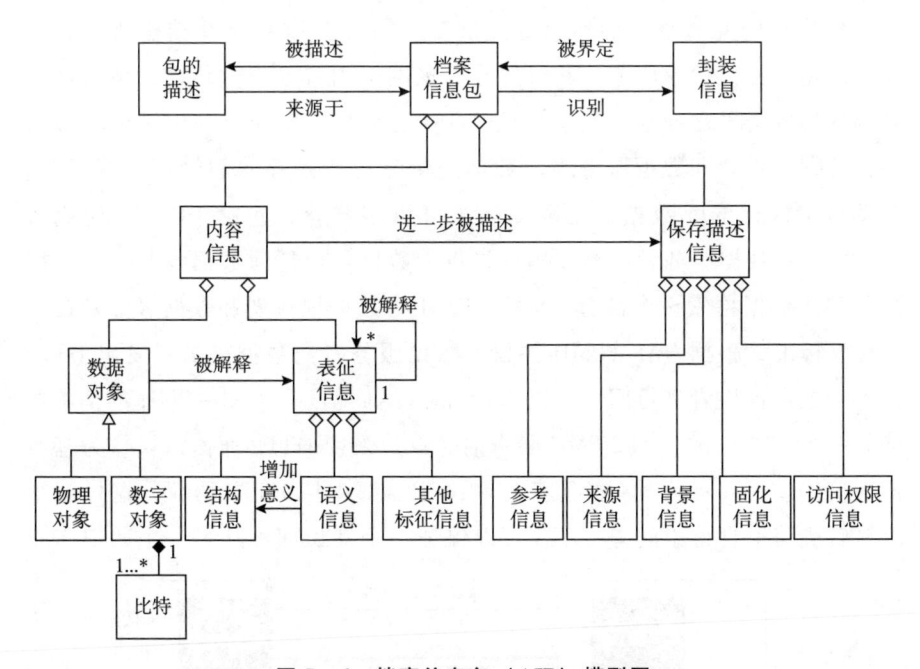

图 5-6 档案信息包（AIP）模型图

资料来源：Consultative Committee for Space Data Systems. Reference Model for an Open Archival Information System (OAIS). CCSDS 650.0-M-2. Magenta Book. Issue 2. June 2012. http://public.ccsds.org/publications/archive/650x0m2.pdf. 2014-04-15。

四 元数据互操作问题

不同的数字资源库根据自己的需要采用了不同的方式管理元数据,因此,如果需要交换、共享不同资源库的数据对象,将一个技术平台上的数据对象迁入另一个技术平台时,就面临着元数据的交换和共享问题。对于每一个数字保存系统而言,元数据互操作是必须面对和考虑的问题。即使暂时没有数据内容交换和共享的需要,互操作也能使数字保存系统保持更好的稳定性。在技术上,互操作要求源数字保存系统和目标数字保存系统在导出和导入元数据时采用的是同样的格式,或者采用一种本地格式对它们进行转换。目前,已经有一些机制能够促进元数据互操作,从而实现分布式数字资源之间的共享和集成。较为知名的如下。

1. OAI – PMH(Open Archives Initiative Protocol for Metadata Harvesting)

OAI – PMH 即"开放档案元数据收割协议",是一种基于 Web 的数字资源共享机制,根据该协议,可以使机构知识库作为数据提供者导出(发布)结构化的元数据,而使服务提供者收割(获取)这些结构化的元数据,向用户提供检索服务,其目的是实现网络内容的有效传播,解决网络异构数据的跨平台检索和共享问题。OAI 元数据收割协议规定了两类参与者:数据提供者和数据服务者。数据提供者主要是存储和管理数据资源,并发布结构化的元数据,元数据格式可以多样化,包括 DC、EAD 或者 MARC 等;数据服务者负责向用户提供元数据,包括元数据收割、元数据聚合和元数据检索三个部分。OAI – PMH 为数据提供者和数据服务者提供了交互标准,根据 OAI – PMH 协议,数据服务者向数据提供者发出 HTTP 请求,数据提供者进行回应,以 XML 格式返回信息。OAI – PMH 的基本功能如图 5 – 7 所示。OAI – PMH 最大的优点是采用 HTTP 通信协议作为基本的通信协议,而目前所有的服务器和浏览器都支持 HTTP 协议,这样就很容易解决跨平台检索问题,不仅可以保证一个知识库库从另一个知识库获

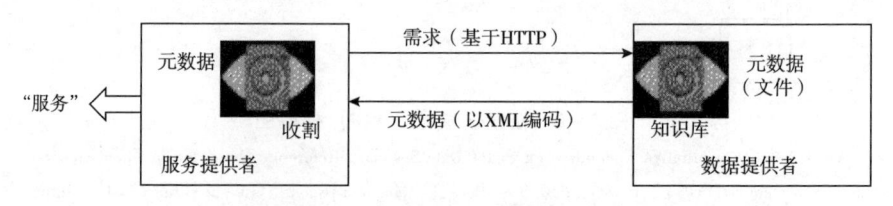

图 5 – 7 OAI – PMH 的基本功能

取元数据，而且还可以从多个知识库中收割和聚合元数据。图 5-8 描述了两个不同的 OAIS 数字档案馆利用 OAI-PMH 协议交流数据内容的机制。OAI-PMH 的实现和操作非常简单，可以在网络上很快架构 OAI 服务器。任何个人和组织都可以使用 OAI 的架构，成为数据提供者或服务提供者，具有开放性。因此，OAI-PMH 已经成为跨平台网络资源检索和基于 Web 的元数据收割及聚合的重要机制，可用于数字资源库或知识库之间的数据交流，而且将越来越广泛地用于 eScholarship、eLearning 和 eScience 对网络数字资源的获取。

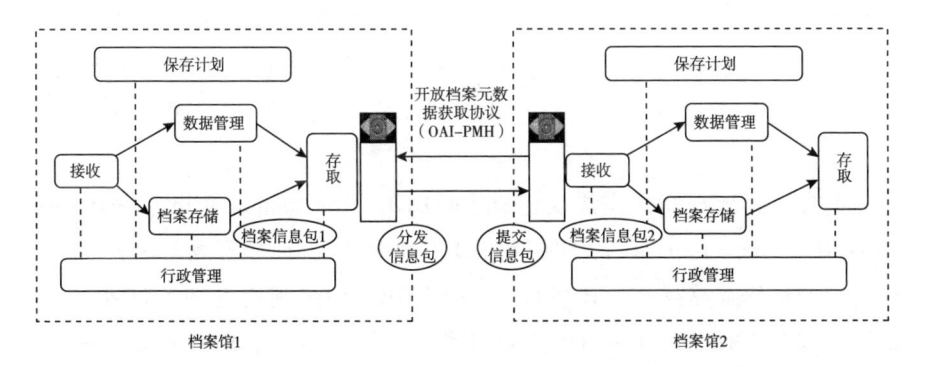

图 5-8 基于 OAI-PMH 协议的 OAIS 数字档案馆内容传递机制

资料来源：Basic functioning of OAI-PMH [EB/OL]．[2014-06-04]．http://www.oaforum.org/tutorial/english/page3.htm#section3。

2. OAI-ORE（The Open Archives Initiative Object Reuse and Exchange）

OAI-ORE 是对网络资源聚合进行描述和交换的标准。所谓聚合（aggregations），也称为复合网络对象，是指含有包括文本、图像、数据、视频等多种媒体形式的分布式资源的集合。OAI-ORE 的目的是开发标准的、互操作的机制来揭示这些复合网络对象的丰富内容，用于支持数字对象资源的创作、存储、交换、可视化、再利用和长期保存。[1] OAI-ORE 利用了语义网、关联数据、URIs 等领域的最新研究成果，采用 RDF 模型的主—谓—宾三元组形式来表示对象间的关系。[2] ORE 抽象数据模型的主要实体包括：聚合（Aggregation）、被聚合资源（Aggregated Resource）、资源

---

[1] Open Archives Object Reuse and Exchange．[EB/OL]．[2014-06-05]．http://www.openarchives.org/ore/．

[2] 陈晓凤、张志平、白海燕：《OAI-ORE 在机构知识库中的应用研究与实现》，《现代图书情报技术》2010 年第 11 期。

地图（Resource Map）、代理（Proxy）。

聚合（Aggregation）是一种资源类型，是其他资源的集合；被聚合资源（Aggregated Resource）是构成一个聚合的组件；资源地图（Resource Map）描述一个聚合，列举其描述聚合的组件（被聚合资源）、组件间的关系、组件与其他资源间的关系以及其他属性。一个资源地图只能描述一个聚合，有且仅有一个 URIs 标识。一个聚合可以被多个资源地图描述。代理（Proxy）也是一种资源，用于表明一个被聚合资源在一个特定聚合中所处的背景关系。OAI – ORE 建立了独立于机构知识库的抽象数据模型，通过统一的抽象数据模型实现对各机构知识库中数字对象的一致表示。这样，一个机构知识库平台的数据能够无损地传输到另一机构知识库平台，对于解决分布式知识库之间的互操作问题具有重要的意义。①

此外，元数据互操作协议还有 SWORD（The Simple Web – service Offering Repository Deposit），该协议由 JISC 资助于 2007 年开发，主要用于数字内容的远程存储操作，该协议支持 SWORD 用户利用支持 SWORD 的知识库远程存储数据。许多通用的知识库平台如 DSpace、EPrint 和 Fedora 都支持 SWORD 协议。

第四节　电子文件长期保存的格式问题及对策研究

为了满足市场和专门业务的需要，不同的公司和组织开发了不同的应用软件，这些软件系统所生成的电子文件格式也多种多样，纷繁不同的电子文件格式虽然满足了人们多样化的利用需要，却给电子文件的长期保存带来了不小的问题。电子文件长期保存需要的是稳定性强、能够持续得到维护并能独立于软硬件平台的文件格式，但是，除了一部分电子文件采用了标准、开放的格式之外，尚有大量非开放、由特定商家或企业拥有专有权的电子文件格式，在对这些非开放、专有格式的电子文件进行长期保存时，需要采取适当的技术措施和管理措施，以利于对其的长期维护，降低长期保存的成本。

---

① 徐健：《基于 OAI – ORE 的异构数字仓储互操作框架》，《现代图书情报技术》2008 年第 9 期。

一 电子文件格式使用情况及格式选择

电子文件的类型多样，主要有文本文件（含字处理文件、电子邮件等）、图形文件（位图和矢量图形）、电子表格、数据库文件、图像文件、视频文件和音频文件等，而每一类电子文件所采用的存储格式不尽相同，存在很大的差异性和多样性。早在 1998 年，一项覆盖 36 个 RLG 成员机构的调查表明，这些机构的电子馆藏至少存在 24 种不同的电子文件格式。其中最常见的是如下 6 种：图像文件、带有标记的文本文件、ASCII 文件、音频文件、视频文件和电子表格。① 2003 年，丹麦皇家图书馆对丹麦的网站进行了为期一周的调查后发现，在 688029 份网络文献中共计有 20 种可识别的文件格式。其中，66.78% 的网络文献为 HTML 格式的文本文件，19.17% 为 GIF 格式的图像文件，10.12% 为 JPEG 格式的图像文件。② 这意味着，最主要的网络文献格式为 HTML、GIF 和 JPEG 格式。与丹麦皇家图书馆的调查结果类似，2006 年澳大利亚国家档案馆对澳大利亚的网站调查发现，78% 的网络文献为 HTML 格式的文本文件，13% 为 JPEG 格式的图像文件，5.3% 为 GIF 格式的图像文件，上述三种格式的网络文献占总数的 96.3%，此后依次为 PDF 文件（1.2%）、纯文本文件（0.5%）、PNG 文件（0.4%）等。③ 2011 年 Hitchcock 和 Tarrant 对英国文献资源库的调查发现，最为常见的电子文件格式为 JPEG、GIF、HTML 和 PDF 格式，另外在专业性的文献资源库如科学数据资源库中，馆藏电子文件的格式为专业格式如化学标记语言文件格式。④ 综合分析上述丹麦、澳大利亚和英国的调查结果，可识别的电子文件（含网络文献）的格式种类多达 20 余种，而其中最主要的电子文件类型包括图像文件、文本文件、音频文件、视频文件和电子表格，最常见的电子文件格式包括 JPEG、GIF、HTML、PDF、ASCII 等。

---

① Hedstrom, M., Montgomery, S. "Digital Preservation Needs and Requirements in RLG Member Institution: a Study Commissioned by the Research Library Group", Mountain View, CA: Research Library Group. 1999. pp. 9 – 10.
② Clausen, L. R. "Handling File Formats", (Arhus: State and University Library, 2004): 5.
③ Fellows, G. et al, "Separating the Wheat from the Chaff: Identifying Key Element in the NLA. au Domain Harvest", *Australian Academic & Research Library* 39 (3) (2008): 137 – 148.
④ Hitchcock, S., Tarrant, D. "Characterising and Preserving Digital Repositories: File Format Profiles" [EB/OL]. [2014 – 06 – 05]. http://www.ariadne.ac.uk/issue66/hitchcock – tarrant. 2014 – 05 – 04.

其中，网络文献以 HTML、JPEG、GIF 格式为主。但是，很多电子文件格式为专有格式，出于商业利益考虑，拥有该格式专有权的商家或企业不会免费提供对其的利用，这对于电子文件长期保存过程中的格式维护及转换是一个很大的阻力。表 5-3 分析了开放格式、开放专有格式、封闭专有格式三类不同性质电子文件格式的特点及对电子文件长期保存的影响。

表 5-3　开放格式及专有格式用于电子文件长期保存的比较分析

三类格式比较	开放格式	开放专有格式	封闭专有格式
格式的知识产权属性	具有公共知识产权，一般由标准化组织负责维护	私人享有该格式的知识产权	私人享有该格式的知识产权
格式规范的可用性	可公共获取，无任何限制	格式规范可以有限制地获取	格式规范无法公共获取
格式如何产生和发展	在公众关注和推动下产生和发展	由特定公司控制格式规范开发技术，以占有更好的市场地位	由特定公司控制格式规范开发技术，以占有更好的市场地位
格式如何使用	可由任何人无限制使用	许可证持有人拥有对该格式的独占控制权	许可证持有人拥有对该格式的独占控制权
需要何种软件使用该格式	任何人都可使用专有、免费或开源软件	一般仅在专有权人授权情形下才可免费使用	只能采用开发该文件格式公司的特定软件使用
示例	PNG、ODF、JPEG、XHTML、TIFF、FLAC、PDF（ISO 32000）	MP3、Microsoft Open Office XML	Microsoft Word（DOC）、Microsoft Outlook、Excel、Powerpoint、Photoshop、RAW、WAV

资料来源：编译自 Harvey, R. Preservation Digital Materials. 2nd ed（Berlin：De Gruyter Saur，2011）. 145-146。

由表 5-3 对三种不同类型格式的比较可以得出如下结论：开放格式得到了广泛的软件支持，使其具有平台独立性，从而有利于电子文件长期维护和存取，便于将电子文件从一种技术环境向另一技术环境迁移，不必受限于特定的供应商；而开放专有格式比开放格式的风险大很多，因为对它们的利用被某一公司以许可授权的方式所控制，而这种许可授权面临变更的可能性和不确定性；封闭专有格式对于电子文件的长期存取具有更多的风险，因为缺乏文件格式规范和对软件的许可要求，意味着这种格式的未来很不确定。专有格式的电子文件在长期保存过程中可能由于技术过时荒废或软件不兼容等问题变成打不开的"死档"。

可见，在电子文件长期保存过程中，应尽可能选择开放、通用、标准的格式，这类格式是向公众开放的，不受限于专有独占权，普遍受到了业界和用户的广泛支持，被众多软件开发商所通用，而且往往得到了标准化组织的认可或由其长期维护，这些因素都十分有利于电子文件长期保存和利用。例如，将采用开放格式存储的电子文件迁移至一个新的技术环境时更为方便，不必受到格式专有权的限制。反之，如果保存的电子文件是以专有格式存储的，则会长期受限于该格式的专有权，如果格式专有权人不再对格式进行技术维护或放弃维护，或者收回对格式使用的许可，那么电子文件的长期可用性和可读性都会面临风险。

可采取四个方面的技术措施应对电子文件长期保存格式问题：第一，对电子文件格式进行识别和注册；第二，电子文件格式转换；第三，限制数字保存系统中电子文件格式的类型；第四，发展和应用归档文件格式标准如PDF/A，该部分内容在本书第3章已经做了详细阐述，在此不再赘述。

二 电子文件格式识别和注册

电子文件的格式、版本等技术特性对于选择适当的数字保存技术策略十分重要，因此，机构在选择和实施数字保存技术策略时，须识别和验证待保存数字对象的格式及版本等技术特征，准确识别和确认文件格式的结构以及支撑其运行的软硬件环境是实施数字保存的先决条件。

电子文件格式识别是指对待保存数字对象的格式及版本进行鉴别和记录，明确该数字对象是以什么格式创建和存储的。例如，为准确地识别一个字处理文档，必须确定创建这个文档的文字处理软件的确切名称和版本，以及文档的具体信息如标题等信息。了解和识别文件的格式对于识别文件十分重要。例如，用计算机保存同一张数码照片时，选择TIFF格式或是JPEG格式，图像文件的特征是不同的。同理，MP2格式和MP3格式的音频文件也有着不同的特点。数字对象以千百种格式存在，因此，有必要对常用的文件格式进行识别，这是数字保存必须关注的一项基本内容。人们已经开发了一些电子文件格式识别软件，如英国国家档案馆开发的PRONOM[1]和DROID（Digital Record Object Identification）[2]等。PRONOM是世

---

[1] http://www.nationalarchives.gov.uk/pronom.
[2] http://droid.sourceforge.net/wiki/index.php/Introduction.

界上第一个在线的专门用于文件格式登记注册的信息系统，对不同数字文件格式和相关软件信息进行维护，能为任何需要获取不同软件产品和相关文件格式信息的人提供免费的信息服务，PRONOM 最初仅为英国国家档案馆的需要服务，此后发展成为公共、在线的免费信息资源。DROID 是为实现 PRONOM 的格式注册服务功能而开发的一款专门用于格式识别的软件，其功能是对大量或多批次数字对象的文件格式进行自动识别，任何需要保存电子文件的组织都可免费使用 DROID 以确认数字对象的格式。DROID 利用文件内部（字节序列）和外部（扩展名）特征来识别和报告文件格式版本，这些特征被存储在一个由 PRONOM 技术注册记录表生成的 XML 文件中。随着 PRONOM 所注册的格式特征的定期添加和更新，DROID 可以通过在线服务系统从 PRONOM 自动下载更新的格式特征，实现对不断更新发展的文件格式的自动识别。例如，如果某一组织使用 DROID 识别电子文件的格式，该组织就可利用 PRONOM 查明用于创建该文件的软件的当前状态，同时，也可识别与数字保存相关的技术需求。这样，组织不仅可以对文件进行识别，还能了解应采用哪些措施以确保文件的当前保存和未来的长期可用性。其他的文件格式识别软件还有 Jacksum、JHOVE、GDFR 等。

电子文件格式注册系统保存了各种常见的文件格式以及创建和运行这些文件格式的软件的相关技术信息，建立和应用电子文件格式注册系统可以有效地识别拟将保存的电子文件的格式类型，而且可以准确掌握创建和运行该格式软件的技术信息，对于进一步在技术上存储和处理该电子文件具有十分重要的作用。建立和应用格式登记注册系统可以引导电子文件保存者选择适合电子文件长期保存的最佳格式，并且当文件格式濒临技术过时的危机时，可以通过系统查询和自动提醒功能，获知应当转换的格式，并可利用系统提供的转换工具和服务进行直接转换。如前所述，英国国家档案馆开发的 PRONOM 及其格式识别功能软件 DROID 为公众提供了一个在线、免费的电子文件格式注册信息系统，该系统存储了大量的电子文件格式信息并维持动态更新，用户利用该系统既可自动识别电子文件的格式，又可查明创建该文件的软件的技术信息，同时，还能了解与电子文件长期保存策略相关的技术需求，从而明确应采用哪些技术措施维护对电子文件的长期存取。

文件格式识别和注册软件还有 JHOVE、JHOVE2、GDFR、UDFR、Jacksum 等。JHOVE（JSTOR/Harvard Object Validation Environment）由 JS-

TOR 和哈佛大学图书馆合作开发,该软件系统能够提供电子文件的格式信息,并能够确认该文件格式是有效的,JHOVE 用 Java 编写,因此可在所有支持 Java 语言的操作系统上运行,具有广泛的应用性。JHOVE2 是加利福尼亚数字图书馆、Portico① 和斯坦福大学对 JHOVE 的功能进一步改进的成果,它扩大了可识别的电子文件的格式范围。GDFR (Global Digital Format Registry) 是由美国哈佛大学牵头研制建设的"全球数字格式注册系统",该系统目前成为 UDFR (Unified Digital Format Registry) 的一个组成部分。UDFR 旨在整合已有的两大电子文件格式注册系统 PRONOM 和 GDFR 的功能及信息资源,并在此基础上建立一个可信、开放的用于数字保存的电子文件格式注册系统。UDFR 由加利福尼亚数字图书馆负责开发,该项目为 NDIIPP (National Digital Information Infrastructure and Preservation Program) 的组成部分,获得了美国国会图书馆的资助。Jacksum 由 JAva 和 ChecK-SUM 这两个词合成,意即用 Java 语言编写用于计算和校验的一款软件工具。Jacksum 支持 58 种流行的标准算法,是一个免费的独立于软件平台的工具,可用于电子文件格式识别和校验。此外,较为著名的文件格式识别注册系统还有 DCC/CASPAR Representation Information Registry (PRORI), PRORI 是 CASPAR② (Cultural, Artistic and Scientific Knowledge for Preservation, Access and Retrieval) 项目的基本功能之一,通过建立一个集中式的注册资源库,对数字文件的表征信息 (Repinfo) 和保存描述信息 (PDI) 实现集中而永久的存储和检索,该注册系统主要在 DCC (Digital Curation Centre) 原有的电子文件格式注册系统基础上开发。

可见,建立电子文件格式登记注册系统是电子文件长期保存中的一个重要的技术环节。我国尚未专门针对数字保存而建立电子文件格式登记注册系统,从数字保存的发展前景来看,建立这样的注册登记系统十分必要。

三 电子文件的格式转换

格式转换是电子文件长期保存的一项基本技术手段,当文件格式濒临

---

① Portico 项目由 JSTOR 和美国国会图书馆共同主持,获得安德鲁·梅陇基金会的资助,主要目标是为商业化的电子学术资源提供第三方的长期存储服务。
② CASPAR 是由欧盟资助实施、多方参与的,对文化遗产、艺术和科学知识这三个领域的资源进行保存、获取和检索的数字保存合作项目,项目时间为 2005~2009 年。

过时或被淘汰时应及时实施格式转换。如果购买或者自行开发了格式登记注册系统，格式登记注册系统会自动发出预警，提醒数字保存者实施格式转换，数字保存者可通过格式登记系统获知应该转换的格式，并且可以利用系统提供的转换工具直接进行转换。通过格式转换，可以把过时的文件格式转换为当前可利用的格式，但缺点是有可能改变文件的显示和结构，无法保证数据的全部迁移，可能会导致一定程度的数据丢失，无法保证原有文件的真实性和完整性。另外，如果对大量电子文件进行格式转换，其成本会急剧攀升。因此，为了保证电子文件的真实性、完整性和可靠性，节约数字保存的成本，应尽可能地减少格式转换的频率。[①] 而且，对电子文件格式进行转换时，应尽量将非标准、专有的文件格式转换为标准、开放的文件格式。如前所述，为了尽可能降低电子文件长期保存中的风险，须尽可能选择标准化的存储格式。因为标准化的文件格式由标准化组织负责维护，格式开放、透明、用户众多，而且为大多数软件平台所支持，因此，标准、开放的文件格式被淘汰或者过失的周期和几率远远小于非标准的、专有的文件格式。目前，开放、标准的格式主要有 PDF/A、ODF（Open Document Format）等。

在数字保存中，以专有格式生成的电子文件面临的格式转换问题值得关注。如果在业务工作中产生的是专有格式的数据，为了保证对该数据信息的长期存取，意味着须保存整个系统，即应用程序本身、IT 平台、技术文件，甚至还包括那些知道如何应用该软件平台的工作人员。这种保存方式的成本之高实际上已经超出了保存该数字信息本身的内在价值，因此，对于以专有格式生成的电子文件须考虑其他替代方案。在实践中有两种方案可供选择：第一种方案，将数字信息转换至一个低级别的格式，例如，将文档转换为一个平面文件，或者将数据库大容量数据转换为平面文件，这种方式虽然节约了成本，但缺点是某些信息尤其是某些反映结构特征的信息可能会丢失。第二种方案，就是标准化转换。将以专有格式形成的数字信息转换至一种标准化的格式。这种方案的关键是须购买或者自行开发格式转换工具，但一般情况下，比保存整个系统所付出的成本要低，因此，专有格式的标准化转换是一种值得考虑的解决方案。当然，转换的目标格式必须尽可能是标准、开放

---

① 汪俊、刘洪、刘艳玲：《解决电子文件长期保存格式问题的措施》，《云南档案》2011年第4期。

的，尽可能确保具有更高的持久性，以减少再次转换的频率。

专有格式的电子文件进行格式转换的基本思路如图 5-9 所示。

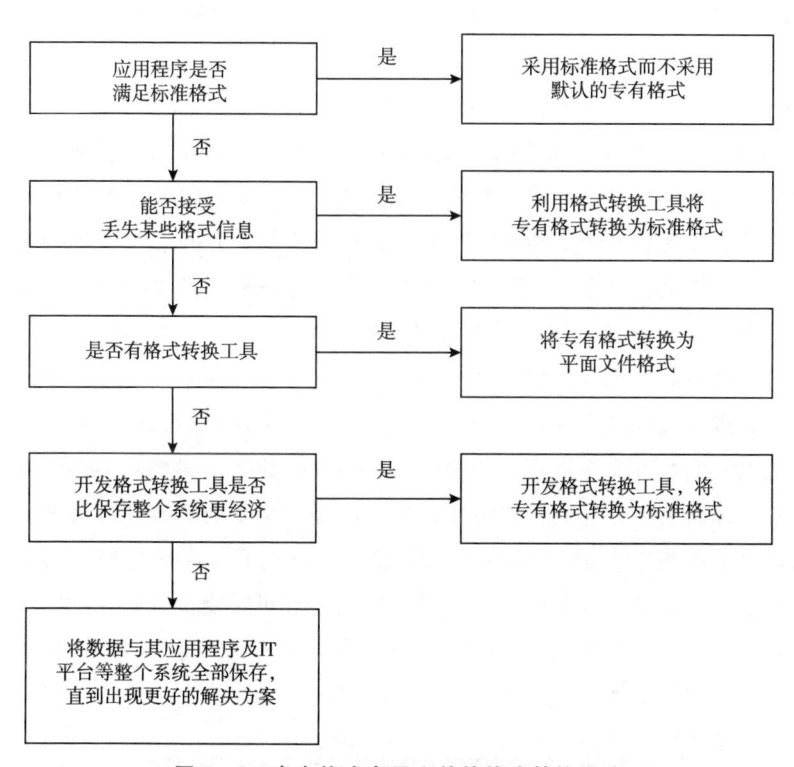

图 5-9 专有格式电子文件的格式转换思路

需要指出的是，格式转换并不适用于所有数字对象。如果格式转换会导致数字对象丢失重要的、对准确理解该数字对象产生实质影响的特征信息，就不能适用。

四 限制数字保存系统中的电子文件格式类型

限制数字保存系统中的电子文件格式类型意味着档案馆需要对其接收和管理的数字对象的格式类型进行限制。档案馆可要求接收进馆的电子文件格式具有开放性、便携性、可长期保存性。在实践中，不少数字档案馆都对所接收的数字对象的格式提出了明确的要求和限制。例如，美国弗罗里达数字档案馆规定，向其移交的数字对象的格式必须能完全满足长期保存的特定要求。英国数据集档案馆（UKDA）明确规定了光学记录载体文件的长期保存格式要求。英国公共档案馆发布的《电子文件管理、鉴定和保护指南》明确规定，可以接受的文件格式主要有 PostScript、TIFF、SGML、PDF 等。① 澳大利亚维多利亚州档案馆规定，长期保存电子文件的格式为 TEXT、PDF/A、PDF、TIFF、JPEG、JPEG - 2000、MPEG - 4。② 美国密歇根大学牵头建立的国际性学术机构 ICPSR（Inter - university Consortium for Political and Social Research）拥有超过 50 万件包括 16 个专门全宗的社会学研究数字档案，ICPSR 将所接收的数字档案从原始格式转换为适合长期保存的标准格式进行存储，并同时保存该数字档案的原始格式和转换后的标准格式。澳大利亚国家档案馆的格式转换策略与 ICPSR 相似，即通过自行开发的格式转换软件 Xena 将接收的数字档案统一转换为建立在开放标准基础上的数字保存格式，并根据需要保存原始格式。表 5 - 4 详细列举了澳大利亚国家档案馆长期保存的三类文件格式：第一类是首选的开放文件格式，这类格式以开放标准为基础，是格式转换的目标格式；第二类是可转换为首选开放格式的各种文件格式，国家档案馆接收的数字档案格式多样，其中很多格式可以转换为首选的开放格式；第三类是可接受的开放文件格式，这类格式以开放标准为基础而适用于长期保存，因此不需要进行格式转换。这样，既明确规定了标准存档格式（目标格式）和可接受的开放文件格式，又较为宽泛地划定了可转换为目标格式的其他格式范围，为各种不同格式数字档案的接收和移交工作建立了较为弹性的机制，值得借鉴。

表 5 - 4　澳大利亚国家档案馆长期保存的文件格式

格式类别	首选的开放 文件格式*	以下格式可转换为 首选的开放格式	可接受的开放 文件格式**
档案	内容索引以 XML 格式创建。档案内容按照合适的保存格式进行转换	压缩档案（gzip, bzip2, war, zip） 非压缩档案（jar, tar, zip）	
音频	开源无损音频压缩编码（flac）	音频交换文件格式（aiff） 广播波形文件（bwf） MPEG - 2 audio layer 3（mp3） Speex（spx） Vorcis（ogg, oga） 波形音频文件（wav）	

---

① 鞠晓岚：《英国电子文件向档案馆的移交》，《中国档案》2004 年第 7 期。
② PROV. Specification 4：VERS Long Term Preservation Formats [EB/OL]. [2014 - 06 - 28]. http://prov.vic.gov.au/wp - content/uploads/2012/01/VERS_ Spec4.pdf.

续表

格式类别	首选的开放文件格式*	以下格式可转换为首选的开放格式	可接受的开放文件格式**
计算机辅助设计	尚未确定	制图（dws，dwt，dwg） 网页设计格式（dwf）	图形交换格式（dxf）
电子邮件	电子邮件以XML和XSL格式创建。所有附件转换为适当的数字保存格式	Mailbox 邮件（mbx，mbox） Outlook 邮件（msg） Outlook 个人信息存储（pst）	电子邮件（eml）
地理空间数据	尚未确定	空间数据文件（sdf）	地理标记语言（gml）
图像－光栅	可移植网络图形（png）	位图文件（bmp，gif，pcx，pnm，ras，xbm） Photoshop 文件（psd） 标记图像文件格式（tiff） 微软静态光标（cur）	开放文件图形（odg） 联合图像专家小组（jpeg） 可移植文档格式（pdf）
图像－矢量图	尚未执行	Adobe Illustrator（ai） Encapsulated PostScript（eps）	可缩放矢量图形（svg）
办公文档	开放文档格式（odf）	Excel（xls，xlsx，xlt） Powerpoint（pot，pps，ppt，pptx） 富文本格式（rtf） 符号链接（slk） StarOffice（sdd，sdc，sdw，sxc，sxi，sxw） Word 文档（doc，docx，dot） Word Perfect 文件（wpd）	基于XML的开放文档（fodt） OpenOffice.org XML 文件（stw，stc，std，sti，sxg，sxm）
Project 文件	可扩展标记语言（xml）	Project 文件（mgg）	
纯文本	Unicode、ASCII		样式表（css，xsl/xslt） 数据库表单（csv，tsv） 脚本文件（如python，javascript，perl，php） 结构化查询语言（SQL）
视频－视频流	尚未确定 当前视频格式为首选格式	Flash Movie file（swf） Motion JPEG/JPEG 2000 格式 RealVideo 视频（rv，rmvb） 微软 Media Video 文件（wmv）	Theora 文件（ogg，ogv） 原始视频文件 Raw video

续表

格式类别	首选的开放文件格式*	以下格式可转换为首选的开放格式	可接受的开放文件格式**
视频-容器	尚未确定	视频音频交互格式（avi） Advanced Systems Format（asf） Flash Video File（flv） JPEG视频文件（mpeg-2, mpeg-4） QuickTime影片（mov） RealMedia文件（rm）	Ogg（ogv） Matroska多媒体封装格式（mkv）
视频-音频流	开源无损音频压缩编码（flac）	Advanced Audio Coding（aac） MPEG-2 audio layer 3（mp3） RealMedia音频（ra, ram）	
网站	可扩展超文本标识语言（xhtml）	超文本标记语言（htm, html） 动态服务器页面（asp, aspx）	
网站存档	网站存档格式（warc）	MIME HTML（mht）	ARC存档文件格式（arc）

* 首选的文件格式以开放标准为基础而且是文件格式转换的目标格式。

** 可接受的保存文件格式以开放标准为基础。任何以这些格式接收的数字档案都是以该格式保存。

资料来源：编译自 National Archives of Australia. *Dissecting the Digital Preservation Software Platform*, Version 1.1, 2009, http://www.naa.gov.au/Images/Digital-Preservation-Software-Platform_tcm16-60788.pdf。

中国国家档案局2010年6月发布的《数字档案馆建设指南》在阐述数字档案馆的长久保存策略时，对文件存储格式做出了如下明确的规定："应当选择符合国家标准的格式，暂时未制定标准的，选择开放格式或主流格式。"中共中央办公厅、国务院办公厅2010年7月联合发布的《电子文件管理暂行办法》（中办国办厅字〔2009〕39号）规定："电子文件应当采用符合国家标准的文件存储格式，确保能够长期有效读取。"国家标准《电子文件归档与管理规范》（GB/T 18894-2002）规定，文字型电子文件的通用格式为XML、RTF、TXT；扫描型电子文件的通用格式为JPEG、TIFF；视频、多媒体电子文件的通用格式为MPEG、AVI；音频电子文件的通用格式为WAV、MP3。2009年我国颁布了档案行业标准《版式电子文件长期保存格式需求》（DA/T 47-2009），参照国内外相关标准，提出了11条版式电子文件长期保存的格式标准。2011年我国等同采用了国际标准ISO 190005-1：2005，发布了国家标准《文献管理 长期保存的电子文档文件格式 第1部分：PDF1.4（PDF/A-1）的使用》（GB/T

23286），正式将便携文档格式 PDF/A 格式作为我国电子文件长期保存的标准格式。

档案部门应该明确规定所接收的归档或进馆保存电子文件的格式类型、非标准格式转换为标准格式的流程和技术要求，以及格式转换的质量控制。数字保存系统（数字档案馆）对所接收的数字对象的格式类型进行明确的规定和限制是一种十分有效的管理策略，这种策略能确保长期保存的数字对象具有统一的结构和内容。档案馆（档案室）还可以在源头上对文件生成的原始格式积极主动地发挥其影响作用，例如，政府机关的档案部门可提倡、引导和鼓励该政府机构以标准格式形成电子文件，这样，档案部门就可以直接接收标准格式的电子文件而不必进行格式转换。

第五节 电子文件长期保存的存储媒体及其选择

一 电子文件长期保存的存储媒体选择标准

选择什么样的存储媒体是影响电子文件长期保存的一个关键要素。英国国家档案馆 2008 年发布的《数字保存指南 2：选择用于长期保存的存储媒体》[1] 指出，在数字保存中任何一种存储媒体，无论其物理寿命有多久，技术过时总是不可避免的。因此，必须定期更新电子文件的存储媒体。电子文件形成者和保管者须仔细选择稳定、合适的存储媒体，这有利于最大限度地延长媒体更新的周期并简化媒体更新的过程，降低媒体更新的频率，尽量避免由多次媒体更新而带来的信息丢失风险，确保电子文件的安全性，同时，也能节约数字保存的成本。该指南针对数字保存的可移动存储媒体提出了如下 6 条选择标准。

①寿命（Longevity）。用于数字保存的存储媒体经过技术验证其寿命应至少长达 10 年，而寿命远远高于 10 年的存储介质对于数字保存而言不一定就有优势，因为从更长的时间区间来看，读取媒体的驱动技术的过时比媒体自身物理性能的老化衰退是更为重要的影响因素。也就是说，从长远

---

[1] Brown, A. Digital Preservation Guidance Note 2: Selecting Storage Media for Long-term Preservation [EB/OL]. [2014-07-03]. http://www.nationalarchives.gov.uk/documents/information-management/selecting-storage-media.pdf.

来看，即使媒体自身的物理性能尚处于良好状态，但读取这种媒体的驱动技术很可能已经过时，这种情形下，电子文件的内容数据仍然无法读出。所以，在对电子文件进行长期保存时，没有必要盲目选择物理寿命远远长于 10 年的存储媒体。

②容量（Capacity）。选择适当容量的存储媒体，能对大量数据进行存储，而且存储设备的物理大小也应该是合适的。尽量减少存储媒体的数量，能使数字保存工作更为高效、经济。

③生存能力或活性（Viability）。选择的存储媒体及驱动系统应支持强大的读写校验功能，在数据丢失情形下应具备数据恢复能力。另外，存储媒体应该支持一次写入功能或者具有读写保护机制，防止意外擦除，维护数据的证据完整性。

④过时（Obsolescence）。选择的存储媒体及支撑软硬件应优选成熟的而不是领先的技术。该技术应占据市场并得到了广泛应用，通常应选择基于开放标准的媒体技术，而不选择某一制造商所独占的专有技术。

⑤成本（Cost）。评估存储媒体的相对成本时应考虑两个因素：媒体自身的成本和总体拥有成本。成本的比较应始终以每千兆字节的价格为基础。总体拥有成本包括购买媒体和维护必要的软硬件的成本，以及购买及维护其他任何必要的存储设备的成本。支持媒体运行的驱动设备的成本也应考虑在内。

⑥敏感性（Susceptibility）。选择的存储媒体对物理损伤的敏感性低，环境适应范围宽广，能够适应各种环境条件而不发生数据丢失。磁性介质应具有高的矫顽力值（最好是超过 1000 个奥斯特），为了尽量减少意外删除的机会，可将其暴露在磁场内。所有与存储载体敏感性有关的保护措施（如包装或存储要求）都应是可负担和可以实现的。

根据上述 6 种媒体选择标准，表 5-5 应用记分卡方法对常用的 5 种可移动存储媒体的性能进行了综合评价。计分方式：依次对照每一种媒体选择标准，不符合标准的计分为 1，完全符合标准的计分为 3，介于二者之间的计分为 2，总分少于 12 分的媒体不宜被作为电子文件长期保存的存储媒体。

表 5-5 对 5 种常见存储媒体的综合计分可以看出，DVD-R、Hard-Disk、Linear Tape Open（LTO）这三种存储媒体的总分都超过了 12 分，尤其是 Linear Tape Open（LTO）的总计分为 17 分，具有优异的存储性能。

表 5-5 媒体选择计分卡

媒体类型	CD-R	DVD-R	Hard Disk	Flash Memory Stick and Card	Linear Tape Open (LTO)
寿 命	3	3	2	1	3
容 量	1	3	3	2	3
活 性	2	2	2	1	3
过 时	1	2	2	2	2
成 本	3	3	1	3	3
敏感性	1	1	3	1	3
总计分	11	14	13	10	17

资料来源：Brown, A. Digital Preservation Guidance Note 2: Selecting Storage Media for Long-term Preservation [EB/OL]. [2014-07-03]. http://www.nationalarchives.gov.uk/documents/information-management/selecting-storage-media.pdf。

而 CD-R 和闪存（棒）卡（Flash Memory Stick and Card）的计分分别为 11 分和 10 分，未达到总分不低于 12 分的基本要求。因此，CD-R 和闪存（棒）卡一般不适用于作为长期存储的媒体。但是，同一类型的存储介质往往因有关制成材料的不同而在存储性能上表现出较大的差异性，以 CD-R 为例，这种光学记录媒体可由许多各种不同的染料和金属层制成，而经研究证明，用黄金作为激光反射层和酞菁染料制成的 CD-R（俗称"黄金盘"）是最稳定、寿命最长的一种存储介质。而用其他材料作为激光反射层和染料的 CD-R 在稳定性和物理寿命等方面与"黄金盘"则存在明显差距。

二 电子文件长期保存的媒体存储策略

我国国家标准《电子文件归档与管理规范》（GB/T 18894-2002）推荐采用的载体按优先顺序依次为：只读光盘、一次写光盘、磁带、可擦写光盘、硬磁盘等。该标准明确规定，不允许用软磁盘作为归档电子文件长期保存的载体。

异质备份是一种有效的媒体存储和备份策略。将数字对象的多份拷贝存储在不同性质（不同基材）的介质上，如分别存储在磁性载体和光学记录载体上，有利于在总体上降低对技术的依赖性。而在某些细节方面，如使用同一种媒体对多份拷贝进行存储时，应选择不同厂商生产的产品或者同一厂商不同批次的产品，降低因特定制造商或特定批次产品出现问题而对数字保存带来的风险。

总之，选择合适的存储媒体对于电子文件的形成者、管理者及数字保存者都具有十分重要的意义，选择符合标准的存储媒体是数字保存所遵循的一项基本原则。随着技术的发展，媒体类型将不断增加，但用于电子文件长期保存的选择标准不会有很大的变化，媒体的寿命、容量、活性、过时、环境敏感性、成本等选择标准始终是数字保存需要综合考虑的。

第六章　可信数字仓储与电子文件的长期保存

可信数字仓储（Trusted Digital Repository，TDR）是可信任的、可持续发展的数字信息保存系统（如数字档案馆）。随着数字资源的大量产生，保存这些数字信息的机构或系统也随之产生。人们需要将具有重要价值的数字信息保存在一个值得信赖的机构或系统中，而要评价一个数字保存系统或保存机构的可性度，即要鉴别该数字保存系统或机构能够长期保存和提供真实、完整、可靠、可用的数字信息，需要构建科学合理的评价指标体系。建立和应用评价指标体系对数字保存机构或数字仓储进行审计、认证、评价和分级对于数字保存是十分必要的。

第一节　可信数字仓储及其审计和认证研究进展

可信数字仓储的审计和认证开始于20世纪90年代中期。美国研究图书馆组织（Research Library Group，RLG）是可信数字仓储审计与认证研究的发起者。1994年，美国研究图书馆组织和保存与存取委员会（The Commission on Preservation and Access）联合成立了数字信息归档工作组（Task Force on Archiving of Digital Information），1996年数字信息归档工作组发布了《保存数字信息：数字信息归档工作组研究报告》，该研究报告在其结论中明确指出："建设相当数量的能够存储、迁移及提供数字对象存取的可信组织（Trusted Organizations）是数字归档基础设施必不可少的组成部分"；"数字档案馆的认证过程需要在总体上创造对数字信息长期保存前景的信任氛围"；"经过认证的数字档案馆（Certified Digital Archives）必须拥有积极履行挽救被当前的管理者忽视、放弃、处于破坏危险中的重要数字信息的权利和义务"。[1] 在数

---

[1] Garrett John, Waters Donald, *Preserving Digital Information. Report of the Task Force on Archiving of Digital Information* (Washington, DC: CLIR, May 1996), [EB/OL]. [2014-07-02]. http://www.oclc.org/content/dam/research/activities/digpresstudy/final-report.pdf.

字信息长期保存过程中，可信数字仓储起到了关键作用，可信数字仓储需要一种认证过程和工具来证明其可信度，以确保人们对其保存数字信息的信任。英美权威数字保存组织和机构 OCLC/RLG、CRL、NARA、DCC 和德国 NESTOR（Network of Expertise in Long – Term Storage of Digital Resources）项目组等展开了对可信数字仓储的属性特征和职责、可信数字仓储的审计和认证指标体系的研究，最终，国际标准化组织 ISO 于 2012 年发布了首个可信数字仓储的审计与认证国际标准 ISO 16363，标志着可信数字仓储认证和审计标准的国际融合和统一，并由此进入实用阶段。表 6-1 列举了 20 世纪 90 年代中期以来欧美可信数字仓储审计与认证的进展状况。

表 6-1 欧美可信数字仓储审计与认证研究进展

发布时间	发布机构	研究报告或标准名称	主要内容
1996 年	美国研究图书馆组织 RLG	《保存数字信息：数字信息归档工作组研究报告》	首次提出了可信数字仓储概念
2002 年	美国研究图书馆组织 RLG	《可信数字仓储：属性和责任》	以 OAIS 参考模型为依据，详细阐述了可信任的、可持续发展的数字仓储的属性特征和责任框架
2006 年	德国 NESTOR 项目组	《可信数字仓储认证目录》	提出数字仓储认证三位一体框架，包括 14 项 41 条认证指标
2007 年	OCLC/RLG、NARA	《可信数字仓储审计与认证：标准与审计表》（TRAC）	进一步提出了可信数字仓储认证的指标体系和详细的审计清单
2007 年	长期保存数字欧洲项目（DPE）	《基于风险评估的数字仓储审计方法》（DRAMBO-RA）	建立数字仓储（DR）登记库，基于风险评估对其进行审计
2011 年	国际空间数据系统咨询委员会 CCSDS	《可信数字仓储审计与认证最佳实践》（CCSDS 652.0 – M – 1）	提出了更为全面系统的认证规则，而且引入实例进行说明探讨
2012 年	国际标注化组织 ISO	《可信数字仓储的审计与认证》（ISO 16363）	首个可信数字仓储审计与认证的国际标准。融合了前述各种认证标准和研究成果

需要指出的是，国际空间数据系统咨询委员会 CCSDS 研发的 OAIS 开放档案信息模型是可信数字仓储概念及其认证的基本依据，它所提出的

OAIS 数字档案馆应承担的强制性责任、数字档案馆系统框架等概念模型实际上构筑了如何建设一个可信的数字仓储并对其进行审计与认证的核心基础，OAIS 的系统框架为数字仓储对电子文件的捕获、描述、日常维护、长期保存及提供利用提供了具体指导。CCSDS 以 OAIS 开放档案信息模型为基本依据，参考 TRAC 等已有的标准体系，于 2011 年发布了指南性文件《可信数字仓储审计与认证的最佳实践》[1]，并被 ISO 直接采用为国际标准《可信数字仓储审计与认证》（ISO 16363：2012）。

作为可信数字仓储审计与认证研究的发起者，美国研究图书馆组织 RLG 对于推动该领域研究发挥了重要作用。自 1996 年首次提出可信数字仓储的概念之后，RLG 和 OCLC 于 2002 年发布了研究报告《可信数字仓储的属性和责任》[2]，对可信数字仓储的概念进行了清晰的界定，详细阐述了建立信任的必要性和实施过程，并提出了可信任、持续发展的数字仓储的属性特征和责任框架模型，为 TDR 认证体系的构建奠定了基础。[3] 2007 年 OCLC/RLG 与 NARA 合作，进一步从更加实用的角度制定了可以实际操作的《可信数字仓储审计与认证：标准与审计表》（TRAC），[4] TRAC 直接提供了对 TDR 进行认证和评价的标准和评价指标体系，在数字保存领域产生了广泛的影响。TRAC 的发布标志着数字仓储认证开始趋向国际化的认证过程，它融合了来自 OCLC/RLG、英国的数字管理中心（Digital Curation Centre, DCC）、德国 NESTOR 项目组和澳大利亚国家档案馆等国际权威数字保存机构的研究成果。TRAC 所建立的可信数字仓储评价指标体系成为国际公认的标准，为 CCSDS 于 2011 年发布《可信数字仓储审计与认证的最佳实践》及 ISO 将其直接采用为国际标准 ISO 16363《可信数字仓储审

---

[1] CCSDS. Audit and Certification of Trustworthy Digital Repositories. Issue 1. Recommendation for Space Data System Practices (Magenta Book), CCSDS 652.0 - M - 1. Washington, D. C.：CCSDS, September 2011 [EB/OL]. [2014 - 07 - 03]. http：//public.ccsds.org/publications/archive/652x0m1.pdf.

[2] RLG/OCLC Working Group on Digital Archive Attributes, *Trusted Digital Repositories：Attributes and Responsibilities. An RLG - OCLC Report*, Mountain View, CA：RLG, May 2002 [EB/OL]. [2014 - 07 - 03]. http：//www.oclc.org/content/dam/research/activities/trustedrep/repositories.pdf.

[3] 韩珂、祝忠明：《可信数字仓储认证体系研究》，《现代图书情报技术》2007 年第 6 期。

[4] RLG - NARA Task Force on Digital Repository Certification, *Trustworthy Repositories Audit & Certification：Criteria and Checklist*. Version 1.0. Chicago：CRL, February 2007 [EB/OL]. [2014 - 07 - 03]. http：//www.crl.edu/sites/default/files/attachments/pages/trac_0.pdf.

计与认证》奠定了基础。

第二节　可信数字仓储的属性特征、责任框架及评价指标体系——TRAC

一　对可信数字仓储的理解

OCLC/RLG 在 2002 年发布的《可信数字仓储的属性和责任》首次定义了可信数字仓储（TDR）的含义，即"能够为指定社区[①]长期提供可靠的数字资源的存取服务的系统或机构"，这一定义进一步引发了各界对什么是 TDR、如何认证和审计 TDR 的广泛讨论。德国 NESTOR 项目组认为，"可信的数字仓储是一个复杂而相互关联的系统"，在考察数字仓储是否"可信"时，必须对数字信息管理系统进行全面评价，其中一项是必须对管理该系统的组织进行评价，具体包括：组织的治理情况，组织的机构和人员，政策和程序，财务状况良好及可持续性，合同、许可证和债务的执行状况，适当的、可信数据继承者，等等。此外，数字对象管理实践、技术基础设施、数据安全等必须是合理的，能够确保充分履行数字仓储的使命和义务。David S. H. Rosenthal 认为，可信数字仓储应该清楚该系统内部所面临的威胁和风险。这些潜在的威胁包括媒体故障、硬件故障、软件故障、通信错误、网络服务失败、媒体和硬件过时、软件过时、操作错误、自然灾害、外部攻击、内部攻击、经济失败和组织失效。因此，要求管理者对数字仓储保持持续的监控、计划、维护，并有意识地采取有关行动和策略，从而确保其能执行数字信息长期保存的使命。[②] 上述从不同角度对可信数字仓储含义和功能的理解要求数字信息的保管者、利益相关者、资助者、指定的用户社区以及其他数字保存者以更为广泛的数字保存合作环境为基础，共同应对大量数字信息的长期保存问题。

综上所述，OCLC/RLG 的 TDR 项目组对可信数字仓储的定义和解释

[①] 指定社区（designated community）是指由潜在消费者所组成的可识别的组织，相当于目标用户群体，可以由多个用户社区构成。指定社区的消费者应能够理解数字仓储的特定数据集。

[②] Rosenthal David et al, Requirements for Digital Preservation Systems: A Bottom – Up Approach, D – Lib Magazine (11) 2005 [EB/OL]. [2014 – 07 – 02]. http://www.dlib.org/dlib/november05/rosenthal/11rosenthal.html.

是:"可信数字仓储(TDR)是能够为指定社区长期提供可靠的数字资源存取服务的系统或机构。TDR 接受了数字资源长期保存的责任并为数字资源提供者及当前、未来的用户长期负责,是负责数字资源长期、可靠的管理以及维护的系统,它按照普遍接受的协议和标准设计并运行,具有切实可行的政策和实施方案,并且有持续稳定的财政支持和规范的评价机制,其使命和目标是长久地为用户提供可靠的数字资源存取服务。"对于"可信"的理解,至少包括如下 3 个层次:一是"可信的保存机构:即保存机构获得了其指定社区的信任",二是"可信的第三方服务提供商:保存机构对第三方服务提供者的信任",三是"可信的数字信息:用户对保存机构所提供的数字信息的信任"。[①] 可信数字仓储必须能符合如下几点要求:以长期、可靠的方式维护数字资源;达到或超过管理标准、准入标准和安全标准;能够审计以确保适当的性能和质量管理。一个可信数字仓储必须保证数字信息的可靠性、可信度和准确性,必须对用户和利益相关者透明、负责。因此,一个可信数字仓储不仅仅是存储数字信息的计算机管理系统,它需要周密有效的组织管理、可靠的程序流程、可持续的财务保障和必要的技术基础设施。

可信数字仓储主要有三种类型:(1)集中管理(也称内部管理)。由数字信息生产者自己创建可信数字仓储,集中管理自己所产生的数字信息。在这种模式下,一个组织在内部创建可信数字仓储来保存自己的电子文件。例如:一个国家档案机构建立一个可信数字仓储来保存政府档案,或是一个大学档案设施建立数字仓储保存学校官方文件。这种集中管理方式最大的优点是能够实现对保存过程的完全控制,从文件的创建到最终处置和永久保存,实现对文件全生命周期的管理,避免因外部各方参与而带来的损失或损害风险。缺点是如果组织不够强大、难以提供充足的资源以维持数字保存项目,可能会陷入困境,另外,要取得成功需要高水平的专业技能和知识。(2)外部管理。由数字信息生产者将保管权移交给可信的第三方服务提供商。在这种模式下,一个组织如一个政府机构或一个国家档案机构采用外部代理机构的服务,由外部机构建立并维护该组织的数字

---

① RLG/OCLC Working Group on Digital Archive Attributes, *Trusted Digital Repositories: Attributes and Responsibilities. An RLG-OCLC Report*, Mountain View, CA: RLG, May 2002 [EB/OL]. [2014-07-03]. http://www.oclc.org/content/dam/research/activities/trustedrep/repositories.pdf.

仓储。代理机构可能包括其他档案机构或商业服务提供商。在这种模式中，至关重要的是服务提供商为真实可靠的电子文件的保存提供可靠的跟踪记录。组织机构和服务提供商需要签订一个明确、详细的书面协议来确认有关条件和权利义务。同时，第三方服务提供商需要定期提供证据，以证明持续满足 OAIS 设定的标准以及可信数字仓储的评估标准。（3）网络化的数字仓储。除了前述两种常见的管理模式之外，网络数字仓储模式已越来越受到欢迎。在这种模式中，几个功能相似的机构如几个不同的档案馆分享馆藏资源及服务，分担对不同电子文件生产者的管理责任。由档案馆或者图书馆通过整合资源及服务来实现电子文件的长期保存，类似于建立数字仓储之间的联盟。例如，一个机构可以提供确保可信数字仓储运行所需要的基础设施和技术支持，其他机构则为自己电子文件的存储支付费用。本质上就是通过给一个机构配备需要的技术和基础设施，其他代理机构支持该计划的维护，建立一个档案网来实现资源利用的最大化。通常情况下，网络存储库建立"镜像站点"来维护文件副本，当某一个网站无法访问时人们可以检索和使用另一个网站的副本。与前两种模式相比，网络化的数字仓储形式具有最佳的效益，也是非常实用的，原因在于：网络数字仓储形式允许较小的机构保存电子文件时不必承担高昂的基础设施成本；使规模较大的机构能够抵消建立自己存储库的部分成本，因为较小的机构将为他们所使用的存储空间支付费用；能确保持续访问文件，特别是在一个较小的机构不复存在的情况下。

二 可信数字仓储的属性特征

OCLC/RLG 基于国际标准 OAIS 参考模型，提出了可信数字仓储 TDR 的属性特征（Attributes）和责任（Responsibility）框架。属性特征是指 TDR 能够被认为是可以长期的、可信赖的负责数字化资源存储、维护、使用的机构所具备的一些特征或功能。责任框架则是指 TDR 的相关责任者保证 TDR 正常运作所必须承担的职责和义务。TDR 的属性特征主要表现为如下七个方面。

1. 符合 OAIS 参考模型

如前所述，OAIS 参考模型是数字保存领域最重要的国际标准，它为数字资源保存提供了统一的概念术语体系和高层概念模型框架。而 TDR 的功能是实现数字资源的长期保存，TDR 遵循 OAIS 参考模型，有利于在统一的概念术语和模型框架下实施 TDR 建设，易于开展分布式 TDR 之间的数字资源共享，以及实现规范化管理和发展。

2. **行政管理责任**（Administrative Responsibility）

一个可信数字仓储必须能提供证据证明，承诺实施广泛认同的标准以及对其运营产生影响的最佳实践，尤其是直接影响其生存力（活性）和可持续性的标准和最佳实践。具体体现为：采用与数字保存有关的物理环境、备份及恢复程序、安全系统方面的国际或国家通用标准，满足和超过在数据收集和共享领域的标准要求；定期组织外部专家对相关过程和措施进行论证和审查等；与数字资源提供者（提交者）就内容的获取、管理、存储和撤销等方面签订合理的书面协议；制定风险管理和应急方案；承诺对其所有行为的透明化和问责。

3. **组织的生存能力**（Organizational Viability）

可信的数字仓储应该显示其组织的生存能力，在其职责声明中应明确反映它们为了满足数字资源提供者和用户的需要而承诺长期保留、管理和提供数字资源的存取服务。它们的法律地位与它们所履行的职责是相符的。此外，为人才提供培训及职业发展机会包括出席和参加会议，反映组织对人才专业技能培养的重视。应持续对其政策和管理流程进行检查，以确保组织得到适当的发展，对于新的流程和程序可实施量化测试。另外，当一个可信的数字仓储不再运营或取消时，应拟定继承计划或者签署第三方服务协议，向领域专家、数字资源提供者和同行进行咨询，确定所有相关的内容及指定可信的继承者。

4. **财务的可持续性**（Financial Sustainability）

一个可信数字仓储必须保证其具备长期的财务可持续性。总体上说，任何可信数字仓储必须遵循良好的业务实践，而且应该有一个持续的业务发展计划。应用标准会计程序，至少每个季度实施对业务状况和金融健康状况的周期性审查。短期及长期的财务计划应该显示出风险、效益、投资和支出的平衡，确保充足的经费预算和储备。

5. **技术和流程的适宜性**（Technological and Procedural Suitability）

选择可持续发展的，适合数字资源长期保存、管理和存取的技术和流程，是可信数字仓储实现其使命的技术保障。可信数字仓储在运行过程中必须能够显示和证明其具备持续发展的技术策略和能力。如具备所有能满足其功能运行（鉴定、存储、提供利用）需求的软件系统和硬件设备，技术应用遵循相关的标准和最佳实践并确保工作人员能充分地理解和应用这些技术标准和最佳实践，对系统的组成和性能定期进行外部审计。

6. 系统安全性（System Security）

可信数字仓储采用的所有系统应确保数字资产的安全。政策和实践必须满足专门的要求，尤其是与复制过程、数据冗余、系统认证、防火墙、备份系统有关的安全要求。应拟定灾难预防、响应和恢复的灾备政策和计划，并对工作人员进行培训。应特别关注数据的完整性，避免数据丢失，对数据进行检测，恢复丢失或损坏的数据。任何检测到的数据变化包括数据丢失、损害、恢复等情况都应记录下来，并向数字资源提供者通知数据变化情况及采取的行动。

7. 流程程序的可审计性（Procedural Accountability）

可信数字仓储应履行相关联的一系列任务和职责，相关的政策和流程程序都应是可审计的。确立可信数字仓储的运行程序、监控机制、保存机制和反馈机制，除了保存所形成的相关职能文件和记录之外，必要时还须对这些政策和机制予以解释和说明。所有的保存实践活动应记录在案并按要求提供。建立监控机制，确保所有程序和流程持续运行。采用的技术保存策略（如迁移、仿真）都被记录下来并被证明是社区范围的最佳实践。建立反馈机制，解决出现的问题并在可信数字仓储、第三方服务提供者和社区用户之间谈判协商。

三　可信数字仓储的责任框架

OCLC/RLG 在《可信数字仓储的属性和责任》（2002）研究报告中明确规定了可信数字仓储的责任框架，包括两个层次：第一，高层组织和管理责任（High-Level Organizational and Curatorial Responsibilities），第二，操作责任（Operational Responsibilities）。

1. 高层组织和管理责任

应从三个基本层面理解可信数字仓储的高层组织和管理责任。首先，组织必须了解自己的责任需求；其次，组织应该了解与其他相关保存机构的合作责任关系，可通过合作协议的方式共享用户社区、学科或者文件格式；再次，组织应该了解与其他相关保存机构之间的哪些责任可以分享及如何分享。假定数字仓储是分布式存在的，那么，它们的成功建立在履行各自职责和角色的基础上的合作和共享，这是实现跨库综合管理和服务的基础。高层组织和管理责任具体包括如下5个方面：①明确馆藏的范围，包括馆藏类型、存储格式和存储媒体；②数字生命周期管理，从数字信息形成之初就积极介入，对其的维护持续覆盖其整个生命过程；③明确广泛的利益相关者及其之间的合作关系。数字内容生产者、系统开发者、数字信息的保管者以及未来的用户都是数字材料长期保存过程中的潜在利益相关者。这使数字仓储在组织管理层面决定由谁、何时开始实施数字保存以及延续多久的影响因素更为复杂。④数字材料的所有权问题及其他法律问题。数字保存过程中的知识产权等相关法律问题较为复杂，数字保存机构应明确法律所赋予的权利，在法律允许的框架内实施数字保存活动。⑤成本（资金问题）。数字材料保管和维护的成本要高于传统介质材料的保管成本。因此，数字保存的资金和成本是必须考虑的一个基本问题。

2. 操作责任（Operational Responsibilities）

OAIS开放模型所规定的OAIS数字档案馆的基本责任构成了可信数字仓储责任框架的核心和基础。具体包括如下7个方面：①与信息生产者和权利持有人谈判并接收适当的信息。②获得对需要长期保存的数字信息的充分控制。包括对数字对象的各种整理和处置操作，如元数据的核查、唯一永久标识符的确定及档案信息包的创建等。③由数字仓储本身或者与其他相关者联合决定指定社区（目标用户群体）的用户构成，并确保他们能充分理解所提供的数字信息。④确保所保存的信息是指定社区（目标用户群体）可独立理解的（independently understandable），即用户不需要专家的帮助而可自主理解这些信息。⑤遵循成文政策和流程的规定，确保所保存的信息能够应对所有合理的意外事故，并且使传播的信息是经过认证的原作品的拷贝或可追溯到原作品。⑥确保所保存的信息能够传递到指定社区（目标用户群体）。⑦与指定社区（目标用户群体）密切合作，倡导在数字信息生产阶段就执行有关标准和遵循最佳实践，这包括面向潜在数字资源提供者的推广项目。

四 可信数字仓储审计和认证的评价指标体系——TRAC

在OCLC/RLG关于可信数字仓储的属性及责任框架进行系统分析的基础上，2007年OCLC/RLG与NARA合作，制定了可直接用于实际操作的

《可信数字仓储审计与认证：标准与审计表》（TRAC），TRAC 从组织、数字对象管理和技术三个层面构建了系统的评价指标体系。共有 3 个一级指标：A. 组织基础设施、B. 数字对象管理、C. 技术、技术基础设施和安全，14 个二级指标和 84 个三级指标。具体见"附录 2 TRAC 可信数字仓储的评价指标体系"。TRAC 针对 84 个三级评价指标中的每一项指标都列出了须提供审计的相关证明文件和历史记录。因此，TRAC 认证和审计操作的基本依据就是这些体现其管理制度、技术基础及安全保护的各类文件和运营管理的历史记录。为了便于操作，TRAC 以表格方式提供了数字仓储审计与认证的标准清单，具体样式见表 6-2。

表 6-2 可信数字仓储审计与认证标准清单

可信数字仓储审计与认证：标准清单			
机构名		审计人	页码
一级指标	组织基础设施	采访对象	日期
二级指标	A1. 治理与组织活力		
三级指标	证据（文件）审核	调查发现及观察报告	结论
A1.1 数字仓储在其职责声明中应反映其致力于数字信息的保留、管理和提供利用的使命和承诺			
A1.2 当数字仓储停止运营或者其业务范围发生实质性改变时，应该有恰当的继承计划、应急计划或者托管方案			

资料来源：RLG - NARA Task Force on Digital Repository Certification, *Trustworthy Repositories Audit & Certification*: *Criteria and Checklist*. Version 1.0. Chicago：CRL, February 2007 [EB/OL]. [2014 - 07 - 03]. http：//www.crl.edu/sites/default/files/attachments/pages/trac_ 0. pdf。

随着可信数字仓储审计和认证国际标准的颁布，国际上已经出现或计划接受认证的数字档案馆，包括：美国国会图书馆资助的 Portico 数字档案馆、美国研究图书馆 HathiTrust 数字档案馆、荷兰官方皇家数字档案馆 E - Depot、美国佛罗里达数字档案馆、美国电子文件档案馆 ERA 等，未来会有更多数字档案馆加入。[1]

---

[1] 程妍妍：《我国数字档案馆认证及实施策略研究》，《档案学研究》2012 年第 6 期。

第三节　欧美可信数字仓储审计和认证标准对我国数字档案馆认证评估的启示

欧美可信数字仓储审计和认证标准的研制、发布和投入使用对于全面审计数字仓储的功能和质量，对其进行分级评估具有十分重要的意义。数字档案馆的职责是长期保存具有重要价值的数字信息，实质上是数字仓储的一种重要类型。因此，欧美可信数字仓储审计和认证标准对我国数字档案馆认证和评估具有借鉴参考价值。我国从 2000 年起在深圳、青岛等地启动数字档案馆试点建设项目，至今已经走过 15 年的探索之路，在这期间，不少省级、市级综合性数字档案馆项目得以立项，企业、高校等组织机构也纷纷建设自己的数字档案馆，还有少数电子文件中心如安徽省电子文件中心也声明遵循了 OAIS 参考模型，旨在长期集中保存政府电子文件。但是，我国为数众多的数字档案馆项目是否都能真正履行长期保存数字档案的职责？评估的标准是什么？国家档案局 2010 年发布的《数字档案馆建设指南》可以作为原则上的参考，但不适用于数字档案馆审计和认证的具体操作。因此，我国数字档案馆建设评估标准的研究和发布成为当务之急。而欧美可信数字仓储审计、认证方法和已经建立的标准体系值得我们借鉴。

一　可信数字仓储认证和评估的对象及主体

可信数字仓储认证和评估的对象是所有声明承担数字信息长期保存任务的机构和组织，包括履行数字信息长期保存职责的数字档案馆、数字图书馆、电子文件中心以及其他营利性的商业组织。可信数字仓储审计和认证的主体应具有从业资格，关于第三方认证机构的资质和基本要求可参考 2011 年发布的 ISO 国际标准《管理系统审计和认证机构要求》[1] 和 2014 年发布的 ISO 国际标准《可信数字仓储审计和认证机构要求》（第 2 版），[2]

---

[1] Conformity Assessment—Requirements for Bodies Providing Audit and Certification of Management Systems. 2nd ed. International Standard, ISO/IEC 17021: 2011. Geneva: ISO, 2011.

[2] CCSDS. Requirements for Bodies Providing Audit and Certification of Candidate Trustworthy Digital Repositories. Issue 2. Recommendation for Space Data System Practices (Magenta Book), CCSDS 652.1-M-2. Washington, D.C.: CCSDS, March 2014 [EB/OL]. [2014-07-03]. http://public.ccsds.org/publications/archive/652x1m2.pdf.

这两项标准提出了可信数字仓储审计和认证机构的一般资质要求及在组织结构、资源、信息、管理过程、管理系统等方面的要求，对于审计机构工作人员的法律工作经验、知识水平，以及安全、保密协议、工作流程都做出了相应的规定。这对于我国数字档案馆评估主体的确定及资格审查具有一定的参考价值。我国目前已经根据《数字档案馆建设指南》的要求，在国家档案局的组织和领导下成立了"数字档案馆评估指标体系工作组"，遴选相关数字保存领域的专家、各级地方综合性档案馆代表、从业人员及业内专业人士作为该工作组的主要成员，积极开展数字档案馆审计和认证标准体系的广泛调研和论证，着手制定我国数字档案馆评估标准，该标准首先应该明确数字档案馆评估的基本目的、评估的对象范围和评估主体。

二 可信数字仓储认证和评估的内容及指标体系

1. 遵循 OAIS 参考模型

OAIS 参考模型是可信数字仓储审计和认证的基本依据。可信数字仓储的审计和认证是在 OAIS 参考模型提出之后，在认识 OAIS 数字档案馆属性的基础之上提出的。OAIS 参考模型提出之后，很多数字档案馆自称是符合 OAIS 模型的数字档案馆，但缺乏认证和审计的具体标准，因此，欧美数字保存领域以 OAIS 为基本依据，持续开展了可信数字仓储认证和审计标准的研制活动，从美国研究图书馆组织 RLG 最初发布的《可信数字仓储：属性与责任》、德国 NESTOR 项目组《可信数字仓储认证目录》、OCLC/RLG《可信数字仓储审计与认证：标准与审计表》（TRAC）、CCSDS《可信数字仓储审计和认证的最佳实践》，到最终形成 ISO 国际标准《可信数字仓储的审计与认证》（ISO 16363），上述所有的研究报告或标准都声明，参考或遵循了 OAIS 参考模型，主要体现在：①符合 OAIS 参考模型所规定的一个 OAIS 数字档案馆的强制性责任。②与 OAIS 参考模型提出的概念术语一致，包括指定社区（designated community）、提交信息包（SIP）、档案信息包（AIP）、分发信息包（DIP）等基本术语。这些概念及术语在可信数字仓储审计和认证的标准体系中是普遍认同且直接通用的。③与 OAIS 参考模型所提出的摄取（采集）、存储、数据管理、行政管理、长期保存、存取利用等功能模型一致。④与 OAIS 参考模型所提出的信息模型一致。OAIS 参考模型关于数字档案馆的高层信息流分析、信息包概念的提出及对 3 种信息包：提交信息包（SIP）、档案信息包（AIP）和分发信息包

（DIP）的划分，对信息包尤其是档案信息包的形成及结构分析等，都成为可信数字仓储审计和认证的基本内容。总之，可信数字仓储的认证首先要遵循 OAIS 参考模型，这是最基本的要求，是当前数字保存领域公认的准则。

2. 可信数字仓储审计和认证的内容框架

1999 年美国国家档案与文件署档案专家 Bruce Ambacher 提出了可信数字仓储认证的四种方法，即：①"Individual"。对运行数字档案馆的每个工作人员的资质进行认证，确定其是否具备岗位任职能力；②"Archival Program"。对运行数字档案馆的机构资格认证，例如档案馆的法律环境、管理能力、馆藏开发水平等；③"Process"。对数字档案馆功能流程的认证，例如，其功能流程是否符合 DOD5015.2 或 ISO 15801 标准等；④"Data"。对数字档案馆的数据质量进行认证，确定数据是否持久或可靠。① 2006 年德国 NESTOR 项目首先在其标准中提出可信数字仓储认证三位一体框架，即对数字仓储的组织机构、系统功能、基础设施三方面进行审计和评估，这一框架被后续认证标准如 TRAC 等采用，并以 ISO 16363 国际标准形式固定。具体内容包括：①组织机构认证。TRAC 将组织机构认证分为 5 个方面的评估指标：组织活力，组织结构及员工职业发展与培训，程序问责及政策框架，财务的可持续性，合同、许可及负债。②系统功能认证（即数据对象管理）。TRAC 将系统功能认证分为 6 个方面的评估指标，分别对应 OAIS 的功能实体的 6 个方面：摄取（内容采集）、档案信息包的创建、保存计划、信息管理、档案信息包的长期保存及维护、存取利用服务。③技术基础设施及安全认证。技术基础设施及安全认证是指对档案信息包长久保存的安全风险管理能力的评估。TRAC 将其分为 3 个方面的评估指标：系统基础设施、恰当的技术、安全。认证的重点是数字仓储是否具有灾难预防和恢复机制及书面的容灾计划，具备相应的软硬件基础设施和恰当的技术，以应对各种威胁。

我国数字档案馆评估指标体系的基本框架也可以考虑从三个基本层次展开，即：数字档案馆的组织基础设施、数字档案馆的系统功能、数字档案馆的技术基础设施及安全保障。以这三个基本层次的认证内容为数字档案馆认证评估的基本框架，每一个层次又可进一步展开和细分，建立层级

---

① Archival Workshop on Ingest, Identification, and Certification Standards（AWIICS）(A part of the ISO Archiving Workshop Series) Draft Report [EB/OL]. [2014-07-03]. http://nssdc.gsfc.nasa.gov/nost/isoas/awiics/report.html.

式的二级和三级评价指标体系。具体应以《数字档案馆建设指南》的基本要求为指导，结合我国数字档案馆建设实践，参考"附录二 TRAC 可信数字仓储的评价指标体系"和国际标准《可信数字仓储的审计与认证》（ISO 16363），在广泛调研和论证的基础上建立我国数字档案馆评估指标体系。2012 年国家档案局发布了《数字档案馆评价指标体系》（征求意见稿），一共建立了三级评价指标体系，其中一级指标有 5 个，即：基础设施与技术、资源建设、服务能力、管理能力、安全保障能力，二级指标 29 个，三级指标为 120 个，基本覆盖了数字档案馆建设和正常运行在技术、资源、管理、服务及安全等各个核心领域的基本要求。与 TRAC 可信数字仓储的评价指标体系和国际标准《可信数字仓储的审计与认证》（ISO 16363）相比，我国《数字档案馆评价指标体系》（征求意见稿）的评估目标更为具体，针对性更强，仅仅针对数字档案馆，而不是针对所有承担数字信息长期保存责任的"数字仓储"，如数字图书馆等。因此，在审计指标设置方面更具针对性。但是，我国《数字档案馆评价指标体系》（征求意见稿）重点在于评价数字档案馆的基础设施、设备、资源及功能是否完善，但对于是否支持问责制、如何支持问责制和可审计等方面的规定较为欠缺，没有规定和强调有关文件尤其是数字档案馆在管理运行中的关键历史记录的类型及其完备性。其他如：员工个人的从业资格及职业发展和培训计划、数字档案馆的定位（目标用户定位、数字档案馆发展政策及计划）、与第三方的协议、合同及负债关系等也没有十分清楚地体现。因此，我国《数字档案馆评价指标体系》（征求意见稿）在系统性和用于评估的可操作性方面还有待进一步完善。

三　可信数字仓储认证和评估的方式

1. 内部认证和评估（自我审计）

数字档案馆可以采用已经颁布、认可的认证标准进行内部认证即自我审计。内部认证（自我审计）有助于确认数字档案馆在最佳实践和法规标准的框架之下运行，帮助工作人员理解数字档案馆的所有行动，在档案馆内部建立统一的目标，明确职责使命和任务。也有助于机构对资源有效地配置或重新布局，解决数字档案馆最重要和急切的问题，确保数字档案的生存，内部认证（自我审计）是接受外部认证的前期准备。[①]

[①] 程妍妍：《我国数字档案馆认证及实施策略研究》，《档案学研究》2012 年第 6 期。

2. 外部认证和评估

权威认证机构实施对数字档案馆的外部认证和评估。可由我国最高档案行政管理机构牵头建立并不断完善数字档案馆的外部认证和评估机制。本人认为，我国可在国家档案局"数字档案馆评估指标体系工作组"的总体部署和引导下，制定数字档案馆评估标准，在条件成熟的省级档案行政管理部门成立数字档案馆评估小组，根据数字档案馆评估标准对本省各级数字档案馆进行评估。外部认证和评估实行国家档案局统一领导，各（省）级档案行政管理部门分级执行的原则。内部审计和外部评估应该定期开展，3~5年为一个周期，确保我国数字档案馆建设的总体质量和服务水平。

第四节 可信数字仓储与电子文件的摄取和长期保存

可信数字仓储对电子文件的摄取及长期保存，主要涉及7个方面的内容：根据需要，选择合适的硬件和软件，构建可信数字仓储；选择存储设备；对拟接收（摄取）的电子文件进行真实性检测和校验；电子文件摄取过程及操作；档案信息包和分发信息包的创建；销毁源记录；数字仓储系统及电子文件长期保存计划的监测和维护。国际文件管理信任组织（International Records Management Trust）在2009年发布的电子文件管理培训资料中，较为全面地阐述了可信数字仓储之于电子文件长期保存的技术与实践问题，可供我们参考。[①]

一 构建可信数字仓储：选择合适的硬件和软件

根据可信数字仓储的评估指标体系及基本要求，应在构建可信数字仓储之初确定数字仓储的类型以及硬件和软件的选择方案。实践证明，到目前为止，没有一个理想的数字仓储软件系统可以提供完整的解决方案以应对电子文件的摄取、长期保存和提供存取服务。有一些免费开源软件可供我们选择，目前国际流行的免费开源软件有DAITSS、DSPACE、Fedora、Greenstone和LOCKSS等。由于这些应用软件大多数是开放资源并可免费

---

① International Records Management Trust. Training in Electronic Records Management Module 4: Preserving Electronic Records. http://www.irmt.org/documents/educ _ training/term%20modules/IRMT%20TERM%20Module%204.pdf.

使用，因此不会增加数字仓储预算的直接成本。然而，程序维护需要专业知识，获得新版本或更新免费软件可能会支付相关费用，因此用户必须了解采用免费软件所涉及的直接成本和间接成本，如制定和实施解决方案的硬件、人员及培训就属于间接成本。另外，我国国内的不少软件开发公司如清华紫光、东方飞扬、世纪科怡、珠海泰坦等都开发了占有一定市场份额的文档管理软件和专门的电子文件管理软件。在数字档案馆系统平台建设过程中可以采用自行研发、委托开发或者购买等多种方式开发应用软件系统，可以考虑采用免费的开源软件进行研发。

二 选择存储设备

数字仓储的开发应用软件选定之后，就需要确定数字对象的最佳存储方案。无论采用什么样的程序包（免费或者专用的），所选择的软件并不能决定使用什么样的硬件来存储和备份电子文件。研究表明，数字仓储的最佳存储结构被称为存储区域网络（SAN）。[①] 为了使电子文件在特定媒体上存储的时间尽可能延长，降低媒体更新的频率，在选择存储媒介时，可以参考英国国家档案馆数字保存专家 Adrian Brown 所提出的建议：①存储媒体应该至少有 10 年寿命。而选择更长寿命的媒体并不真正有益，因为读取媒体所需要的技术届时很可能已经被淘汰。②媒体应该有足够的能力来容纳必需的记录；所需要的单独存储设备越少，技术管理就越容易。③媒体应该便于测试，以便人们了解和确认读取或写入数据时没有发生错误，而且应该具备"只读"功能。④所选择的媒体以及任何构建数字仓储所必要的硬件和软件，应该是成熟的技术，在业界众所周知并广泛使用。⑤在评估存储媒体的成本时，要同时考虑技术本身的成本以及拥有和管理该技术的后期持续成本，包括初始购买和任何预期的维护、维修和支持成本。⑥媒体应该能适应不断变化的环境条件，并尽可能地不受到物理上的伤害，如意外丢失或损坏磁域。[②] 详细内容见本书第 5 章的内容。

[①] 存储区域网络（SAN）是通过专用高速网将一个或多个网络存储设备和服务器连接起来的专用存储系统。

[②] Brown Adrian, Digital Preservation Guidance Note 2: Selecting Storage Media for Long – term Preservation, http://www.nationalarchives.gov.uk/documents/information–management/selecting–storage–media.pdf.

可信数字仓储应该制定与备份、异地存放和其他保存措施相关的政策，应将实施硬件更换、数据更新、复制和迁移等保存策略所需的任何预期成本纳入财务预算。

三 电子文件长期保存的准备工作——数据检测，确保入库记录的真实性

电子文件的证据价值很大程度上取决于它们的真实性、准确性和可靠性，即文件就是它们所声称的那样。因此，电子文件被移交到任何数字仓储之前，确认它们的真实性十分必要。而考察有关文件创建及运转的元数据及其与文件的关联是一个重要的检测途径。通常情况下，在受控环境（如电子文件管理系统 ERMS）中创建和管理的文件可以被认为是真实的，因为 ERM 软件具有捕捉该文件何时创建、由谁创建以及怎样使用等基本元数据的功能。但如果文件创建在 ERMS 之外，即在不受控环境中产生，就很可能没有足够的元数据添加到该文档，也没有审计踪迹证明该文件是真实的。在不受控环境中产生的文件很可能对组织具有长期保存和利用价值，但如果它们缺乏足够的元数据，如关于创建者、作者、收件者的信息或创建日期，它们就不能被认为是可信的。如果文件管理者能够添加相关信息，确认文件的创建背景及摄入之前的保管方式，则有助于确认文件的真实性。

至少可以从如下三个方面来确认文件的真实性：①文件应该在一个受控环境中创建并维护，得到完全控制和完整的保管。②应该有足够的安全控制，确保文件没有被修改或损坏。③文件一旦被摄入系统中就不能改变。而 InterPARES 项目文件真实性工作组对于电子文件真实性的评估（accessing）、推定（presumption）和维护（verification）有详细阐述。[①] 当文件移交到数字仓储时，需要捕捉的文件元数据包括：文件摄取的日期、移交负责人的姓名，以及有关文件创建和使用背景的任何描述信息，以确认文件的来源和出处。另外，还应该分析摄取过程对文件内容、背景和结构或者存取访问的影响，摄入记录相对于源记录之间的任何变化，证实所

[①] Authenticity Task Force, Requirements for Assessing and Maintaining the Authenticity of Electronic Records, 2002. http：//www.interpares.org/display_file.cfm? doc = ip1_ authenticity_ requirements.pdf.

摄取的记录是真实、可信的，具有证据价值。

四 数字仓储对电子文件的摄取过程

电子文件的真实性得到验证和评估之后，数字仓储应该按照一定的程序摄取电子文件：①确保每个移交的数字对象都具有唯一永久标识符。②对所有数字对象进行病毒和其他恶意代码检测。理想情况下，病毒扫描检测以后，数字对象应该被隔离一个月，并在隔离期结束以后重新扫描，以确保能检测到最新的病毒。任何用于电子文件移交的电脑或服务器也应该用最新的杀毒软件保护。③在移交任何文件之前，应对其进行备份，核实其完整性，并将备份文件存储在一个安全区域予以保留，如果摄取过程出现错误，它们就可以作为原始记录的可信副本被重新摄取。④文件被摄取后应再次进行测试，以确保文件内容、结构、格式或某些功能的丢失是在可接受的范围之内。如果经过测试文件发生了损坏或改变，将标记数字对象是错误的。⑤应该验证与文件保存相关的所有元数据的完整性。确认文件在移交过程中没有发生元数据丢失或发生改变。元数据应进行相应更新，以记录文件摄取到数字仓储时的相关操作。如果记录的完整性不能被验证，则需要重复对原始记录的可信副本进行摄取。如果摄取过程还是会引起不可接受的误差，那么整个保存策略可能需要重新评估。

五 提交信息包（SIP）、档案信息包（AIP）和分发信息包（DIP）

根据 OAIS 参考模型所提出的信息包概念及对信息包结构分析和类型的划分，数字仓储管理者须与数字信息生产者谈判协商，确定有关提交信息包（SIP）的具体要求，包括数字对象的存储格式、元数据等。数字仓储在提交信息包的基础上加工形成档案信息包（AIP）和分发信息包（DIP）。

SIP 包含数字对象本身，它由数字信息生产者移交给数字仓储。SIP 还必须包含与元数据创建者、责任者和收件者相关的基本元数据，以确定对象的来源。AIP 在 SIP 基础上产生。数字仓储对提交信息包（SIP）进行加工，添加有关元数据信息，创建档案信息包（AIP）。添加的信息包括：检索工具信息、权限控制、迁移信息、校验和数据恢复信息等。DIP 是 AIP 的一个精简版本，包含了数字对象与说明记录来源和确定研究目的所需要的元数据。

可信数字仓储的档案专业人员必须了解上述三类不同信息包的基本构

成、一般性质和重要作用，因为信息包的接收、加工、存储和转换是数据管理的核心，关系到数字仓储的数据管理质量，是影响数字对象长期保存的关键环节。

六 销毁源记录

一旦摄取过程被证明是可靠的，并且文件已经移交和安全存储，组织可考虑销毁原始记录，当然，原始记录也可根据需要在形成机构保留一段时间之后再销毁。任何销毁文件的决定应基于组织的保留和处置计划。当保管文件的授权副本成为保存过程的一个重要组成部分时，保管在保留和处置要求框架以外的"多余副本"可能违反了组织为自己设定的要求。如果对这些副本的访问或使用不当，文件形成机构可能遭受很大损失。如果能够确定可信数字仓储的保存方案是值得信赖的，那么，对"多余副本"的保留应与组织的整体保存策略一致，并反映在整个保存系统中。

七 电子文件长期保存计划的监测和维护

数字仓储对所保存文件的完整性（包括它们的功能、结构、内容，背景和相关元数据的完整性）应定期监测，以确保所保存文件的稳定性和保存状况，并决定在什么情况下对其进行维护处理，如对其进行更新、迁移，以维护电子文件的长期可存取性。如果任何文件由于在数字仓储的长期保存过程中失去了其完整性或真实性，组织应立即停止添加文件到系统，并调查这个问题。

任何准备建设数字仓储的组织必须密切关注标准和技术的发展趋势。档案专业人员需要定期监测技术和方法的变化。无论选择什么样的系统，一个成功的数字仓储的重要品质表现在：在任何可能的时候使用开源软件；确保冗余（额外的文件副本）以防文件被损坏并需要恢复；选择灵活和可扩展的存储架构，这样组织可以很容易地支持数字环境和需求的变化，并随着时间的推移持续容纳越来越多的电子文件；通过定期校验来验证文件的真实性。

可信数字仓储的最终目标是保存文档，确保因管理、财政、历史或法律上的种种需要产生和提供真实、可信的复制件，遵循国内外数字保存领域的标准和最佳实践，将帮助实现这一终极目标。

第七章 电子文件长期保存的合作机制及实现策略

电子文件的长期保存是一个起始于文件形成并贯穿于整个文件生命周期的持续性过程，涉及文件形成者、保管者、利用者等多个主体，以及采集、描述、归档、存储、保管、利用等各个环节，需要应用技术、管理等多种手段，确保电子文件的真实性、完整性、可靠性和长期可存取性。文件或档案管理部门仅凭一己之力难以胜任，需要在不同主体、不同层次、不同领域间加强合作。

第一节 电子文件长期保存合作的必要性和重要性

在数字保存活动中，合作伙伴一直是很重要的，合作被认为是有效对抗数字保存巨大挑战的关键措施之一。数字保存合作战略已经成为国际共识。没有一个组织，不论是图书馆、政府机构，还是学术机构，能单独胜任数字材料的归档、长期保存及持续提供对其的存取访问服务，各个层次、跨部门及跨区域的数字保存合作活动已经越来越活跃和突出，地方、国家、区域和国际层面的数字保存合作在不断增加。联合国教科文组织UNESCO《数字遗产保存指南》（2003）专门设置一章的内容阐述数字保存合作问题。[①] 2011 年，美国研究图书馆协会 Tyler Waltesr 和 Katherine Skinner 在其研究报告中指出，"无法想象一个稳定的网络基础设施缺乏相互合作，他们应该在协作的环境中一起工作，共同研究和实施数字保存解决方案，而不应坚持建立个性化的工作流程和系统"。这两位作者分析了一系列数字保存合作项目，为组织机构制定合作策略以及开展协作活动提出了一系列重要建议，他们认为，"问题不再停留在是否合作，而是如何

---

① 详见《数字遗产保存指南》第二部分第 11 章："Working Together"。

合作"。①

数字保存合作的原因比较复杂，技术、经济和组织管理等多方因素促成了人们对合作机制的选择：首先，合作在很大程度上产生于数字保存问题的规模以及如何解决这些问题的不确定性。由于数字保存很昂贵，资源很稀缺，合作活动通过"建立共享资源，消除冗余，并利用规模经济，可以提高有限数字保存资金的生产能力"②。不同组织（如图书馆和档案馆）、不同部门、不同学科之间的数字保存问题是类似的，通过彼此之间的合作，能够发挥合并专业知识和经验的潜在好处。其次，人们选择合作的另一个令人信服的理由是，数字保存责任归属的不确定性。在数字保存活动中，众多的利益相关者没有谁能单独制定可行的、可扩展的解决方案，数字保存的责任往往不是简单地落到某一个利益相关者的头上。例如，学术出版物的作者与图书馆合作，将他们自己的作品移交归档到大学图书馆的数字仓储中，杂志出版商与图书馆或基于图书馆的组织（如 JSTOR 和 LOCKSS）合作，以提供对其出版物的持续访问。只有利益相关者之间的合作才能使数字保存得以实现，Morris 认为，需要确保信息链的所有成员——信息生产者、信息保管者、信息使用者以及所有的中介机构，参与讨论和提出数字保存的解决方案，必须确保世界上不同地区的数字保存活动之间有密切沟通，这样就不会浪费时间和金钱重复工作。③ 再次，数字保存合作具有很多优势，联合国教科文组织发布的《数字遗产保存指南》对此进行了较为全面的分析：①有利于访问更广泛的专业知识；②分担开发成本；③访问可能其他地方难以获取的工具和系统；④共享学习机会；⑤扩大数字保存材料的覆盖范围；⑥更好地规划以减少浪费和重复；⑦鼓励其他有影响力的利益相关者重视长期保存；⑧与生产商共享协议的影响；⑨共享研究与开发数字保存标准及方法的影响；⑩数字保存合作项目有利于吸引资金的投入。④

---

① Walters T, Skinner K. New Roles for New Times: Digital Curation for Preservation. Washington, D. C.: Association of Research Libraries. 2011, 3 [EB/OL]. [2014-08-02]. http://www.arl.org/storage/documents/publications/nrnt_digital_curation17mar11.pdf.

② Lavoie B, Dempsey L. Thirteen Ways of Looking at... Digital Preservation. D-Lib Magazine, 10 (7/8) [EB/OL]. [2014-08-02]. http://www.dlib.org/dlib/july04/lavoie/07lavoie.html.

③ Morris S. The Preservation Problem: Collaborative Approaches, *Information Service & Use* (22) 2002: 127-132.

④ UNESCO. *Guidelines for the Preservation of Digital Heritage* [EB/OL]. [2014-08-04]. http://unesdoc.unesco.org/images/0013/001300/130071e.pdf.

第二节　不同层次和范围的数字保存合作项目及联盟

　　数字资源长期保存的合作战略已经成为国际共识。数字保存合作服务项目和数字保存联盟（或协会）是数字保存合作战略的两种最重要的形式。所谓数字保存合作服务项目，是指以解决数字保存具体问题为目的，以某一研究项目为依托，实施跨国、跨地区或跨部门的数字保存合作；而数字保存联盟（或协会）是指以发起、促进、协调和评估数字保存为目的的跨国、跨地区或跨部门的合作组织。其中，数字资源长期保存联盟（或协会）是推行合作战略的组织保障，而数字保存合作服务项目是数字资源长期保存合作战略的发展重点。欧盟成员国在数字资源保存领域的合作启动较早且富有成效。1994年欧洲保存与获取委员会ECPA（European Commission on Preservation and Access）成立，它是研究数字信息长期保存与获取的最大跨国协会。2001年欧盟成员国共同制定了《数字保存项目和政策合作的行动方案》。欧盟理事会在2008年关于《欧盟数字图书馆EUROPEANA的决定》中指出，必须进一步考虑保护工作，在充分尊重著作权和其他相关权利的前提下，鼓励多国之间有效的合作[①]。2011年欧盟委员会发布《关于文化遗产数字化、网络存取及数字保存的建议》，对与数字资源长期保存有关的法定缴存、知识产权及机构之间的合作问题做了原则性规定。

　　不同层次和范围的数字保存合作为我们提供了丰富的合作经验和成果。表7-1按照地理覆盖范围，分别从国际、区域、国家和部门层面，列举了欧美主要的数字保存合作服务项目及数字保存合作联盟。

表7-1　数字保存合作服务项目和数字保存合作联盟

层次和范围	数字保存合作服务项目	数字保存合作联盟
国际范围	The Internet Archive JSTOR DuraSpace LOCKSS MetaArchive Cooperative InterPARES	UNESCO PADI OCLC、RLG CAMiLEON International Internet Preservation Consortium

---

[①] 周玲玲：《数字资源长期保存在欧盟的战略部署》，《情报理论与实践》2010年第3期。

续表

层次和范围	数字保存合作服务项目	数字保存合作联盟
区域范围	NEDLIB	ERPANET CASPAR Planets KEEP SHAMAN
国家范围	AHDS Florida Digital Archive	Digital Curation Centre（DCC） Digital Preservation Coalition（DPC） NDIIPP NDSA HathiTrust
部门（专业）范围	Cedars	JISC

资料来源：编译自 Harvey, R. Preservation Digital Materials. 2nd ed（Berlin：De Gruyter Saur，2011），173。

一 国际层面的数字保存合作服务项目和数字保存联盟组织

"国际"层面的数字保存合作服务项目和联盟包括两类：一类是从初始阶段就建立的、不受地域限制、任何国家都可参与或适用的数字保存项目与合作；另一类是最初建立时受地域或部门限制，但后来发展演变成为适用于国际群体或同行的项目或合作。

1. 国际层面的数字保存合作服务项目

具有代表性的国际层面的数字保存合作服务项目包括 The Internet Archive、JSTOR、DuraSpace、LOCKSS、MetaArchive 和 InterPARES 等。

（1）The Internet Archive。The Internet Archive 即互联网档案馆成立于 1996 年，是 Brewster Kahle 在旧金山创办的一个非营利性组织。互联网档案馆又称为"Wayback Machine（倒流的时光机器）"，它通过常规网页抓获和目标网络抓获，存储巨量的网页信息，目的是提供包括图书、动画、音乐等各种类型数字材料的永久访问。互联网档案馆注重研发，例如开发更有效的网络爬虫和更好的用户中介软件，并积极寻求合作，参加了国际互联网保存联盟（IIPC）。它提供多种多样的网络服务，如基于订阅的网页存档外包服务等。截至 2014 年 8 月，互联网档案馆已经存储大约 4190 亿个网页。

互联网档案馆的运作资金来源于个人和慈善机构的捐款以及与文化机

构合作而获得的资金，合作机构包括美国国会图书馆、美国国家档案馆、英国国家档案馆以及法国国家图书馆。在与上述文化机构合作的过程中形成了 7 个重要的 Web 档案集合：①亚洲海啸 Web 档案馆（The Asian Tsunami Web Archive），收集了有关 2004 年 12 月亚洲海啸灾难的网站。②飓风 Katrina 和 Rita（Hurricane Katrina and Rita）。收集了有关飓风 Katrina 和 Rita 的网站。③英国中央政府 Web 档案馆（The UK Central Government Web Archive）。2003 年开始为英国国家档案馆收集英国政府网站。④2002 年大选网络档案馆（Election 2002 Web Archive）。为美国国会图书馆收集了大约 4000 个有关 2002 年美国大选的网站。⑤9·11 事件网站（September 11th）。为美国国会图书馆收集了有关美国 9·11 事件已归档的网站。⑥2000 年大选网站（Election 2000）。受美国国会图书馆委托收集了有关美国 2000 年举行的大选的网站。⑦网络先驱（Web Pioneers）。描述互联网早期岁月的网站集合。

（2）JSTOR。JSTOR 全名为 Journal Storage，于 1995 年成立于美国纽约，由安得鲁梅伦基金会（Andrew W. Mellon Foundation）资助创立，是为了解决图书馆长期保存学术期刊所面临的空间和成本问题，对核心学术性过期期刊进行数字化存档而成立的一个非营利性机构。它实际是连接出版商和高校图书馆的一个共享的数字图书馆，在出版商和高校图书馆之间建立合作，一方面，它为高校图书馆提供丰富的数字内容收藏，致力于为其建设可信数字档案馆，同时，它又为出版商管理其数字内容，其目的是在全世界范围内不断扩大对学术内容的存取服务，并提供对学术性数字内容的长期保存。JSTOR 对于数字保存的意义主要在于它的运作模式，这种模式对所有的利益相关者包括出版商、图书馆和用户都有益而能够得到持续发展。2009 年 JSTOR 加入 ITHAKA，ITHAKA 成立于 2003 年，是一个致力于帮助学术研究机构应用数字技术保存学术研究记录，促进教学和研究可持续发展的一个非营利性组织。

JSTOR 最初所保存的过刊以政治学、经济学、哲学、历史等人文社会科学的核心期刊为主，后来逐步扩大到自然科学领域，从创刊号到最近 3~5 年的过刊一般都可阅览其 PDF 格式全文。至 2014 年 6 月，JSTOR 已经拥有 2000 多种学术期刊以及数千种教育类的著作和其他数字材料，已有 800 多家出版商加入了 JSTOR，为 160 多个国家的 7000 个机构的用户提供服务。

(3) DSpace、Fedora 与 DuraSpace、DuraCloud。DSpace（www.dspace.org）和 Fedora（fedora-commons.org）是两大著名的开源系统。DSpace 由麻省理工学院图书馆和惠普公司开发，用户可采用 DSpace 软件系统构建数字仓储，该软件系统可以接受多种文件格式，支持都柏林核心元数据集。DSpace 于 2002 年 9 月正式推出，最初为麻省理工学院的教师和研究人员服务，将他们的私人文件存放到数字档案库中，后来主要面向学术图书馆、高校及文化机构提供服务。2003 年，DSpace 联盟成立，目的是共享"技术创新、内容和服务"以及"促进机构知识库之间的互操作性，以支持分布式服务、虚拟社区、虚拟馆藏和编目"。联盟成员通过一系列合作活动，如共同参与 DSpace 源代码的开发和维护，促进 DSpace 服务与机构知识库之间的互操作性。为支持和发展 DSpace，2007 年成立了 DSpace 基金会，2009 年 DSpace 成为 DuraSpace 的一部分。DSpace 已被广泛应用，至 2011 年 9 月其网站列表共有 1100 多个实例。DSpace 在数字保存领域具有较大影响力，因为它为学术型图书馆和档案馆在国际合作背景下制定数字保存策略提供了一个平台。

DSpace 旨在支持对文件的长期保存。随着技术、格式、媒体的发展以及时间的推移，DSpace 系统仍能对尽可能多的文件类型提供持续的访问。该系统对每一个上传文件进行自动校验，自动识别添加到数字仓储的数字对象的格式，定期检查、校验以确保文件的完整性，使用元数据编码和传输标准（METS），用以保持文件和处理系统之间的联系。DSpace 为提交的数字对象分配唯一标识符，存储来源信息，维护可审计的历史，记录档案的变化并提供永久存储，维护添加到数字仓储的数字对象的位流。DSpace 接受所有类型的数字材料，将文件格式定义为三类：支持的格式、已知的格式和不支持的格式。它所支持的格式主要是开放文件格式，例如 TIFF、SGML、XML 和 PDF，可通过格式迁移或仿真得到保存。已知的文件格式即流行的专用格式，如微软 Word 和 PowerPoint、Lotus 1-2-3 和 WordPerfect，DSpace 对这类格式未来的支持取决于为它们开发第三方格式迁移工具的可能性。DSpace 对不支持的文件格式如某些独特的专用格式则无法将其转换为归档格式。

Fedora 意味着"灵活、可扩展的数字对象存储架构"，由康奈尔大学和弗吉尼亚大学图书馆联合开发，并经耶鲁大学和塔夫斯大学联合测试。Fedora 是一个开源的数字存储软件系统，它既可以保存单个数字对象，也可以保存较为复杂的不同数字组件的集合。Fedora 几乎可以管理任何类型的文件,所有的数字对象和相关元数据都被存储为 XML 文件,XML 文件已成为电子文件保存事实上的编码标准。Fedora 支持使用开放标准如 METS 和 XML,支持调整其系统结构以适应 OAIS 参考模型。

DuraSpace 于 2009 年由前述 DSpace 和 Fedora 这两大开源机构库软件合并成立。作为一个非营利性组织,它致力于引领开放技术的发展和应用,以促进对数字内容持久的访问。DuraSpace 与广泛的利益相关者如科学家、研究人员、图书馆员和数据专家等积极合作,为学术图书馆、高校和文化机构提供数字内容的永久存取服务,提供的主要服务功能包括:存取访问、长期保存、再利用和云内容分享。

DuraCloud(duracloud.org)由 DuraSpace 于 2011 年 11 月正式发布。DuraCloud 提供开源云服务,它使用云存储和云计算为多个位置的数字材料提供在线备份,其目的是使终端用户使用云服务变得简单,提供按需付费方式访问数字材料,同时,保证数字内容的耐久性。DuraCloud 提供云服务器环境和多个云存储提供商,包括 Amazon Web Services、Windows Azure、RockSpace。DuraCloud 支持各种方式的数字保存,通过不同的云存储提供商,维持数字材料的多份副本。其他与数字保存有关的功能还包括:完整性检查,允许用户检查他们存储在 DuraCloud 中的材料的完整性;允许批量处理文件转换以及文件在本地存储库与云存储之间的简单同步。目前已有麻省理工学院、哥伦比亚大学、西北大学和莱斯大学签约使用其托管的云服务以保护数字资源。DuraCloud 还将继续开发新的联盟和筹资模式,致力于 DuraCloud 与 DSpace、Fedora、ePrints 以及其他开源软件产品的系统集成,提供教育和培训,发展针对个体研究者的服务。

(4) LOCKSS。LOCKSS(Lots of Copies Keep Stuff Safe)由美国 Stanford 大学图书馆 1999 年发起组织,是一种基于 Java 的 Peer – to – Peer 开源分布式系统,它通过建立图书馆联盟,与出版商建立协作,提出了从电子资源出版、发布到永久性保存与利用等一整套解决方案,旨在解决图书馆对电子资源的访问权和永久保存问题。LOCKSS 最初用于保存电子期刊,现已扩展到适用于任何网络出版内容。LOCKSS 不需要昂贵的硬件,软件免费且技术管理要求相对较少。因此,加入 LOCKSS 的图书馆和出版商规模在迅速扩大:2004 年有 80 多个图书馆和 50 个出版商采用 LOCKSS 软件,

2010 年已经大约有 200 个图书馆、470 家出版商加入，至 2014 年 8 月，全球已经有来自 530 家出版商的 10000 多种电子期刊加入 LOCKSS。①

LOCKSS 概念和软件系统已经被广泛应用。图书馆和档案馆等文化机构应用 LOCKSS 概念和软件建立私人数字保存网络——Private LOCKSS Networks（PLN），通过机构之间的合作来保存数字对象。截至 2014 年 8 月全球运行的 LOCKSS PLNs 共有 13 个，其中具有代表性的包括：①阿拉巴马州数字保存网络 The Alabama Digital Preservation Network（ADPNet）。②永久数字档案馆与图书馆系统 The Persistent Digital Archives and Library System（PeDALS）。③社会科学数据保存联盟 The Data Preservation Alliance for the Social Sciences（Data-PASS）。④数字联邦存储图书馆项目 Digital Federal Depository Library Program。⑤MetaArchive Cooperative。⑥CLOCKSS（Controlled LOCKSS）Archives。

（5）MetaArchive Cooperative。MetaArchive Cooperative 是采用 LOCKSS 开源系统而由文化遗产记忆机构建立的共享档案资源存储的项目，即私人数字保存网络（PLN）。MetaArchive Cooperative 通过建立图书馆、档案馆和其他文化遗产机构之间的联盟，合作开发与经营其数字资源保存的基础设施，每个成员为数字保存的基础设施投资，而不必为服务支付费用。MetaArchive 模式的重点是分担责任、共享专业知识和基础设施，以促使联盟成员实现他们各自的保存目标。截至 2014 年 9 月，MetaArchive 的成员包括了来自美国、南美和欧洲的 50 个机构。MetaArchive 的宗旨是促进分布式数字保存方法的应用，并建立数字材料持久稳定的、地理上分散的"隐暗档案"，在必要情形下，利用"隐暗档案"帮助机构恢复馆藏。合作目标是鼓励和支持处于危险中的数字材料的长期保存，促进数字保存的分散处理方式，鼓励成员建立自己的保存设施和知识库，而不是将数字保存外包给外部供应商，创建和使用开放标准和系统，提供具有广泛适用性的服务，推进数字保存的最佳实践。②

MetaArchive 使用 LOCKSS 开源软件，并基于分布式数字保存的原理，允许一系列地理上分散的网站合作进行数字保存。每一个 MetaArchive 成员

---

① Participation Publishers and Titles [EB/OL]. [2014-08-20]. http：//www.lockss.org/community/publishers-titles-gln/.
② MetaArchive 2011 Cooperative Charter. http：//www.metaarchive.org/public/resources/charter_member/2011_MetaArchive_Charter.pdf.

都加入了 PLN 网络，并在一个安全、专用的网络存储环境下运行服务器，数字内容至少存储在 6 个位于不同地理位置并由不同系统管理员维护的服务器中；依靠机构内部的专业知识和技术基础设施给 MetaArchive 所有成员提供建议与协助，而不是依赖外部供应商。MetaArchive 很好地集成了其他仓储应用程序，包括 DSpace 和 Fedora。

MetaArchive 积极与其他保存项目如 NDIIPP、国家数字管理联盟（NDSA）和学位论文网上数字图书馆（NDLTD）合作，与其他团体如 Chronopolis，Data – PASS 和加利福尼亚数字图书馆等合作开发保存技术。

（6）InterPARES。InterPARES（The International Research on Permanent Authentic Records in Electronic Systems）即加拿大"保证电子系统中文件的永久真实性国际研究"项目，从 1999 年至 2012 年该项目以建立跨国、跨领域、跨学科的合作研究机制为基础，先后从电子文件保存者、电子文件形成者和中小机构电子文件管理实践的角度出发，研究确保电子文化真实性的理论与实践问题，形成了 3 个不断延伸发展的研究阶段。[①] 从 2013 年起，InterPARES 进入了其发展的第 4 个阶段——InterPARES Trust（ITrust 2013 – 2018），扩大了其合作范围和加深了研究的深度，试图进一步完善电子文件管理的理论与实践框架，在网络环境下建立强大而永久的数字记忆，以确保获得公众的信任。[②] InterPARES 项目的合作伙伴和研究团队来自北美洲、欧洲、拉丁美洲、亚洲、非洲，覆盖了世界上将近 30 个国家、地区和跨国组织（如联合国、国际红十字会等），广泛采集了来自这些国家和地区、不同文化背景下的电子文件管理样本，针对不同类型的电子文件，研究如何长期保障电子文件的真实性，致力于共同寻求解决电子文件长期保存的基本问题，发布了数个有影响力的研究报告，在拯救数字遗产、推动电子文件长期保存的理论研究和实践进展方面产生了广泛的影响。其他电子文件长期保存的合作项目还有美国电子文件档案馆项目 ERA、澳大利亚和新西兰的澳大拉西亚项目 ADRI 等。

2. 国际层面的数字保存联盟

国际层面的数字保存联盟（或组织）与上述数字保存合作服务项目不同，它们的主要目的是引导、教育、研究、宣传和游说，而不是以某一具

---

① Duranti Luciana, An Overview of InterPARES 3 (2007 – 2012), Archives & Social Studies：A Journal of Interdisciplinary Research, 1 (2) 2007：577 – 603.

② http：//interparestrust.org/trust.

体的数字保存服务项目研究为中心。在数字保存领域能够产生国际影响力的联盟（或组织）包括：联合国教科文组织（UNESCO）、PADI、OCLC、CAMiLEON 和国际互联网保存联盟等。

（1）联合国教科文组织（UNESCO）及其对数字保存合作的贡献。UNESCO 在数字保存及其促进国际合作方面发挥了重要作用。早在 2001 年，UNESCO 通过了一项保护濒危数字遗产的决议，此后，由保护与存取欧洲委员会（ECPA）编写了讨论稿，并在 2002、2003 年相继召开专家会议征求意见，最终于 2003 年 10 月通过了《数字遗产保护宪章》。[1]《数字遗产保护宪章》总共有 12 个条款，简明扼要地阐述了数字资源的重要价值及脆弱性，由此强调了采取保护行动的必要性，采纳数字生命周期方法，提倡积极的数字保存策略，明确强调了数字保存合作的必要性及合作者的类型，确认了 UNESCO 在数字遗产保护中的职责，如加强政府机构及非政府组织在数字遗产保护领域的合作等。此外，UNESCO 与澳大利亚国家图书馆合作，于 2003 年共同制定了《数字遗产保存指南》，[2] 该指南是对政府机构、社会组织、专家等广泛的利益集团进行国际咨询的产物，也是对《数字遗产保护宪章》进一步的系统阐述和说明。它的最大特点是阐明了数字保存的重要原则和一般技术方法，而不是解决在数字保存过程中出现的具体问题，这些原则和技术方法对于任何组织机构制定数字保存政策和保存策略都具有十分重要的指导作用。

（2）PADI（Preservation Access to Digital Information）。PADI 于 1997 年在澳大利亚国家图书馆建立，由美国图书馆与信息资源委员会（CLIR）、英国数字保存联盟（DPC），以及德国 NESTOR 项目支持，设有一个国际顾问小组。PADI 被公认为是最早的应对数字保存问题的国际合作组织，旨在研究数字保存战略，提供最佳实践指南，创建数字保存论坛，为跨部门合作提供交流平台。PADI 的网站是数字资源保存的主题门户网站，它提供数字保存领域的最新动态，受到了高度关注，影响广泛。由于无法维护大量的链接及持续负担技术更新，澳大利亚国家图书馆宣布 2010 年后不再维持 PADI，PADI 的资源和功能大多数由 ICADS（IFLA - CDNL Alliance for

---

[1] UNESCO. *Charter on the Preservation of Digital Heritage.* http：//portal. unesco. org/en/ev. php - URL_ ID = 17721&URL_ DO = DO_ TOPIC&URL_ SECTION = 201. html.

[2] UNESCO. *Guidelines for the Preservation of Digital Heritage.* http：//unesdoc. unesco. org/images/0013/001300/130071e. pdf.

Digital Strategies）继续维护。ICADS 是由 IFLA 与国家图书馆馆长会议（CDNL）组成的联盟，成立于 2008 年。

3. OCLC 与 RLG

OCLC（Online Computer Library Center）即联机计算机图书馆中心，是成立于美国俄亥俄州的世界最大的文献信息服务机构之一。OCLC 成立于 1967 年，最初主要为美国图书馆提供编目服务，后来成为覆盖全球的最大的图书馆联盟（会员）组织，合作成员共享数据、工作、资源并提供普遍利用，各成员通过网络连接至一个强大的、基于云的基础架构。该架构提供全系统范围内的资源和合作平台，以促进合作创新并提高元数据创建、馆际互借、馆藏数字化、检索和提供利用的效率。[1] 当前，OCLC 为国际客户提供各种不同的文献信息服务和知识服务，包括数字保存服务。在数字保存领域，OCLC 除了与 RLG 的合作之外，还与美国数字图书馆联盟（DLF）合作建立数字管理仓储系统（the DLF/OCLC Registry of Digital Masters，RDM）、参与元数据编码传输标准（METS）的开发、数字档案馆基本元数据标准的制定等。2003 年以来 OCLC 开始支持数字存档服务，符合 OAIS 参考模型的数字仓储可以处理多种文件格式，并通过 Connexion 链接提供自动的元数据检索，另外，它还提供网页收集服务。

RLG（The Research Library Group）即研究图书馆组织成立于 1974 年，是一个由图书馆、档案馆、博物馆及历史学会等文化遗产机构组成的非营利性联盟组织，拥有强大的研究力量。2006 年 RLG 并入 OCLC。数字保存一直是 RLG 的主要关注点，尤其在宣传及提高数字保存意识、研究和推广数字保存标准等方面，RLG 都发挥了先驱作用。例如，RLG 主办的电子杂志 RLG DigiNews（1997－2007）有力地宣传和强化了人们的数字保存意识。RLG 和保护与利用委员会共同成立了数字信息归档工作组（the Task Force on Archiving of Digital Information），数字信息归档工作组的研究成果在欧美数字保存领域产生了广泛而深远的影响，如第 6 章所述，1996 年该工作组成员撰写的《保存数字信息：数字信息归档工作组研究报告》[2] 为开展数

---

[1] http://www.oclc.org/zhcn-asiapacific/about.html.
[2] Garrett John, Waters Donald, *Preserving Digital Information. Report of the Task Force on Archiving of Digital Information. Washington*, DC：CLIR, May 1996 [EB/OL]. [2014-07-02]. http://www.oclc.org/content/dam/research/activities/digpresstudy/final-report.pdf.

字保存的大量后续工作奠定了基础。

RLG 在推动数字保存标准发展中的作用也同样重要。它于 1998 年参与了 OAIS 参考模型的研究制定，成立了多个数字保存工作组，由来自文化遗产机构、政府机构及私人机构的数十名专家合作研究，产生了一系列具有影响力的研究成果，包括：①RLG/OCLC 数字归档工作组的最终报告《可信数字仓储：属性和责任》。[1] ②OCLC/RLG 保存元数据工作组的研究报告《支持数字对象保存的元数据框架》，[2] 该报告所提出的元数据框架构成了 OAIS 保存元数据模型的基础。③OCLC/RLG 的 PREMIS 工作组研究报告《实施数字材料保存策略：文化遗产界的现行实践与新趋势》。[3] ④OCLC/RLG 的 PREMIS 工作组研究报告《保存元数据数据字典：PREMIS 工作组最终报告》[4]。该报告所阐述的核心保存元数据概念以及所提出的技术中立原则对于组织机构创建数字保存核心元数据具有重要作用。RLG 的数字保存合作活动还包括：与 JISC 建立了"富有成效的工作关系和战略合作伙伴关系",[5] RLG 的工作人员参与成立了许多数字保存合作项目如 Cedars 和 CAMiLEON 的咨询小组。而且，RLG 还是 DPC 的创始者之一。

4. CAMiLEON

CAMiLEON 是由美国密歇根大学和英国利兹大学合作开展的数字保存研究项目，该项目受到了英国 JISC 和美国国家科学基金的资助。从 1999

---

[1] RLG/OCLC Working Group on Digital Archive Attributes. Trusted Digital Repositories: Attributes and Responsibilities. An RLG – OCLC Report. Mountain View, CA: RLG, May 2002 [EB/OL]. [2014 – 07 – 03]. http://www.oclc.org/content/dam/research/activities/trustedrep/repositories.pdf.

[2] OCLC/RLG Working Group on Preservation Metadata. A Metadata Framework to Support the Preservation of Digital Objects. 2002 [EB/OL]. [2014 – 07 – 04]. http://www.oclc.org/content/dam/research/activities/pmwg/pm_framework.pdf.

[3] OCLC/RLG PREMIS Working Group. Implementing Preservation Repositories for Current Practice and Emerging Trends in the Cultural Heritage Community. Dublin, Ohio: OCLC. 2004 [EB/OL]. [2014 – 07 – 04]. http://www.oclc.org/content/dam/research/activities/pmwg/surveyreport.pdf

[4] OCLC/RLG PREMIS Working Group. Data Dictionary for Preservation Metadata: Final Report of the PREMIS Working Group. Dublin, Ohio: OCLC. 2005 [EB/OL]. [2014 – 07 – 04]. http://www.oclc.org/content/dam/research/activities/pmwg/premis – dd.pdf.

[5] Dale, R. L. Consortial Actions and Collaborative Achievements: RLG's Preservation Program, *Advances in Librarianship* 27 (2004): 1 – 23.

年至 2003 年，密歇根大学和利兹大学合作，对各种数字信息长期保存技术进行了开发和评估，尤其是比较了仿真和迁移用于数字保存的可行性，比较了各种软件的寿命，并对数字保存的成本效益进行了研究。最为引人关注的是该项目成功地采用仿真技术，使得英国 BBC 广播公司在 20 世纪 80 年代制作的以 LV – ROM 格式存储在激光视盘上的《末日审判书》项目内容得以在仿真硬件上识读。CAMiLEON 的研究推进了数字保存理论和实践的进一步发展，该项目所提出的数字保存技术问题至今仍然是人们研究探索的重点。

5. International Internet Preservation Consortium

International Internet Preservation Consortium（IIPC）即"国际互联网保存联盟"成立于 2003 年，它的创始成员包括澳大利亚、加拿大、丹麦、芬兰、冰岛、意大利、挪威和瑞典的国家图书馆，以及英国国家图书馆、美国国会图书馆和互联网档案馆，最初由法国国家图书馆整体协调，后来协调中心转移到英国国家图书馆。至 2014 年 9 月，IIPC 的成员覆盖世界各地，数量达到 49 个，既包括国家图书馆（除了欧美国家图书馆之外，日本、中国、韩国等亚洲的国家图书馆也是其成员）、国家档案馆，也包括地区性的图书馆、非公共性质的图书馆、高校图书馆和研究机构等。IIPC 的使命是"为后代收集、保存和提供利用互联网上的知识和信息，促进国际交流和国际关系"，[1] 这一使命通过三个目标来明确阐述：①使来自世界各地丰富的互联网内容能够得到安全归档保存，并能长期访问。②加强公共工具、技术和标准的发展和使用，以此促进国际档案馆的建立。③鼓励和支持各国国家图书馆解决互联网归档与保存问题。

IIPC 的研究活动主要由 3 个不同的工作组开展：收集工作组关注网络收集技术；访问工作组关注理解和定义用户的访问需求；保存工作组专注于支持网络归档保存的政策、实践和资源。IIPC 旨在开发开源且易于安装的网络归档软件工具包，已经开发的网络归档软件工具包括 Heritrix、DeepArc 等。其主要业务之一是促进视频文件格式 WARC 的发展，WARC 于 2009 年被采纳为 ISO 标准——ISO 28500：2009《信息和文献工作——WARC 文件格式》，WARC 格式允许一个文件包含大量的对象

---

[1] http://netpreserve.org/about – us/mission – goals.

和相关元数据，确保在网页内容变更或删除后，网站上仍保留大量有价值的信息。

二 区域层面的数字保存合作项目和数字保存联盟组织

区域层面是指在地理上超过了单一国家的范围，覆盖特定的地理区域，如欧盟。区域层面的数字保存合作服务项目以 NEDLIB 为代表，而区域层面的数字保存合作联盟则以 ERPANET 等为代表。

1. 区域层面的数字保存合作服务项目——NEDLIB

NEDLIB（Networked European Deposit Library）即"网络化欧洲存储图书馆"项目，由欧洲委员会资助，于 1998 年正式启动，2001 年 1 月结束，是早期应用 OAIS 参考模型建立电子出版物存储系统的一个典型案例。NEDLIB 由荷兰、法国、挪威等欧洲 7 国的国家图书馆、国家档案馆、IT 组织和出版商共同参与并相互合作，由荷兰国家图书馆牵头，致力于研究电子出版物长期保存的技术和管理问题。NEDLIB 项目的最突出成果是设计和构建了一个功能齐全的电子出版物存储系统，该系统以 OAIS 参考模型为参照，构造了富有特色的元数据集，并提出了基于仿真的数字信息长期保存策略。荷兰国家图书馆在其网站上公布了 NEDLIB 项目活动的许多有价值的出版物和研究报告，如 Jeff Rothenberg 的研究报告《仿真技术用于保存数字出版物的试验》。[①]

2. 区域层面的数字保存合作联盟组织

（1）ERPANET。ERPANET（Electronic Resource Preservation and Access Network）即"电子资源保存与访问网络"由欧洲委员会和瑞士政府共同资助，英国格拉斯哥大学的人文先进技术和信息研究所负责主持，合作伙伴有瑞士联邦档案局、意大利乌尔比诺大学和荷兰国家档案馆。项目旨在通过共享经验、政策、策略和服务加强对文化遗产和科学数据对象的保存。ERPANET 形成了各种产品和各类服务，包括：专题研讨会、专业培训、数字保存实践研究、对入选的出版物进行评估、数字仓储研究、为数字保存活动提供结构化咨询工具、在线论坛等。ERPANET 的主题讲习班和研讨会涵盖了广泛的主题，如 OAIS 参考模型、数字资源长期保存政策、

---

① Rothenberg, J. *An Experiment in Using Emulation to Preserve Digital Publications*（NEDLIB report series, No.1）. Den Haag: Koninklijke Bibliotheek. 2000. http://www.kb.nl/sites/default/files/docs/NEDLIBemulation.pdf.

Web 存档、元数据、科学数据评估、文件保存格式和唯一标识符等，通过上述主题广泛的研讨活动，取得了令人瞩目的研究成果，尤其是在 Web 存档和元数据等领域。

ERPANET 从大量的出版物中对挑选出来的具有重要意义的文学作品进行分析和评估，对其进行数字监管和数字保存，并提供对它们的评论。ERPANET 在研究中发现，"大多数社区渴望真实的实践案例研究和报告"[①]。由于缺乏认识，大多数组织犹豫是否要开展数字保存活动，并且在等待他们可以采用的外部发展环境，或者是等待他们可以执行的现成的解决方案，当时的这种状况促使 ERPANET 在许多不同的领域包括出版业、制药行业以及政府机构广泛地开展案例研究，为不同行业的数字保存活动提供了最佳实践指南。[②]

（2）欧洲委员会资助的数字保存项目。欧洲委员会资助了许多重要的数字保存研究项目。这些研究项目的初衷是仅将活动集中在欧洲联盟范围内，但后来吸引了越来越多的国际合作伙伴，如前述 ERPANET 项目，其他还包括 CASPAR、Planets 等。值得关注的是，CASPAR 和 Planets 等欧洲委员会资助的许多数字保存项目获得了重要的研究成果，已经在欧盟范围内得到了实际应用。

CASPAR（Cultural, Artistic and Scientific Knowledge for Preservation, Access and Retrieval）项目的运行时间为 2006 年至 2009 年，主要是针对科学、文化遗产和艺术领域的数字保存研究。数字保存服务内容包括：表征信息注册表和数字仓储；用于元数据创建、维护和再利用的表征信息工具箱；保存数据存储区；数字版权管理。

Planets（Preservation and Long-term Access through Networked Services）项目运行时间为 2006 年至 2010 年，与许多数字保存合作项目相似，Planets 建立了一个由利益相关者共同组成的互操作框架：第三方服务商提供工具和服务；供应商集成数字保存服务；确保内容拥有者对其数字内容的长期存取。该项目以满足图书馆和档案馆的需求为目标，联合了英国、荷兰、澳大利亚、瑞士等国家的国家图书馆和档案馆、高校及研究机构以及

---

① Ross, S. The Role of ERPANET in Supporting Digital Curation and Preservation in Europe, D-Lib Magazine, 2004, 10 (7/8). http://www.dlib.org/dlib/july04/ross/07ross.html.
② ERPANET (2003) Publishing Case Study Report. http://www.erpanet.org/studies/docs/erpaStudy_publishing.pdf.

技术公司的力量，开发强大的数字归档和保存服务功能。① Planets 项目开发了一套针对数字资源长期保存的工具。这些工具包括：文件格式的 Planets 核心注册；仿真工具；远程访问仿真工具 GRATE（Global Remote Access to Emulation Services）；Planets 试验平台，用于测试不同保存工具的有效性；Plato，用于保存工作计划的决策支持工具。Planets 工具已经被应用到大英图书馆、瑞士联邦档案馆、荷兰国家图书馆和国家档案馆、丹麦国家图书馆以及奥地利国家图书馆的数字保存活动中。Planets 项目结束之后，其后继项目 Open Planets Foundation 延续了 Planets 的各项活动。

欧洲委员会资助的有影响力的数字保存研发项目除了 CASPAR 和 Planets 之外，还有 KEEP（Keeping Emulation Environments Portable）和 SHAMAN（Sustaining Heritage Access Through Multivalent Archiving）等。KEEP（2009~2011 年）旨在开发仿真工具，加强仿真技术在数字档案馆中的应用。SHAMAN（2007~2012 年）从信息生命周期管理角度出发，采用网格技术、虚拟化和分发技术及辅助工具构建数字保存框架，主要关注 3 个领域的数字保存研究：文化遗产记忆机构的数字保存及存取服务、工业设计与工程领域的数字归档及再利用、e-Science 领域的数据采集及协调。② 另外，2013 年 2 月欧盟启动了一个新的数字保存合作项目 4C（The Collaboration to Clarify the Costs of Curation），该项目由来自欧盟 7 国的 13 个机构共同合作，主要针对数字保存及数字管理的成本及回报问题，从而帮助欧盟各国更经济有效地开展数字管理和保存活动。③

三 国家层面的数字保存合作项目和数字保存联盟组织

所谓国家层面的数字保存合作项目和联盟，是指在一个国家范围内形成和开发的合作服务项目或联盟。不排除在某些情况下，最初的意图可能是只在一个国家范围内开发服务项目或发展联盟，但其适用性或者影响力可能已经超出了国界。具有代表性的国家数字保存合作服务项目包括英国艺术与人文数据服务中心（AHDS）和佛罗里达数字保存系统（Florida

---

① Birte Christensen - Dalsgaard. *The Planets Digital Preservation Project.* http：//www.digitalpreservationeurope.eu/publications/presentations/Birte_planets_for_DPE.pdf.
② http：//shaman - ip.eu/.
③ http：//www.4cproject.eu/about - us.

Digital Archive）等。而国家数字保存合作联盟则包括英国数字管理中心（Digital Curation Centre）、英国数字保存联盟（Digital Preservation Coalition）、美国国家数字信息基础设施与保存计划（NDIIPP）、美国国家数字管理联盟（NDSA）和海量数字资源仓储（HathiTrust）等。以下仅以 AHDS 和 DPC 为例进行阐述。

1. 国家层面的数字保存合作服务项目——AHDS

AHDS 即"英国艺术与人文数据服务"，是英国 5 所大学共同参与的发现和长期保存英国高等教育艺术及人文领域的数字资源的合作项目，在 5 所大学的数据存档服务系统基础上联合建立，具体是指：牛津文档中心、埃塞克斯大学的历史数据服务、约克大学的考古数据服务、格拉斯哥大学的表演艺术数据服务、萨里艺术设计学院的视觉艺术数据服务这 5 个数据服务系统。AHDS 由英国联合信息系统委员会（JISC）和艺术与人文研究委员会（AHRC）资助，项目运行起止时间为 1996 年至 2008 年，其目的是"维护迅速增长的、未发表的、产生于高等教育艺术与人文领域内外的原始数字研究材料"。[1] AHDS 拥有包括电子文本、数据库、静态图像、音频、GIS 数据、地球物理数据和元数据集在内的类型多样的大量数据。AHDS 作为早期的数字保存合作项目对促进数字保存的发展具有重要意义，它采用了对多个分布式数据存档系统进行集中管理的模式，制定了用于管理每个组件服务的总体政策和标准，提供延伸服务，并通过编制指南鼓励数字保存最佳实践，如 Digitising History。[2]

2. 国家层面的数字保存合作联盟——DPC

1999 年在英国华威大学举行的数字保存专题研讨会提出了设立国家数字保存联盟的设想，2001 年英国数字保存联盟 DPC 成立，共有 7 个创始成员。2004 年 1 月 DPC 成员增加到 26 个，至 2014 年 9 月，其成员已经达到 54 个（含正式会员、准会员和联盟机构）。DPC 的宗旨是"确保英国数字资源的安全保存，加强国际合作以保护全球数字记忆和知识库"。为此，它所确立的主要目标包括：①生产、提供和传播最新研究与实践的信息，并在其成员中形成专业知识。②实行协调和统筹工作，以说服关键利益相

---

[1] Beagrie, N. Preservation UK Digital Library Collection, *Program*, 35（3）2001：217 - 226.
[2] Townsend, S., Chappell, c., Struijvé, O. Digitising History: A Guide to Creating Digital Resources from Historical Documents, *AHDS Guides to Good Practice*. http://www.ahds.ac.uk/history/creating/guides/digitising - history/.

关者并且以他们能理解的方式，获得他们在数字保存领域的支持与合作。③协调行动，争取适当和充足的资金，以获得国家对数字资源的投资，确保全球数字记忆的持久性。④为英国数字保存策略的发展与协调提供一个公共论坛，并将其置于国际背景之下。⑤促进并发展数字保存服务、技术与数字保存标准。① DPC 的早期活动包括宣传、情报传递与跟踪、论坛与研讨会、调查行业供应商、技术跟踪以及评估等。从 2011 年开始其活动范围得到扩展，合作对象及其范围不限于英国，与其他数字保存机构或项目如 ICSPR、澳大利亚国家图书馆以及美国国会图书馆的 NDIIPP 都建立了合作关系。DPC 所形成的许多重要咨询材料可公开获取，包括：*Digital Preservation Handbook*、*Technology Watch Reports* 和 *What's New in Digital Preservation newsletter*，等等。DPC 对于数字保存的意义在于它通过宣传和培训活动积极鼓励数字保存，不仅在英国产生了很大影响，而且得到了其他国家和地区的密切关注。

四 部门层面的数字保存合作项目和数字保存联盟组织

所谓部门层面是指特定的部门或专业领域，部门层面的数字保存合作服务项目和联盟组织很多，仅以 Cedars 和 JISC 为例进行阐述。

1. 部门层面的数字保存合作服务项目——Cedars

Cedars（CURL Exemplars in Digital Archives）项目启动于 1998 年，由 JISC 资助，并由英国利兹大学、牛津大学和剑桥大学共同主持，与其他相关机构合作完成。该项目主要研究解决英国高等教育机构研究型图书馆的数字保存问题，致力于提供数字保存最佳实践指南，是英国 eLib 项目第三阶段的组成部分。该项目最为突出的成果是基于 OAIS 参考模型构建了数字保存应用系统和数字保存元数据框架。Cedars 的贡献在于：①较早提出了数字保存分布式结构的设想，认为数字保存从根本上是以众多机构为基础而构成的一种分布式结构。因此，需要建立一个数字档案馆，不仅用于存储数字对象及相关的元数据，并且对于不同机构、不同技术系统具有互操作功能。Cedars 是将 OAIS 参考模型应用于数字档案馆系统架构的几个早期的经典范例之一。②对于采取数字保存策略的引导作用。项目组早期对于选择迁移或者仿真这两种数字保存策略曾进行了激烈的争论，而最终

---

① http://www.dpconline.org/about/mission-and-goals.

的重点是采用了保存原始比特流和相关元数据的技术策略,以确保数字对象在未来能得到理解和解释。③引导人们在数字保存过程中对于知识产权的重视。Cedars 很早就意识到数字保存不仅涉及技术问题,而且还必须重视知识产权问题。④对管理数字馆藏的引导作用。数字保存与传统保存最大的不同在于,前者所涉及的参与主体远远多于后者,尤其是数字材料的创建者和拥有者在数字保存中起到了关键作用。而数字生命周期管理是最有效的管理方式,即应从数字对象产生之初就介入,并覆盖其整个生命过程。⑤对于保存元数据的引导作用。Cedars 参照 OAIS 所提出的信息模型,构建了保存元数据框架,对于机构制定保存元数据方案具有重要的参考作用。因此,Cedars 项目成为数字保存领域关注的焦点,它还与数字保存领域的其他项目进行了广泛交流和合作,积极推动了数字保存理论与实践的发展。①

2. 部门层面的数字保存合作联盟组织——JISC

JISC（Joint Information System Community）即联合信息系统委员会,是英国高等教育和继续教育领域的联盟性组织。JISC 所得到的资助 80% 来自英国高等教育管理机构如英格兰高等教育资助委员会 Higher Education Funding Council for England（HEFCE）,20% 则来自英国的部分高校和研究机构。JISC 的宗旨是应用世界一流的信息和通信技术推动英国的高等教育和继续教育以及科学研究的发展。JISC 是数字保存领域的积极推动者,在其活动早期参与了 AHDS、Cedars、CAMiLEON 等著名的数字保存合作项目,而且为 DPC 的形成和发展提供了大量资助。2000~2005 年,JISC 在数字保存领域的活动主要体现在 3 个方面②:①为数字保存实践提供最佳实践指南。如由 JISC 提供资助,众多合作伙伴共同参与研究,DPC 负责维护和更新的具有影响力的成果《数字材料保存管理手册》(2001)。③ ②JISC 积极与其他数字保存组织建立合作关系,并在其大力支持下组织成立了 DPC。③由 JISC 资助开展的"持续存取及数字保存策略"研究成果及其实施计划对于英国的高等教育及继续教育机构产生了较大影响。2008 年以来,JISC 通过资助一系列

---

① Maggie Jones. The Cedars Project, *Library and Information Research News*, 26（84）Winter 2002: 11 – 16. http: //eprints. rclis. org/6045/1/article84a. pdf.

② Beagrie, N. The Continuing Access and Digital Preservation Strategy for the UK Joint Information Systems Committee (JISC), *D – Lib Magazine*, 2004, 10 (7/8). http: //www. dlib. org/dlib/july04/beagrie/07beagrie. html.

③ Jones, M., Beagrie, N. *Preservation Management of Digital Materials: The Handbook* (London: British Library, 2001).

数字保存计划和项目有力地推动了数字保存的发展。截至 2014 年 9 月，JISC 总共资助的数字保存计划为 12 个，数字保存项目为 81 个，其中有著名的"Managing Research Data（JISCMRD）"数字保存计划和"Information Environment Programme 2009 - 11"等。

第三节　我国电子文件长期保存的合作机制及实现策略

20 世纪 90 年代，我国政府开始加强电子文件管理的制度建设和标准建设。1996 年，国家档案局成立了电子文件管理领导小组，负责研究电子文件归档与管理的标准化问题。1999 年首先制订了专门针对 CAD 电子文件归档与管理的国家标准，2002 年制订了通用的电子文件归档与管理国家标准：《电子文件归档与管理规范》（GB/T18894 - 2002），此后，相继制订了多项与电子文件管理有关的行业标准，等同采用两项重要的国际标准 ISO 15489 - 1《信息与文献 - 文件管理》和 ISO 23081 - 1《文件元数据：原则》，2009 年，中共中央办公厅、国务院办公厅联合制订了《电子文件管理暂行办法》，使我国电子文件管理的规范化和制度化建设取得了很大的进展。但是，在此过程中，对培育和构建电子文件长期保存的合作机制有所忽略，电子文件长期保存工作往往是在国家档案机构系统内部进行，企业、高校、研究机构、政府其他部门的介入有限，跨部门、跨领域的电子文件长期保存合作机制尚未建立。而在我国电子政务、电子商务等各类信息化应用领域迅速发展，电子文件保管压力日益增大的形势下，以区域性、部门性或行业性的合作为基础，建立跨区域、跨部门、跨行业的电子文件长期保存合作机制具有迫切的现实需求。

一　发达国家数字资源长期保存的合作战略对我国的启示

如前所述，数字资源长期保存的合作战略已经成为国际共识。我们综合考察欧美数字保存合作服务项目和联盟组织，可以得出如下结论：第一，数字资源长期保存很难由单一机构独自承担，技术、经济和政治等多方因素促成了人们对合作机制的选择。第二，早期的（20 世纪 90 年代）数字保存合作服务项目或数字保存联盟组织在强化人们的数字保存意识，探索以多个机构为基础的分布式数字保存结构，不断研究数字信息的特征和属性等方面发挥了十分重要的引领、宣传、教育和研究作用，而且在帮助机构制定数字保存政策,选择合适的数字保存策略(如对迁移和仿真的探讨),认识不同存储载体的性能和寿命以及存储格式等方面提供了重要的参考和最佳实践指南,正是不同层次、专业和类型的充满活力的数字保存合作活动为数字保存理论和实践的进一步发展奠定了重要基础。近10年来,数字保存合作活动更为活跃,其发展速度及规模令人瞩目。而且,在进一步推进数字保存研究工作、数字保存合作实践和数字保存标准建设等方面成果显著,如OCLC/RLG、NDIIPP,以及欧洲委员会资助的许多数字保存项目,利用最新的计算机技术和信息技术解决数字保存中不断发现的问题,使数字保存的方法及手段更为有效。第三,数字资源长期保存可采取多种合作模式。既可采取由政府主导的集中分布式合作保存模式,也可以在多个保存者、传播者、技术服务商之间建立平均分布式合作模式,如档案馆之间的合作、图书馆之间的合作、图书馆与出版商之间的合作。而尤以数字保存者如图书馆、档案馆等文化遗产机构之间的合作居多,因为它们有着保存和维护数字记忆的共同责任,拥有最为丰富、集中的数字馆藏和相似的工作机制,很容易达成合作的共识。第四,数字资源类型多样,保存方法和策略不尽相同。Web资源、电子出版物、科学数据、多媒体资源、电子学位论文、电子邮件等不同类型的数字资源既具有共性特点,又具有个性特点,因此,数字保存合作项目的内容和具体目标存在差异。[①] 第五,合作形式呈现出多样性和复杂性,覆盖范围广泛。国际层面的、区域层面的、国家层面和部门层面的数字保存合作项目和合作联盟组织的大量产生及迅速发展,表明跨国合作,区域性合作,同一类型机构之间、不同类型机构和组织之间、不同学科及不同专业领域之间的合作都是可行的。第六,电子文件作为数字时代的原始记录,与Web资源、电子出版物、科学数据等其他类型数字资源相比,不仅需要存档和保证其长期可读,还要确保其真实性和完整性,从而使其证据价值得到实现,这对于保存合作提出了更高的技术要求和管理要求。国外电子文件长期保存合作项目多由政府档案部门或历史文化部门、学术组织主导,以国家档案馆、高校、图书馆、科研机构等为研究主力,软件公司参与研发,分阶段、分领域协同完成的。它们的共同之处是:各合作主体分工明确,责任分明,投

[①] 郭家义、吴振新:《基于资源类型的数字资源长期保存问题研究》,《中国图书馆学报》2005年第3期。

入巨大，研究内容针对电子文件长期保存面临的原则性问题和实际应用，其成果既具有理论前瞻性，又具有较强的适用性，对于我国电子文件长期保存合作机制的构建具有积极的借鉴作用。

二 我国电子文件长期保存合作机制建设的理论基础及现实需求

文件连续体理论、前端控制原则和全程管理原则是电子文件管理的重要理论，它们构成了电子文件长期保存合作机制的理论基础。根据上述理论，电子文件的生命具有连续性，从电子文件产生之初至归档、存储及长久保存是一个连续的生命运动过程，因此，文件在形成阶段及在各个流转环节中的运动直接影响到归档文件长久保存的完整性和安全性。必须有效实行对电子文件的前端控制和全程管理，将文件管理融入业务流程。由此，我们得出的结论之一是，建立文件形成部门（机关办公室或业务部门）、文件归档部门（机关档案室）和档案保管机构（档案馆）之间的紧密合作最为基础，必不可少。这种合作符合在全生命周期控制电子文件的管理要求，是一种沿着文件生命周期的纵向合作。我国目前文件的形成、归档部门与档案保管机构之间存在着例行的业务关系，有必要在此基础上进一步建立合作关系，确保文件形成、流转、归档及长期保存等活动的连续性和一致性，提高管理效率。结论之二是，档案保管机构之间的合作至关重要。档案保管机构作为电子文件生命周期运动的最终归宿，担负着长久保存和提供电子文件利用的任务，具有相同的业务职能和社会职能，共同面临电子文件长久保存的技术和管理问题，因此，它们之间具有坚实的合作基础。纵观国外，数字资源保管机构之间的合作最为常见，如美国LOCKSS项目建立了图书馆之间的合作联盟，欧盟数字图书馆项目EUROPEANA建立在欧盟成员国的国家图书馆、档案馆和博物馆合作基础之上，澳大利亚PANDORA数字保存项目则以澳大利亚国家图书馆与其他9个图书馆和文化保存机构之间的合作伙伴关系为基础。结论之三是，档案保管机构与技术公司、高校、研究所、学会或协会、非营利性组织等社会第三方的合作具有必要性。文件和档案部门在技术研发领域的力量相对薄弱，因此，有必要寻求与技术公司等社会第三方的合作。如在美国电子文件档案馆 ERA 项目的研发及运行阶段，美国国家档案馆与 Lockheed Martin、IBM 等计算机公司开展了有效的合作。

我国目前电子文件的保管形势很严峻，保管状况不容乐观。随着电子政务、电子商务等信息化应用领域的迅速发展,无纸办公已经越来越普遍。根据国家档案局 2006 年的调查,全国电子文件数量已经达到近 1.8 亿份,总量达 15 万余 GB,其中中央机关电子文件数量高达 1.5 亿余份,总量达 7.5 万 GB。根据中国人民大学信息资源管理学院课题组的调查,2006 年中央机关及其直属企业事业单位生成的电子文件数量比 2005 年增长了 18.9%,电子文件数量占文件总数的 72.7%;中央机构已经产生电子文件的单位中,18.4% 的中央单位没有留存任何电子文件,79.6% 的机构没有采取任何措施存留数据库、电子邮件、多媒体文件、网页文件等类型的电子文件。这说明电子文件已经广泛使用于机构的管理活动和业务活动之中。[1] 然而,很多重要的电子文件未能保存或未能完整保存,一些保存下来的重要电子文件因管理不当已经无法读取,电子文件管理风险俯拾即是,电子文件"失存"、"失效"、"失控"、"失信"的现象已经引起高度关注。[2] 与电子文件保管压力越来越大、保管机构难以独立承担的情势形成强烈反差的是,常规的、系统的电子文件长期保存合作机制并未建立。之所以存在这种状况,笔者分析,主要有两方面原因:第一,文件和档案分段、分节管理的体制障碍。在我国,档案部门的权限仅限于归档之后的档案管理和利用环节,而对文件最初的形成和流转无法有效行使管理权,这样就导致了文件和档案分段、分节管理。第二,文件档案管理机构的合作意识欠缺。长期以来,我国的文件档案管理工作自成一体,较为封闭,与社会其他信息化系统和主体的合作有限,文件档案工作人员仍然沿袭纸质档案管理的方法和观念去管理电子文件,或者根据业务需要稍做改进,跨部门、跨领域的合作意识较为薄弱。

可见,建立合作机制以应对不同领域电子文件的长久保存问题具有必要性。从电子文件生命周期的源头开始,在纵向上建立文件管理部门或业务部门、机关档案室和档案馆之间的合作,在横向上建立不同层次和区域档案馆之间的合作,以及谋求与社会第三方的合作具有迫切的现实需求。

我国电子文件长期保存合作机制的构建具备了一定的制度条件和国际合作的平台。国家电子文件管理部际联席会议制度的确立为电子文件长期保存的跨部门联合与协调提供了一定的制度保障,而电子文件异地备份制

---

[1] 刘越男:《我国电子文件管理的现状、问题与对策》,《电子政务》2010 年第 6 期。
[2] 王健:《迎接挑战:电子文件管理研究前沿》[EB/OL]. [2013 - 08 - 10]. http://www.idangan.com/Literature_ info. asp? id = 124.

度的成功推行体现了跨地域馆际合作的可行性。此外，我国是 InterPARES 第三期项目（简称 InterPARES3 或 IP3）的成员，有利于促进我国电子文件管理理论与实践的国际交流和共享。

三 我国电子文件长期保存合作机制的构成：合作主体、合作模式及合作内容

1. 合作主体

（1）电子文件产生机构。这是电子文件的来源机构，负责电子文件产生初期及过渡期的保存工作。基于机构的业务需要产生电子文件，由机构档案室归档保存有价值的电子文件，并定期将积累的电子文件向电子文件保管机构（档案馆）移交。在我国，这类主体是产生电子文件的机关、组织、企事业单位和个人。

（2）电子文件保管机构。这是电子文件长期保存合作体系的核心主体。其主要责任是：接收有价值的电子文件并妥善保管，监督指导电子文件流转过程，制定长期保存规划和处理各种安全风险，提供电子文件的公共获取，信息资源开发与服务等。在我国，这类主体主要是各级各类档案馆、具有保存功能的电子文件中心等。

（3）第三方主体。第三方主体是指除了电子文件产生机构、保管机构之外的，为电子文件长期保存提供技术、资金和管理等方面支持的组织和个人，所涉及的范围很广泛。按照它们所扮演的角色，可以分成两类：①电子文件保存研究的参与者，如高校、研究机构、学术团体、非营利组织、个人；②电子文件保存研究的资助者和技术公司。如提供资金赞助的企业、基金会和其他组织，提供技术支持的软硬件服务商等。第三方主体对于电子文件长期保存具有重要的影响，既是支持性因素，也是制约性因素。它们往往具有双重身份，既是数字信息服务的利用者，也是数字保存的参与者或赞助者。这一类主体为数众多，在电子文件长期保存体系中具有潜在、重要的作用。

（4）政府机构。政府在国家的电子文件管理中负有首要的责任。政府是电子文件的主要产生者，在电子文件长期保存、拯救数字记忆方面具有不可推卸的责任。政府在电子文件长期保存体系中的主要责任是：组织电子文件长期保存研究和建设，制定电子文件管理国家战略，建立电子文件长期保存机制；制定相关信息政策，颁布法规和标准；协调各方权益，促

成合作与协调；建立所需的保障机制和监督机制；营造社会氛围，提高公众的认知度，倡导公众参与。

2. 合作模式

联合国教科文组织《保存数字遗产指南》（2003）按照合作的紧密程度归纳了三类合作模式：集中分布式合作（Centralised distributed models）、平行分布式合作（More equally distributed models）和高度分布式合作（Very highly distributed collaborations）。① 在集中分布式合作中，一个成员负责制定政策，提出指导性建议和提供大多数的基础设施，其他成员承担专门、有限的责任。这种模式适用于大型、先进的合作项目的初期阶段，有利于统筹安排、提高效率，也适用于只有一个成员愿意承担长期保存责任，而其他的成员能够提供帮助但不能保证持续地承担保存责任。在平行分布式合作模式中，各成员承担同样的保存责任。这种模式适用于有众多成员愿意承担长期保存职责，但没有一个成员愿意当领头人的情况。高度分布式合作模式中，每个成员的责任非常有限，主要限制在自我存储上。在建设数字资源合作体系中，上述几种合作模式可以综合应用。例如，在一个综合性的合作保存体系中，若干个成员之间的合作是平行分布式合作，这几个成员可作为一个整体，与其他成员之间构成集中分布式合作关系，或者高度分布式合作关系。② 笔者认为，在我国，应当充分发挥集中式档案事业管理体制的优点，由政府主导，建立以集中分布式合作模式为主体，以平行分布式、高度分布式合作模式为补充的综合性的电子文件长期保存合作体系。具体表现为：国家档案局联合其他相关的政府部门，发挥国家电子文件管理部际联席会议制度在跨部门、跨领域合作中的重要作用，负责组织制定电子文件长期保存的国家政策、法规和标准，制订电子文件长期保存的整体规划，协调各方利益，以各级国家档案馆为主体，调动全社会相关主体参与，逐步建立国家电子文件长期保存的合作体系。

在这个综合性的合作体系中，有如下三种合作形式：第一，档案馆、电子文件中心等电子文件保管机构之间的合作。即在电子文件生命末端，由电子文件保存机构共同合作，按照地区、层次、级别的不同，可以分为

---

① UNESCO. Guidelines for the Preservation of Digital Heritage [EB/OL]. [2013 - 08 - 11]. http://unesdoc.unesco.org/images/0013/001300/130071e.pdf.

② 宛玲：《数字资源长期保存的管理机制》，北京图书馆出版社，2006，第49~50页。

馆际合作、区域合作、专业系统内部合作、跨部门合作、国际合作等多个合作层次。由于彼此同行，相互之间更容易沟通和协调，是最主要的一种合作形式。第二，电子文件形成者和电子文件保管机构之间的合作。即文件产生部门（业务部门）、归档部门（机关档案室）和档案馆、电子文件中心等保管机构之间的紧密合作。这是一种基于电子文件生命周期的，由文件形成与归档、移交与接收的业务关系而进一步发展的合作形式，最为基础。第三，突破文件和档案管理机构的范围，面向社会的各相关主体间的合作。这是一种从电子文件管理系统开发，到电子文件生成流转、归档、长期保存、信息资源开发和提供利用所涉及的各主体共同参与的合作模式，跨部门、跨领域、多层次。参与主体包含了文件产生者、文件保管机构、第三方主体和用户，各参与主体在合作框架内提出各自的利益诉求，各尽其责，各取所需。

3. 合作内容

（1）电子文件长期保存政策的制定及推行，电子文件长期保存合作体系的构建。由中共中央办公厅、国务院办公厅牵头，国家最高档案行政管理部门（国家档案局）承担主要职责，与其他相关部门合作，以国家各级各类档案馆为主体，构建国家电子文件长期保存合作体系：在纵向上，覆盖电子文件生命周期，建立电子文件形成机构和保管机构之间的紧密合作；在横向上，建立不同地域、不同类型、不同部门、不同层次的电子文件保管机构之间的合作，并以此为基础，积极寻求与社会第三方的合作，建立以各级各类国家档案馆为主体，由文件形成机构、社会第三方力量参与的全国电子文件长期保存合作体系。发掘社会第三方主体在电子文件长期保存方面的潜在作用，从整体上解决电子文件长期保存所涉及的管理、技术、标准及法律问题。建立健全政、企、校联合及产、学、研联盟，提高电子文件长期保存研究成果的理论水平和技术创新性，增强成果的社会适用性。在这个合作体系中，各类主体分担在电子文件长期保存过程中各自的责任，满足各自的利益诉求。政府应担当重要的组织协调和引导角色，整合各方社会力量，为电子文件长期保存的合作研究提供制度保障和经济保障。可以借鉴美国国家数字信息基础设施及保存项目 NDIIPP 的经验和成果。

（2）明确各相关主体的权益关系，建立责任体系。合作体系内部的各方都是利益相关者，彼此之间既有利益共同点，也可能出现利益冲突，因此，明确各相关主体的权益问题和责任体系，是维系合作体系持续存在和发展的基础。在电子文件形成阶段：电子文件形成单位应当对本单位电子文件管理工作进行统筹规划，建立管理制度，明确各个环节责任者的职责，规范工作流程。具体分工是：文秘和业务部门负责电子文件日常处理，并对具有保存价值的电子文件及时进行归档；档案部门应明确电子文件归档范围和保管期限，负责归档的电子文件管理；信息化部门负责为电子文件管理提供信息化支持；保密部门负责涉密电子文件的保密监督管理。电子文件形成单位在开发信息系统时，应组织文秘、业务、档案、信息化、保密等相关部门提出电子文件管理的功能需求。在电子文件保管阶段：各级国家综合档案馆，负责接收和保管本馆接收范围内各单位形成的具有永久保存价值的电子文件，并依法提供利用；有条件的应当根据国家灾害备份的要求，建立电子文件备份中心或者异地备份库。① 各级各类档案馆之间、档案馆与社会第三方之间通过协议建立合作关系，明确各合作成员的权益和责任，解决电子文件的异地备份存储、资源共享、集成服务及技术研发等问题。

（3）电子文件长期保存前后端业务活动的协调。一方面，实行"前端控制"策略，保证电子文件的真实性、完整性。即电子文件保管机构不仅负责电子文件生命周期末端的长期保存，还应与电子文件形成机构合作，提前介入文件的产生、流转过程，参与电子文件管理系统的设计。这些前端协调包括：在电子文件管理系统设计之初提出档案化管理要求，以利于捕获和采集电子文件产生和流转过程中的元数据，按照保存要求提前对生成和流转中的电子文件进行控制；在归档移交前对电子文件进行妥善管理；双方商定移交方式和归档要求等。

另一方面，电子文件保存工作的后端是利用服务。在提供利用时，电子文件保管机构需要就共享和利用的范围和方式，与利用者进行协调；文件所有权不属于文件保管机构时，还要与文件所有者商讨授权协议。

（4）标准的制订。为了保证电子文件长期保存业务标准的适用性，文件产生部门、文件保管部门、技术部门、高校、学术团体、利用者、政府等多方主体应共同参与，在进行充分调查、获取各种实践样本的基础上，

---

① 《电子文件管理暂行办法（2010 - 07 - 28）》，（中办、国办、厅字〔2009〕39 号）[EB/OL]，[2013 - 08 - 12]，http://wenku.baidu.com/view/da1451fcaef8941ea76e0512.html。

研制、推行电子文件长期保存业务标准。另外，以国际合作项目如 InterPARES 为平台，加强与国外高校、研究机构之间的合作，引进重要的国际标准。

（5）技术研发。电子文件保存领域所应用的许多通用性信息技术和管理手段，需要针对本领域工作活动的特点，进行专门的二次开发，为此，需要档案部门寻求与技术服务商乃至利用者的合作。档案部门和利用者根据具体业务活动和利用服务的需要，可以联合向技术服务商提出技术应用开发的诉求，有效解决电子文件长期保存的技术问题。

四 我国电子文件长期保存合作机制的实现策略

电子文件长期保存合作机制的构建和实现有赖于综合应用法律、管理、技术等策略。

第一，通过立法确认各相关主体的法律地位和权限。最重要的是，赋予档案部门从文件形成之初就介入管理的法律权限。同时，确认文书部门、业务部门、档案室、电子文件中心等电子文件形成者、归档保存者、长期保存者各自的法律地位和职责。

第二，管理策略。明确合作体系中各类主体的权益及责任，建立权责分明的责任体系。另外，通过组织制度改革，推动档案部门与政府其他部门的跨部门合作，中央和地方档案机构的跨层级合作，档案部门与行业协会、学会的跨领域合作，建立政、企、校联合及产、学、研之间的互动。

第三，技术策略。积极应用新兴技术如云计算技术推动电子文件长期保存合作机制的实现。我国已将云计算列为"十二五"时期信息技术产业的重点领域，国家档案局 2010 年出台的《数字档案馆建设指南》明确指出："鼓励具备条件的档案馆探索采用云计算等先进技术为各立档单位提供软件和存储服务。"此外，发达国家如美国、澳大利亚、英国也于 2010 年制定了云计算环境下电子文件管理的原则和要求。我国电子政务系统的深入发展，数字档案馆、电子文件中心、各类数据中心的建设为云计算应用于电子文件管理提供了基础设施和资源条件。按照 NIST（美国国家标准与技术研究院）的定义，云计算有四种部署模式，即私有云、社区云、公共云和混合云。其中，社区云（Community Cloud）是由一些有着共同利益（如任务、安全需求、政策、遵约考虑等）并打算共享基础设施的组织共同创立的云。社区云介于私有云和公共云之间,既超越了私有云运作于单一机构内部的局限,又可以避免运行公共云时文件控制权丧失的风险,具有较高的安全性、可扩展性和灵活性。可尝试按照社区云模式建立区域性的电子文件保存合作体系,以此为基础,逐步扩大电子文件云保存和服务体系的规模,建立跨区域的电子文件长期保存和服务体系。

附录一 机构数字保存能力评估指标体系[*]

附表 1 数字保存"政策"

分值	描述
0	没有正式书面的数字保存政策
1	有正式书面的数字保存政策但是还未正式发布
2	正式书面的数字保存政策已经发布且广泛分发
3	正式书面的数字保存政策已经发布且广泛分发,根据积累的经验对政策每 2 年修订一次
4	正式书面的数字保存政策已经发布且广泛分发,根据需求和环境的变化每 2 年修改一次

附表 2 数字保存"策略"

分值	描述
0	还未制定系统的数字保存策略,或者已有数字保存策略但尚未实施
1	数字保存策略实现方式:①通过有计划的媒体更新保存数字文件的比特流;②以原始格式保存数字对象,期待出现新的软件能够支持这种原始格式
2	数字保存策略实现方式:①通过有计划的媒体更新保存数字文件的比特流;②将数字对象迁移至技术中立的开放格式以应对技术过时
3	数字保存策略实现方式:①通过有计划的媒体更新保存数字文件的比特流;②将数字对象迁移至技术中立的开放格式以应对技术过时;③通过计算机硬件仿真应对技术过时
4	随着技术的发展变化,通过持续的监控机制对上述 3 种数字保存策略不断改进和提高,而且适当采用新的技术策略

附表 3 数字保存"管理"

分值	描述
0	未采取人员聘选机制、激励机制、监督机制或奖惩机制等对数字保存活动进行管理
1	采用了人员聘选机制、激励机制、监督机制或奖惩机制等对数字保存活动进行管理

[*] 该指标体系参考了美国州级电子文件动议(SERI)提出的数字保存成熟度模型及美国特拉华州设计的组织机构数字体系能力评估指标体系。

续表

分值	描述
2	采用了上述机制对数字保存活动进行管理，并且建立了内部合作机制
3	采用了上述机制对数字保存活动进行管理，并且建立了内部合作机制和外部合作机制
4	采用了上述机制对数字保存活动进行管理，并且建立了内部合作机制和外部合作机制，根据需求和环境的变化不断改进和完善上述管理机制

附表4 数字保存"合作"

分值	描述
0	几乎没有数字保存合作意识，数字保存项目的开展很少考虑其他潜在、感兴趣的合作伙伴或利益相关者
1	具有充分的数字保存合作意识，制订了责权分明的合作框架，开始用于部分数字保存项目
2	具有充分的数字保存合作意识，制订了责权分明的合作框架，开始用于很多数字保存项目
3	建立了强大的数字保存合作框架，用以支持机构的数字保存项目，其重要的使命是阐明数字保存动议及如何实施
4	在技术和组织的发展过程中，对强大的数字保存合作框架不断监测和更新，以吸引新的合作者加入该合作体系中

附表5 数字保存"专业技术知识"

分值	描述
0	很少或几乎没有数字保存的专业技术知识
1	拥有开发最小型数字保存项目的专业技术知识
2	拥有开发中级数字保存项目的专业技术知识
3	拥有开发高级数字保存项目的专业技术知识
4	拥有足够的专业技术知识以支持数字保存项目的最佳方案

附表6 采用技术中立/开放格式

分值	描述
0	未采用技术中立开放格式保存数字对象
1	至少对数字对象的某一文本或某一图像采用了技术中立开放格式进行保存
2	对大多数数字对象采用了技术中立开放格式进行保存，并将其移交给可信数字仓储

续表

分值	描述
3	对大多数数字对象采用了技术中立开放格式进行保存,并将其移交给可信数字仓储。而且,在数字对象创建之时就采用技术中立格式
4	持续监测新出现的技术中立开放格式并适当采用,对具有长期保存价值的数字对象的形成和创建实体要求其采用指定的技术中立开放格式

附表7 设定用户群体(设定用户群对象范围、规模等)

分值	描述
0	没有设定用户群体(数字信息利用者群体)
1	设定了一个较小范围、特征不太明显的用户群体
2	设定了一个较小范围、特征明显的用户群体
3	设定了一个较大范围、不断变化的用户群体
4	持续监测所设定用户群体的发展变化,根据需要适当扩大用户群体范围

附表8 数字资产调查

分值	描述
0	没有开展数字资产调查
1	机构个别部门开展了数字资产调查
2	机构制订了数字资产类型及范围清单,开展全面的数字资产调查
3	机构制订了数字资产类型及范围清单,开展全面的数字资产调查,并根据数字资产的"重要性"评估标准,对调查结果进行分析
4	持续监测机构数字资产类型及范围的变化,动态掌握机构数字资产的价值及分布和保存状况

附表9 收集

分值	描述
0	没有制订数字对象收集方案
1	制订了数字对象收集方案,但没有详细规定所收集数字对象的范围、归档质量要求
2	制订了数字对象收集方案,详细规定了所收集数字对象的范围、归档质量要求
3	制订了数字对象收集方案,规定了所收集数字对象的范围、归档质量要求,且与数字对象形成者沟通,制订了预接收方案
4	持续监测和改进数字对象收集方案和预接收方案,根据需要扩大所收集数字对象的范围,修订归档质量要求

附表 10　存储管理

分值	描述
0	没有专门的逻辑或物理数字资源保存库
1	数字对象的单个副本存储在桌面应用系统或移动存储介质上（如光盘）
2	数字对象的两个副本分别存储在两个不同位置的逻辑或物理存储设备
3	数字对象的两个副本分别在两个不同地点的逻辑或物理存储设备，此外，在第三个地点存储第三份副本即"隐暗存储"。为了确保这三个数字副本的完整性采用同步数字备份保存
4	对于存储在三个不同地点的逻辑或物理设备上的数字副本进行持续监测，并采用新的存储方式和存储技术加以改进

* "隐暗存储"（Dark Archives）是一种简单的数据备份方式，起到了数字信息存储库的作用。是指制作数字信息的副本，以便在需要时将备份数据上载到一定系统上提供服务，主要用于灾难恢复。

附表 11　媒体更新计划

分值	描述
0	没有实施正式的媒体更新程序
1	当存储媒体处于即将过时的边缘时才实施媒体更新程序
2	以十年为一个周期实施媒体更新程序
3	以十年为一个周期实施媒体更新程序。此外，对存储媒体实行年度监控方案，及时识别可能面临的灾难
4	实施媒体更新程序，对数字对象可读性的潜在损失进行持续监测，必要时写入新的媒体

附表 12　数字对象的完整性

分值	描述
0	没有实施能验证数字对象完整性的程序
1	比较数字保存活动前后的字节数量以验证数字对象的完整性
2	应用 MD5 消息摘要方法（MD5 hash digests）比较数字保存活动前后的结果以验证数字对象的完整性
3	应用 SHA-2 消息摘要方法（SHA-2 hash digests）比较数字保存活动前后的结果以验证数字对象的完整性
4	每次数字保存活动之后对数字对象封装并采用数字签名以验证数字对象的完整性，持续评估和更新数字对象完整性验证的过程

附录一　机构数字保存能力评估指标体系 | 257

附表 13　数字对象的安全性

分值	描述
0	没有实施正式的灾难恢复、备份步骤和物理安全过程以保护数字对象
1	灾难恢复、备份和物理安全过程仅限于通过桌面应用程序和可移动存储介质来维护
2	灾难恢复和备份基于网络，物理安全基于对角色的访问权限控制
3	数字对象记录在不可重写的存储介质上，并通过基于网络的灾难恢复和备份来保护，物理安全基于对角色的访问权限控制
4	数字对象的安全保护过程受到持续的监控和适当的创新。该数字对象的安全保护方法及技术成为其他数字保存项目的示范模式

附表 14　保存元数据

分值	描述
0	没有或很少收集、维护具有长期保存价值的数字对象的保存元数据
1	在某种特定的基础之上，收集、维护具有长期保存价值的数字对象的保存元数据
2	按照既定的方针，在体系化的基础之上对某些具有长期保存价值的数字对象的保存元数据进行收集，并对与这些元数据相关的数字对象采取同样等级的保护
3	按照既定的方针，在体系化的基础之上对大多数具有长期保存价值的数字对象的保存元数据进行收集，并对与这些元数据相关的数字对象采取同样等级的保护
4	按照既定的方针，在体系化的基础之上对所有具有长期保存价值的数字对象的保存元数据进行收集，并对与这些元数据相关的数字对象采取同样等级的保护。对保存元数据的收集方针持续审查评估并根据需要进行更新

附表 15　存取

分值	描述
0	没有或很少对具有长期保存价值的数字对象进行电子存取访问，在某些情况下可能会有对数字对象硬拷贝的利用需求
1	极少数具有长期保存价值的数字对象可实现电子存取，但仅限于获取 ASCII 文档
2	一些具有长期保存价值的数字对象可实现电子存取，仅限于获取 ASCII 文档、TIFF 图片或 PDF 文档
3	大多数具有长期保存价值的数字对象可实现电子获取，可获取技术中立开放格式的文本、图像和矢量图形
4	所有具有长期保存价值的数字对象都可实现电子存取，而且可以根据用户群体的需要获取任何格式的数字对象。对支持电子存取的工具不断审查评估，并根据技术的变化和用户群体的需要对其进行更新

附录二 TRAC 可信数字仓储的评价指标体系

TRAC 可信数字仓储的评价指标体系

一级指标	二级指标	三级指标
A. 组织基础设施（Organizational Infrastructure）	A1. 治理与组织活力（Governance and organizational viability）	A1.1 数字仓储在其职责声明中应明确反映其致力于数字信息保留、管理和提供利用的使命和承诺
		A1.2 当数字仓储停止运营或者其业务范围发生实质性改变时，应该有恰当的继承计划、应急计划或者托管方案
	A2. 组织结构及人员（Organizational structure and staffing）	A2.1 数字仓储已经确认并建立了须执行的职责，任命了拥有充足的技术及经验、能够执行该职责的人员
		A2.2 拥有适当数量的员工，能够支撑所有的功能和服务
		A2.3 拥有积极的职业发展计划，提升员工的专业技能
	A3. 程序问责及政策框架（Procedural accountability & policy framework）	A3.1 数字仓储应定义指定社区（目标用户群）及共同的知识基础，制定公共存取政策，确保能满足保存服务需求
		A3.2 制定了发展政策并建立了对其的审查和更新机制，以适应数字仓储生长发展、技术更新和业务拓展的需要
		A3.3 拥有关于数字保存法定许可的书面政策，并能够在需要的时候展示这些许可
		A3.4 应实施正式、定期的自我审查和评估，及时反映技术的发展及需求的不断变化
		A3.5 应制定政策和程序以确保能及时反馈和处理数字信息生产者和用户的需求
		A3.6 应该有反映数字保存策略的操作、流程、硬件、软件的历史记录，并描述了对数字内容保存的潜在影响
		A3.7 所有的操作和管理行为，尤其是影响数字内容长期保存的行为应支持透明度要求和问责制

续表

一级指标	二级指标	三级指标
A. 组织基础设施（Organizational Infrastructure）		A3.8 对"信息完整性"进行定义，并根据需要建立信息采集、跟踪和提供利用的测量机制 A3.9 应定期进行自我评估和认证，如果已经认证，应关注认证状态的变化和注销情况
	A4. 财务的可持续性（Financial sustainability）	A4.1 数字仓储有短期和长期的业务发展计划 A4.2 至少以季度为周期审核和调整业务发展计划 A4.3 财务活动和流程是透明的，符合相关的会计准则和实务，并经第三方审计 A4.4 应有关于风险、收益、投资和支出的分析报告 A4.5 应监测资金使用状况（如预算和财务分析文件）
	A5. 合同、许可和负债（Contracts, licenses, & liabilities）	A5.1 如果数字仓储为其他组织管理、保存和提供数字信息的存取服务，那么应该签订相关的合同或者保存协议 A5.2 保存合同或协议必须详细阐明保存权利的转让，必须以书面记录形式反映这些转让的权利 A5.3 必须与数字资源提供者和其他各方以签订书面协议的形式详细阐明数字信息采集、维护、存取及收回的权利及义务 A5.4 根据保存合同、协议或许可跟踪并管理与数字内容利用有关的知识产权及对其的限制 A5.5 如果数字仓储接收了权属不明的数字内容，应该有相关政策来解决类似问题
B. 数字对象管理	B1. 摄取：内容采集（Ingest: acquisition of content）	B1.1 数字仓储须确认所要保存的数字对象的属性特征 B1.2 应清楚地阐明数字对象的关联信息 B1.3 具有对所有数字材料来源的鉴定机制 B1.4 应对所有数字对象的完整性和准确性进行校验 B1.5 能对数字对象进行物理控制（如比特流控制） B1.6 向数字资源生产者提供有关摄取过程的报告 B1.7 当数字仓储接收到提交信息包时，应表明其正式获得了对数字信息的保管职责 B1.8 应该有关于内容采集过程及行为的记录

续表

一级指标	二级指标	三级指标
B. 数字对象管理	B2. 摄取：档案信息包的创建（Ingest: creation of the archivable package）	B2.1 数字仓储应该对每一个档案信息包或保存的每一类信息进行识别和定义
		B2.2 对档案信息包的定义应该完全符合长期保存的需要
		B2.3 应阐明如何根据提交信息包来创建档案信息包
		B2.4 应阐明提交信息包如何转化为档案信息包或者成为档案信息包的组成部分
		B2.5 应该具有并采用命名约定，赋予档案信息包可视的永久标识符
		B2.6 如果提交信息包在移交之前就有永久标识符，数字仓储应该持续维护该永久标识符与档案信息包的关联
		B2.7 数字仓储应该表明其能够运用必要的工具和资源确立数字对象的语义和技术背景（即数字对象的格式识别）
		B2.8 数字仓储应能记录/登记数字对象的表征信息
		B2.9 数字仓储应采集与内容信息有关的保存元数据
		B2.10 应对信息内容的可理解性进行测试，并使信息内容达到可理解的水平
		B2.11 在生成档案信息包时，应校验其完整性和准确性
		B2.12 数字仓储应对馆藏的完整性建立独立的审计机制
		B2.13 应该有关于档案信息包产生过程的管理记录
	B3. 保存计划（Preservation planning）	B3.1 数字仓储应该有书面的保存策略
		B3.2 应该有关于数字对象的表征信息方式（如存储格式）过时或不再可用的监测机制
		B3.3 应该有根据监测结果而对保存计划的变更机制
		B3.4 应该能提供证据证明其保存计划的有效性
	B4. 档案信息包的存储与保存/维护（Archival storage & preservation/maintenance of AIPs）	B4.1 数字仓储执行所制订的保存策略
		B4.2 数字仓储对档案信息包进行存储和迁移
		B4.3 数字仓储保存档案信息包的内容信息
		B4.4 数字仓储积极监测档案信息包的完整性
		B4.5 应该有对档案信息包的保存过程及行为的记录

续表

一级指标	二级指标	三级指标
B. 数字对象管理	B5. 信息管理（Information management）	B5.1 数字仓储应组织管理最基本的元数据，以帮助指定的社区（目标用户群）能发现和识别所感兴趣的资源 B5.2 数字仓储应捕获或创建与档案信息包关联的最基本的描述元数据 B5.3 应能够证明建立了所有档案信息包与相关的描述元数据之间的完整关联 B5.4 应能够证明档案信息包与相关的描述元数据之间的完整关联得到了维护
	B6. 存取访问管理（Access management）	B6.1 数字仓储应告知指定社区（目标用户群）可以存取访问的内容及方式 B6.2 应实施政策以记录所有的存取访问行动，同时满足数字仓储、信息生产者/提供者的需求 B6.3 应确保有关存取访问状况的协议是适当的 B6.4 应记录和实施与存储协议一致的存取访问政策 B6.5 存取访问系统应充分贯彻执行存取访问政策 B6.6 记录了所有的存取访问失败，工作人员认真审查"不当拒绝访问"事件 B6.7 能证明发送给用户的分发信息包是完整的 B6.8 能证明发送给用户的分发信息包是准确的 B6.9 能证明所有的存取需求都得到了反馈：接收或拒绝 B6.10 能证明分发信息包是经过鉴定的副本或者可追溯到原作品
C. 技术、技术基础设施和安全（Technologies, Technical Infrastructure, & Security）	C1. 系统基础设施（System infrastructure）	C1.1 拥有良好的操作系统及其他核心基础软件 C1.2 具有系统备份功能所需要的软件和硬件设施 C1.3 管理所有数字对象拷贝的编号及存放位置 C1.4 具有数字对象同步备份机制 C1.5 具有对数字对象的比特流损坏和丢失的监测机制 C1.6 具有关于数据损坏和丢失及修复步骤的管理报告 C1.7 应定义存储媒体或硬件的变更过程（如更新、迁移） C1.8 应书面记录影响数字仓储能力的技术变更，如在数据管理、存取服务、档案存储、摄取等环节的技术变化 C1.9 应具有对关键技术变更的有效性的检测机制 C1.10 在风险收益评估的基础上对新软件安全性能进行更新

续表

一级指标	二级指标	三级指标
C. 技术、技术基础设施和安全（Technologies, Technical Infrastructure, & Security）	C2. 恰当的技术（Appropriate technologies）	C2.1 数字仓储具备恰当的硬件技术，以确保对指定社区（目标用户群）提供存取访问服务，并能根据需要进行变更评估 C2.2 数字仓储具备恰当的软件技术，以确保对指定社区（目标用户群）提供存取访问服务，并能根据需要进行变更评估
	C3. 安全（Security）	C3.1 具有对数据、系统、人员、计划及安全需求的系统分析 C3.2 针对每一项安全需求进行管理控制 C3.3 数字仓储的员工具有相应的角色、职责、权限 C3.4 拥有书面的灾难预防和恢复计划

参考文献

(一) 著作类

国家档案局:《电子文件归档与电子档案管理概论》,中国档案出版社,1999。

冯惠玲:《电子文件管理教程》,中国人民大学出版社,2001。

何家弘、王洪岩:《电子证据法研究》,法律出版社,2002。

刘家真:《电子文件管理理论与实践》,科学出版社,2003。

刘家真:《拯救数字信息:数据安全存储与读取策略研究》,科学出版社,2004。

刘越男:《建立新秩序:电子文件管理流程研究》,中国人民大学出版社,2005。

宛玲:《数字资源长期保存的管理机制》,北京图书馆出版社,2006。

金波:《电子文件管理学》,上海大学出版社,2007。

冯惠玲:《电子文件风险管理》,中国人民大学出版社,2008。

刘家真等:《电子文件管理:电子文件与证据保留》,科学出版社,2009。

冯惠玲:《中国电子文件管理:问题与对策》,中国人民大学出版社,2009。

张宁:《电子文件的真实性管理》,辽宁人民出版社,2009。

李泽锋:《基于OAIS电子文件管理系统体系研究》,上海世界图书出版公司,2010。

〔美〕戴维·比尔曼:《电子证据——当代机构文件管理战略》,王健等译,中国人民大学出版社,2000。

冯惠玲:《电子文件管理国家战略》,中国人民大学出版社,2011。

谢永宪:《数字资源长期保存研究》,上海世界图书出版公司,2011。

张健:《电子文件信息安全管理研究》,上海世界图书出版公司,2012。

段荣婷：《中国电子文件知识组织 XML 集成置标标准化研究》，上海交通大学出版社，2012。

郭瑜：《个人数据保护法研究》，北京大学出版社，2012。

安小米：《基于 ISO 15489 的文件档案管理核心标准及相关规范》，中国标准出版社、中国质检出版社，2013。

李伟超：《数字保存系统质量保证体系研究》，北京邮电大学出版社，2013。

董晓莉：《数字资源长期保存关键技术研究》，中国书籍出版社，2013。

《美国联邦文件管理术语手册（第 2 版）》，1993。

Roberts, David. *Documenting the Future: Policy and Strategies for Electronic Recordkeeping in the New South Wales Public Sector*（Sydney: Archives Authority of New South Wales, 1995）.

Bennett, J. C., *A Framework of Data Types and Formats, and Issues Affecting the Long-term Preservation of Digital Material: JISC/NPO Studies on the Preservation of Electronic Materials*. British Library Research and Innovation Paper, 50. London: British Library Research and Innovation Centre, 1997. http://opus.bath.ac.uk/35445/1/rept011.pdf.

Beagrie, Neil, Daniel Greenstein, "A Strategic Policy Framework for Creating and Preserving Digital Collections", JISC/NPO Studies on the Preservation of Electronic Materials, *eLib Supporting Study* P3, version 4（London: South Bank University, Library Information Technology Centre, 1998）.

Dearstyne, Bruce W., *Effective Approaches for Managing Electronic Records and Archives*（Lanham, Md.: Scarecrow Press, 2002）.

Duranti Luciana. et al. *Preservation of the Integrity of Electronic Records*（Dordrecht; Boston: Kluwer Academic, 2002）.

DurantiLuciana. *The Long-term Preservation of Authentic Electronic Records: the Findings of the InterPARES Project*（San Miniato, Italy: Archilab, 2005）.

Duranti Luciana, Preston Randy. *International Research on Permanent Authentic Records in Electronic Systems（InterPARES）2: Experiential, Interactive and Dynamic Records*（CLEUP, 2008）.

Ambacher, B. I., *Thirty Years of Electronic Records*（Lanham, Md.: Scarecrow Press, 2003）.

Ross, S., Greenan, M., McKinney, P., Digital Preservation Strategies: The Initial Outcomes of the ERPANET Case Studies, *Preservation of Electronic Records: New Knowledge and Decision – making* (Ottawa: Canadian Conservation Institute, 2004): 99 –114.

McLeod, J., Hare, C., *Managing Electronic Records* (London: Facet, 2005).

Robert F. Sproull, *Building an Electronic Records Archive at the National Archives and Records Administration: Recommendations for a Long – Term Strategy* (Washington: National Academies Press, 2005).

Stephens David, Legal Issues, *Managing Electronic Records*, ed. McLeod JuLie, Hare Catherine. (London: Facet, 2005): 101 –114.

Deegan, M., Tanner, S. *Digital Preservation* (London: Facet, 2006).

Smith, K. *Planning and Implementing Electronic Records Management: a Practical Guide* (London: Facet, 2007).

European Commission, *Model Requirements for the Management of Electronic Records* (Luxembourg: Office for Official Publications of the European Communities, 2008).

Saffady, William. *Managing Electronic Records.* 3rd ed (Lenexa, Kan: ARMA International; New York: Neal – Schuman, 2009).

Dow, E. H., *Electronic Records in the Manuscript Repository* (Lanham, Md.: Scarecrow Press, 2009).

Lu, Dongming., Pan, Yunhe. *Digital Preservation for Heritages Technologies and Applications* (Berlin, Heidelberg: Springer Berlin Heidelberg, 2010).

Giaretta, D., *Advanced Digital Preservation* (Berlin, Heidelberg: Springer Berlin Heidelberg, 2011).

Bailey, C. W., *Digital Curation and Preservation Bibliography* 2010 (Houston, TX: Digital Scholarship, 2011).

Grindley, N., *Good Digital Preservation Practice Guide* (London: Facet Publishing, 2011).

Harvey, R., *Preservation Digital Materials.* 2nd ed (Berlin: De Gruyter Saur, 2011).

Choksy, Carol E. B., *Creating a Complete Program for Electronic Records Re-*

tention (New York: Neal – Schuman; London: Eurospan [distributor], 2012).

Brown, A., *Practical Digital Preservation*: *A How – to Guide for Organizations of Any Size* (London: Facet Publishing, 2013).

Krueger, J. M., *Cases on Electronic Records and Resource Management Implementation in Diverse Environments* (Hershey, PA: Information Science Reference, 2014).

(二) 学位论文、会议论文

王少辉：《电子文件管理中的版权和隐私权法律保护问题研究》，武汉大学硕士学位论文，2004，据中国优秀硕士学位论文全文数据库。

李明娟：《OAIS 参考模型的发展与应用》，武汉大学硕士学位论文，2006。

张红亮：《美欧版权制度对数字保存的影响及对我国的启示》，郑州大学硕士学位论文，2010，据中国优秀硕士学位论文全文数据库。

孙童真：《基于 OAIS 的数字保存系统的分析》，郑州大学硕士学位论文，2010，据中国优秀硕士学位论文全文数据库。

赵生辉：《中国少数民族语言电子文件集成管理的体系架构研究》，武汉大学博士学位论文，2012，据中国博士学位论文全文数据库。

张波：《基于 OAIS 的数字信息长期保存分层模式研究》，辽宁师范大学硕士学位论文，2013，据中国优秀硕士学位论文全文数据库。

网络资源采集与数字资源长期保存学术研讨会：《网络资源采集与数字资源长期保存学术研讨会论文集》，国家图书馆出版社，2013。

Lee Christopher A., Defining Digital Preservation Work: a Case Study of the Development of Reference Model for an Open Archival System (PH. D. diss., University of Michigan, 2005).

York, J., Building a Future by Preserving Our Past: the Preservation Infrastructure of HathiTrust Digital Library, *IFLA 2010*, Session 157 – ICADS with Information Technology, URL: http://www.hathitrust.org/documents/hathitrust – ifla – 201008. pdf.

(三) 期刊论文及电子文献

黄萃：《从法律角度探讨电子文件的保护》，《档案学通讯》2002 年第

1期。

刘家真：《文件保存格式与PDF文档》，《档案学研究》2002年第2期。

邱均平、陈敬权：《中美数字化信息资源知识产权保护的比较分析》，《图书与情报》2002年第2期。

安小米：《文件连续体模式对电子文件最优化管理的启示》，《档案学通讯》2002年第3期。

黄霄羽：《文件生命周期理论在电子文件时代的修正与发展》，《档案学研究》2003年第1期。

陈传夫：《馆藏文献数字化的知识产权风险与对策研究》，《图书情报知识》2003年第5期。

沈晖：《无独创性数据库法律保护浅论》，《当代法学》2003年第6期。

陈永生：《由"此"未必能及"彼"——电子文件应具有独立证据地位》，《中国档案》2003年第12期。

傅荣校、王相华：《源于两种不同认识基础的理论——文件生命周期理论与文件连续体理论比较研究之一》，《档案学通讯》2004年第3期。

傅荣校、王相华：《理论核心问题：原则与内容——文件生命周期理论与文件连续体理论比较研究之二》，《档案学通讯》2004年第4期。

傅荣校：《替代或不可替代关系——文件生命周期理论与文件连续体理论比较研究之三》，《档案学通讯》2004年第5期。

邱晓威等：《电子文件真实性、完整性保证及法律地位的认定》，《中国档案》2004年第2期。

宛玲、张晓林：《数字资源长期保存过程中的知识产权问题分析》，《中国图书馆学报》2005年第3期。

郭家义、吴振新：《基于资源类型的数字资源长期保存问题研究》，《中国图书馆学报》2005年第3期。

梁娜、张晓林：《数字文件格式登记系统》，《图书情报工作》2005年第11期。

张智雄、郭家义、吴振兴、林颖：《基于OAIS的主要数字保存系统研究》，《现代图书情报技术》2005年第11期。

章燕华：《文件生命周期理论与文件连续体理论之争——中外档案界

认识差异及原因剖析》,《档案学研究》2006 年第 1 期。

吴振新、李春旺、郭家义:《LOCKSS 数字资源长期保存策略》,《现代图书情报技术》2006 年第 2 期。

王军:《数字保存仓储系统认证研究》,《现代情报》2006 年第 3 期。

张智雄、林颖、吴振新、张晓林:《数字信息资源长期保存技术体系研究》,《现代图书情报技术》2006 年第 4 期。

吴振新、张智雄、郭家义:《数字信息资源长期保存技术策略分析》,《现代图书情报技术》2006 年第 4 期。

金更达、何嘉荪:《档案信息资源集成管理中的元数据问题及对策研究》,《中国图书馆学报》2006 年第 4 期。

王志宇:《不同格式电子文件的管理方法》,《档案学通讯》2007 年第 1 期。

宛玲:《电子文档长期存取的跨媒体开放文件格式》,《中国图书馆学报》2007 年第 3 期。

安小米:《ISO 15489 文件管理国际标准中外研究比较》,《档案学通讯》2007 年第 3 期。

韩珂、祝忠明:《可信数字仓储认证体系研究》,《现代图书情报技术》2007 年第 6 期。

杨安莲:《聚焦电子文件管理前沿——国际电子文件管理研究热点及启示》,《档案学通讯》2007 年第 6 期。

王军:《数字仓储》,《数字图书馆论坛》2007 年第 9 期。

何欢欢:《可信数字仓储的构建与认证》,《情报资料工作》2008 年第 6 期。

钱毅:《电子文件管理标准体系架构研究》,《档案学通讯》2009 年第 1 期。

张正强:《论电子文件管理元数据顶层框架设计的标准化》,《中国图书馆学报》2009 年第 2 期。

张若冰、李华伟:《服务权的确立与我国数字资源长期保存——基于对〈版权法对数字保存影响的国际研究报告〉的分析与思考》,《图书馆》2009 年第 3 期。

谢永宪:《数字信息长期保存的相关主体及其合作模式研究》,《图书馆学研究》2009 年第 3 期。

刘家真、王璟璇：《我国办公自动化系统的管理元数据方案研究》，《档案学研究》2009年第5期。

钱毅：《中国电子文件管理标准体系现状与实施战略》，《档案学通讯》2009年第6期。

张炜、李春明：《著作权法中的限制与例外对数字资源长期保存的影响研究》，《图书馆建设》2009年第6期。

黄玉明：《电子文件存档格式需求分析与战略研究》，《档案学通讯》2010年第2期。

安小米：《电子文件管理标准建设的国际经验及借鉴研究》，《电子政务》2010年第6期。

陈传夫、饶艳、吴钢：《转型时期图书馆知识产权管理战略需求、目标与路径》，《中国图书馆学报》2010年第2期。

胡光耀：《从立法角度试论我国电子出版物呈缴制度若干问题》，《新世纪图书馆》2010年第2期。

李学香、黄玉明：《版式电子文件长期保存格式要求》，《科技档案》2010年第2期。

周玲玲：《数字资源长期保存在欧盟的战略部署》，《情报理论与实践》2010年第3期。

陈勇：《论电子文件格式与证据保留》，《档案学通讯》2010年第3期。

黄玉明：《文件、档案及相关资源元数据再研究——国际源流与中国体系构建》，《档案学研究》2010年第6期。

刘越男：《我国电子文件管理的现状、问题与对策》，《电子政务》2010年第6期。

秦亚东、崔艳峰：《网络环境下著作权保护的利益平衡——以技术保护措施与合理使用的协调为视角》，《北京工业大学学报（社会科学版）》2011年第1期。

刘可静、孙铮：《美国图书馆数字资源长期保存利用中的隐私政策与实施措施及启示》，《图书馆》2011年第6期。

杨高敏、刘越男：《国内外电子文件管理通用需求（MoReq2）研究评析》，《电子政务》2012年第1期。

刘越男、梁凯、顾伟：《电子文件管理系统实施过程中元数据方案的设计》,《档案学研究》2012 年第 2 期。

张晓林：《机构知识库内容保存与传播的权利管理》,《中国图书馆学报》2012 年第 4 期。

肖秋会：《基于 OAIS 的数字档案馆功能评价研究——以英国 UKDA 和 TNA 数字资源库为例》,《档案学研究》2012 年第 6 期。

寿曼丽：《国外电子出版物呈缴制度及其启示》,《图书馆学刊》2012 年第 7 期。

安小米、李音、Judith Ellis：《ISO 30300 & ISO 3030 文件管理国际标准及其新发展》,《中国档案》2012 年第 2 期。

程妍妍：《国际数字档案馆认证：分析与启示》,《档案学通讯》2012 年第 6 期。

程妍妍：《我国数字档案馆认证及实施策略研究》,《档案学研究》2012 年第 6 期。

黄新荣、刘颖：《从 ISO 32000 看电子文件长期保存格式的发展》,《档案学研究》2013 年第 2 期。

刘越男等：《国外典型电子邮件管理政策比较研究》,《档案学研究》2013 年第 2 期。

刘越男：《数字时代地方政府档案集中管理的内容和方式的探索——我国电子文件中心问题的实质》,《档案学通讯》2013 年第 4 期。

王本欣：《"三步检验法"对图书馆适用合理使用制度的影响——以著作权法第三次修订为视角》,《图书馆杂志》2013 年第 5 期。

国家档案局：《数字档案馆评价指标体系（征求意见稿）》,2012。

吴钢：《数字出版物法定呈缴制度客体研究》,《中国图书馆学报》2014 年第 1 期。

郭红梅、张智雄：《欧盟数字化长期保存研究态势分析》,《中国图书馆学报》2014 年第 2 期。

郭伟、方昀：《数字档案馆评价方法研究（上）》,《档案学研究》2014 年第 2 期。

郭伟、方昀：《数字档案馆评价方法研究（下）》,《档案学研究》2014 年第 3 期。

徐拥军、张倩：《加拿大图书档案馆的数字保存策略——可信数字仓储》,《档案学研究》2014 年第 3 期。

蔡学美:《档案管理视角下的电子文件元数据》,《中国档案》2014 年第 4 期。

刘越男:《电子文件管理国家战略研究》,《中国档案》2014 年第 5 期。

Granger, Stewart. Emulation as a Digital Preservation Strategy. *D – Lib Magazine* 6. 19（2000）.

Barton M. R. , Walker J. H. , Buiding a Business Plan for DSpase, MIT Libraries' Digital Institutional Repository, *Journal of Digital Information*, 2003, 4（2）.

Upward Frank, The Records Continuum and the Concept of an End Product, *Archives and Manuscripts*, 32（1）2004: 40 – 62.

Jones, M. , Editor's Interview: Digital Preservation Coalition, *RLG DigiNews*, 2004, 8（1）, URL: http://www.rlg.org/preserv/diginews/diginews8 – 1.html#feature2.

Dale, R. L. , Consortial Actions and Collaborative Achievements: RLG's Preservation Program, *Advances in Librarianship* 27（2004）: 1 – 23.

Muir, A. , Digital Preservation: Awareness, Responsibility and Rights Issues, *Journal of Information Science*, 30（1）2004: 73 – 92.

Caplan, P. , The Florida Digital Archive and DAITSS: a Model for Digital Preservation, *Library Hi Tech*, 28（2）2010: 224 – 234. URL: http://www.emeraldinsight.com/journals.htm? articleid = 1846759&show = html.

Van der Hoeven, Jeffrey, Bram Lohman, Remco Verdegem. Emulation for Digital Preservation in Practice: The Results. *International Journal of Digital Curation* 2. 2（2008）: 123 – 132.

Proscovia Svärd, Enterprise Content Management and the Records Continuum Model as Strategies for Long – term Preservation of Digital Information, *Records Management Journal* 23（2013）: 159 – 176.

Guttenbrunner Mark, Andreas Rauber. A Measurement Framework for Evaluating Emulators for Digital Preservation, *ACM Transactions on Information Systems (TOIS)* 30. 2（2012）: 14, http://commonsenseatheism.com/wp – content/uploads/2014/02/Guttenbrunner – Rauber – A – Measurement – Framework – for – Evaluating – Emulators – for – Digital – Preservation.pdf.

OCLC Digital Archive Preservation Policy and Supporting Documentation, http://www.oclc.org/digitalarchive/default.htm. 2014 – 05 – 06.

Ross, S. et al. New Organizational Structures Responding to New Challenges: the Digital Curation Centre in the UK, *DCC Public Lecture*, Schweizerisches Bundesarchive, 2004.

Walters, T., Skinner, K. *New Role and New Times: Digital Curation for Preservation* (Washington, D. C.: Association of Research Library, 2011), URL: http://www.arl.org/storage/documents/publications/nrnt_digital_curation17mar11.pdf.

Beagrie, Neil. *National Digital Preservation Initiatives: an Overview of Developments in Australia, France, the Netherlands, and the United Kingdom and of Related International Activity* (Washington, D. C.: Council on Library and Information Resources Washington and Library of Congress, 2003), URL: http://www.clir.org/pubs/reports/pub116/pub116.pdf.

Hodge, G., Frangakis, E. Digital Preservation and Permanent Access to Scientific Information: the State of the Practice: A Report Sponsored by the ICSTI and CENDI, URL: http://cendi.dtic.mil/publications/04 – 3dig_preserv.html.

i2010: Digital Libraries Initiative, URL: http://ec.europa.eu/information_society/activities/digital_libraries/index_en.htm, 2013 – 08 – 01.

UNESCO. *Guidelines for the Preservation of Digital Heritage* [EB/OL]. [2013 – 08 – 11]. http://unesdoc.unesco.org/images/0013/001300/130071e.pdf.

Adrienne Muir, Copyright and Licensing Issues for Digital Preservation and Possible Solutions [EB/OL]. [2014 – 04 – 11]. http://elpub.scix.net/data/works/att/0315.content.pdf.

Digital Legal Deposit [EB/OL]. [2014 – 04 – 15]. http://www.bnf.fr/en/professionals/digital_legal_deposit.html.

DLM forum foundation, MoReq2010 Modular Requirements for Records Systems, Volume 1 Core Services & Plug – in Modules Version 1.0 [EB/OL]. [2014 – 06 – 20] http://moreq2010.eu/pdf/MoReq2010 – Core + Plugin (v1 – 0).pdf.

DLM forum foundation. Appendix 9 to the MoReq2 Specification: Metadata Model, Version 1.04 8 September 2008 [EB/OL]. [2014 – 06 – 22] http：//moreq2. eu/moreq2.

McDonald John, Towards a National Digital Information Strategy：A Review of Relevant International Initiatives, http：//www. collectionscanada. gc. ca/obj/012033/f2/012033 – 400 – e. pdf.

National Council on Archives, Archives on – line：The Establishment of a United Kingdom Archival Network, 1998, http：//www. archives. org. uk/onlinepubs/archivesonline/aolintro. html.

Electronic Records Management：Framework for Information Age Government. March 2000. http：//www. e – envoy. gov. uk/assetRoot/04/00/22/94/04002294. rtf.

Public Record Office, Guidelines on the Management, Appraisal and Preservation of Electronic Records：Volume 1; Principles, 1999, http：//www. pro. gov. uk/recordsmanagement/eros/guidelines.

Carden Michael, Digital Archiving at the National Archives of Australia：Putting Principles into Practice, August 2012, http：//ica2012. ica. org/files/pdf/Full% 20papers% 20upload/carden_ m. pdf.

http：//en. wikipedia. org/wiki/Capability_ Maturity_ Model_ Integration

Sheldon Madeline, Analysis of Current Digital Preservation Policies：Archives, Libraries, and Museums. 2013, http：//www. digitalpreservation. gov/documents/Analysis% 20of% 20Current% 20Digital% 20Preservation% 20Policies. pdf.

Dobratz Susanne, Schoger Astrid, Strathmann Stefan, The Nestor Catalogue of Criteria for Trusted Digital Repository Evaluation and Certification, http：//www. ils. unc. edu/tibbo/JCDL2006/Dobratz – JCDLWorkshop 2006. pdf.

International Records Management Trust. Training in Electronic Records Management Module 4：Preserving Electronic Records. http：//www. irmt. org/documents/educ_ training/term% 20modules/IRMT% 20TERM% 20 Module % 204. pdf.

Digital Preservation Policy Tool – Erpanet. http：//www. erpanet. org/guidance/guidance/docs/ERPANETPoliey Tool. pdf.

DLM Forum. Guidelines on Best Practice for Using Electronic Information. http：//dlmforum. typepad. com/gdlines. pdf

Neil Beagrie, Najla Semple, Peter Williams, Richard Wright. Digital Preservation Policy Study. Part 1: Final Report. http://www.jisc.ac.uk/media/documents/programmes/preservation/jiscpolicy_ p1finalreport.pdf.

Neil Beagrie, Maggie Jones. The Preservation Management of Digital Material Handbook. http://www.dpconline.org/graphics/handbook/.

OCLC Digital Archive Preservation Policy and Supprting Documentation. http://wiki.lib.sun.ac.za/images/e/e5/Oclc-digital-preservation-policy.pdf.

The National Archives. Digital Presetrvation Policies: Guidance for archives (2011). http://www.nationalarchives.gov.uk/documents/information-management/digital-presevation-policies-guidance-draft-v4.2.pdf.

（四）法规、标准文献

中华人民共和国著作权法，http://www.gov.cn/flfg/2010-02/26/content_ 1544458.htm。

信息网络传播权保护条例，http://www.gov.cn/zwgk/2013-02/08/content_ 2330133.htm。

电子文件管理暂行办法（2010-07-28）（中办 国办 厅字〔2009〕39号），百度文库：http://wenku.baidu.com/view/da1451fcaef8941ea76e0512.html。

《CAD电子文件光盘存储、归档与档案管理要求 第一部分：电子文件归档与档案管理》（GB/T 17678.1-1999），中国标准出版社，1999。

《电子文件归档与管理规范》（GB/T 18894-2002），中国标准出版社，2002。

《信息与文献——文件管理第1部分：通则》（GB/T 26162.1-2010），中国标准出版社，2011。

《信息与文献——文件管理——文件元数据 第1部分：原则》（GB/T 26163.1-2010），中国标准出版社，2011。

《公务电子邮件归档与管理规则》（DA/T 32-2005），见《湖北档案》2002年第2期。

《文书类电子文件元数据方案》（DA/T 46-2009），http://www.ygi.edu.cn/upload/2013-03-25/1364217323478.pdf。

《版式电子文件长期保存格式需求》（DA/T 47-2009），见《科技档案》2010 年第 2 期。

《基于 XML 的电子文件封装规范》（DA/T 48 - 2009），http：//daj. xwzf. gov. cn/default. php？mod = article&do = detail&tid = 1463。

《电子文件归档光盘技术要求和应用规范》（DA/T38 - 2008），http：//www. fosu. edu. cn/dac/content/？232. html。

ISO 15489 Information and Documentation—Records Management - Part 1：General. Part 2：Guidelines，Geneva：International Organization for Standardization，2003. 中译文见安小米、焦红艳译《城建档案》2002 年第 2 期、第 3 期。

ISO 23081 - 1：2006 Information and Documentation - Records Management Processes - Metadata for records - Part 1：Principles（中译文见安小米、焦红艳译《浙江档案》2006 年第 11 期、第 12 期和 2007 年第 1 期）

ISO/TS 23081 - 2：2007 Information and Documentation—Records Management Processes—Metadata for Records—Part 2：Conceptual and Implementation Issues.

CCSDS，Reference Model for an Open Archival Information System（OAIS）. Magenta Book. Issue 2. June 2012.［EB/OL］.［2014 - 04 - 15］. http：//public. ccsds. org/publications/archive/650x0m2. pdf. 2014 - 04 - 28.

CCSDS 652. 0 - M - 1，Audit and Certification of Trustworthy Digital Repositories（Magenta Book，Issue 1），also available as ISO 16363：2011.

安小米、焦红艳（译）《文件管理国际标准 ISO 15489 -1》，《城建档案》2002 年第 2 期。

安小米、焦红艳（译）《文件管理国家标准 ISO 15489 -2》，《城建档案》2002 年第 3 期。

安小米、焦红艳（译）《信息与文献 - 文件管理流程 - 文件元数据 - 第 1 部分：原则》，《浙江档案》2006 年第 11 期。

安小米、焦红艳（译）《信息与文献 - 文件管理流程 - 文件元数据 - 第 1 部分：原则（续）》，《浙江档案》2006 年第 12 期。

程妍妍（译）《信息与文献 - 文件管理流程 - 文件元数据 - 第 2 部分：概念与实施（草案）》，《外国档案动态》2010 年第 2 期。

后 记

数字资源长期保存从 20 世纪 90 年代起受到了越来越广泛的关注，电子文件是数字资源的一种重要类型，它既具有数字信息的特点又具有文件的特性和功能。电子文件不仅在政府机构的行政管理活动中，而且在企业和各类社会组织及个人的活动中大量产生和积累，因此，确保具有重要价值的电子文件的真实性、完整性、可靠性和长期可用性对于保存社会记忆、保留可靠的电子证据及支持组织机构的审计等具有十分重要的意义。本书探讨了电子文件长期保存的基本理论与实践问题：分析了电子文件长期保存的基本概念及理论基础；阐述了电子文件长期保存的法律基础和标准保障；从管理策略和技术策略两个方面探讨了数字保存（电子文件长期保存）的核心内容；分析、论述了可信数字仓储的特性、评价指标体系以及电子文件长期保存的合作机制。

本书在写作过程中，借鉴和参考了欧美发达国家的政府机构、国家档案馆和国家图书馆等文化遗产机构所制定的行之有效的数字保存政策，以及 OCLC/RLG、JISC、DPC、IRMT（International Records Management Trust）等机构和组织在数字保存领域所取得的成果和积累的成熟经验。在此，对所有本文引用和参考的文献作者表示衷心感谢！

感谢武汉大学信息管理学院以及档案与政务信息学系的领导和同事，他们为我的教学和科研提供了充足的资源和条件。

感谢本书编辑桂芳女士对本书从初稿到定稿及出版的辛勤付出。

感谢在本书写作过程中给予我支持的家人。感谢一直关心和爱护我的父亲，感谢我的先生李明杰教授对我的支持和鼓励、对家庭和孩子的默默奉献。

由于作者水平有限，本书对于电子文件长期保存的研究深度尚不足，对于一些重要问题如电子文件长期保存中的风险评估等问题还有待进一步探讨。

肖秋会
2014 年 9 月

图书在版编目(CIP)数据

电子文件长期保存:理论与实践/肖秋会著.—北京:社会科学文献出版社,2014.11
ISBN 978-7-5097-6620-0

Ⅰ.①电… Ⅱ.①肖… Ⅲ.①电子档案-档案管理-研究 Ⅳ.①G276

中国版本图书馆CIP数据核字(2014)第237110号

电子文件长期保存:理论与实践

著　　者／肖秋会

出 版 人／谢寿光
项目统筹／桂　芳
责任编辑／桂　芳

出　　版／社会科学文献出版社·皮书出版分社(010)59367127
　　　　　　地址:北京市北三环中路甲29号院华龙大厦　邮编:100029
　　　　　　网址:www.ssap.com.cn

发　　行／市场营销中心(010)59367081　59367090
　　　　　　读者服务中心(010)59367028

印　　装／三河市尚艺印装有限公司

规　　格／开　本:787mm×1092mm　1/16
　　　　　　印　张:17.5　字　数:296千字

版　　次／2014年11月第1版　2014年11月第1次印刷

书　　号／ISBN 978-7-5097-6620-0

定　　价／78.00元

本书如有破损、缺页、装订错误,请与本社读者服务中心联系更换

▲ 版权所有 翻印必究